charity: water

내가 뉴욕으로 진출하는 계기가 되었던 밴드, 선데이리버(왼쪽에서 두 번째).

당시 뉴욕 최고의 나이트클럽 중 하나였던 크로바의 VIP 룸에 있는 나와 나의 비즈니스 파트너 브랜틀리. 이곳에서 나는 의도적으로 클럽 사진사에게 롤렉스 손목시계를 과시해 보였다.

베냉 코토누 항에 정박 중인 160m 길이의 머시쉽 병원 봉사선 아나스타시스호.

나의 멘토 게리 파커 박사. 악안면 외과의이자 머시쉽의 주임의사이다.

2005년에 나는 라이베리아 보미 카운티의 아녀자들이 이 초록의 습지 물을 마시고 그 진흙투성이 물을 집으로 떠가는 모습을 보았다. 이때부터 나는 세계 물 위기의 심각성을 인지하기 시작했다. 2007년, 나는 케냐 모고티오의 이 어린 소녀가 강물을 마시고 연신 토하는 모습을 목격했다. 미국으로 돌아와 시료를 검사해 보니 박테리아가 득실거렸다.

2006년 9월 말, 우리는 열흘간 뉴욕의 5개 공원을 돌며 야외전시회를 개최했다. 사진은 첫 번째 행사인 유니언스퀘어에서의 전시회다. 이곳에서 오염된 물에 대한 이야기를 전하고 20달러짜리 생수를 2만 달러어치나 팔았다. 1,000명이 넘는 사람들이 쓸 우물들을 짓기에 충분한 금액이었다.

훌륭한 브랜딩이 〈채리티: 워터〉의 성공비결이다. 2007년에 우리는 전 세계에서 물이 부족해 고통받는 6억 6,300만 명이 매일 해야 하는 것과 똑같이 뉴욕 사람들이 물을 뜨러 다니는 모습을 보여주는 마케팅 캠페인을 벌였다.

에티오피아 티그레이 지방의 아베네아 학교에서 시추장비로 물을 찾아낸 장면이다. 물 배출량이 많아서 인근 마을 주민들과 2,000명 이상의 학생들이 수혜를 입었다.

말라위 시케디의 아이들이 자기들 마을에 깨끗한 물이 솟구쳐 나오는 순간, 환호하고 있다. 거대한 골짜기에 가로막혀 수원지에 접근할 수 없었던 이 마을 주민들은 어렵사리 몇 달에 걸쳐 마을에 시추장비가 들어올 수 있는 길을 놓았다.

2016년 '채리티 볼'에서 우리는 참석한 모든 내빈과 에티오피아 아디 에톳 마을의 각 주민을 서로 짝 지워주고 '당신과 비슷한 누군가'에 대해 더 알아보도록 요청했다. 이 행사는 뉴욕 메트로폴리탄 미술관의 덴두르 신전에서 열렸다.

2016년 채리티 볼에서 처음 시도한 '라이브 시추 방송'은 탁월한 아이디어였지만 기술적으로는 커다란 도전이었다. 우리에겐 에티오피아 현지에 가 있는 막강한 팀이 있었다. 아디 에톳에서 라이브로 중계를 한 타일러 리워도 포함된다.

빅토리아와 나, 아들 잭슨과 딸 엠마와 함께 뉴욕시의 우리 동네에서.

〈채리티: 워터〉의 생생한 스토리는
https://youtu.be/SHQWUERptAM에서 보실 수 있습니다.

# 채리티: 워터

일러두기 : 본문에 표기된 '채리티워터'의 정식명칭은 '채리티: 워터'이지만 한국어판 본문에서는 '채리티워터'로 표기하였습니다.

charity : water

# 채리티: 워터
## 우물 파는 CEO, 착한 비즈니스를 말하다

스캇 해리슨 지음 | 최소영 옮김

CNH | 천그루숲

저의 책 《채리티:워터》를 한국어로 출간하면서 보다 많은 독자 분들께 '채리티: 워터'의 이야기를 들려드릴 수 있게 되어 너무도 기쁩니다. 독자 분들과 후원자 분들 덕분에 이 이야기는 계속 예상치 못한 방향으로 흘러가고 전파되고 있습니다.

저는 뉴욕에서 10년 동안 나이트클럽 프로모터로 일하면서, 도덕적으로 그리고 정신적으로 파산한 저 자신을 발견했습니다. 절망적으로 불행했고, 저의 삶이 제가 원하는 방향으로 가고 있지 않다는 것에 좌절했습니다. 도망치듯이 그 세계를 떠나오면서 저는 제가 가진 거의 모든 것을 팔아야 했고, 그 뒤 2년 동안 서아프리카 지역에서 의료봉사를 하는 병원선에서 자원봉사를 하며 더 나은 삶을 찾고자 노력했습니다. 저는 그곳에서 정말 많은 사람들이 깨끗한 물이 없어 고통에 시달리는 모습을 보았고, 그들에게 깨끗한 물을 제공하겠다는 꿈을 가지고 돌아왔습니다.

2006년 설립된 채리티: 워터를 통해 현재까지 100만 명이 넘는 후원자들이 자신의 이름으로 28개국에 44,000개 이상의 물 관련 프로젝트를 후원했습니다. 그리고 후원자들의 기부금으로 물을 필요로 하는 1,000만 명 이상의 사람들에게 깨끗한 물을 제공할 수 있었습니다. 혁신적인 '100% 모델', 철저한 투명성, 그리고 기부자들과 그들의 영향력을 연결시켜 주는 강력한 스토리텔링으로 봉사를 재창조하여 우리 생전에 물 위기를 끝내는 것이 우리의 미션입니다.

《채리티: 워터》는 저의 개인적인 구원의 이야기이면서, 우리와 뜻을 함께해 준 후원자들의 이야기이기도 합니다. 각 장을 넘기면서 이 책이 여러분의 이야기로도 느껴졌으면 좋겠고, 누구든지 자신의 목적을 찾고 세상에 긍정적인 영향을 미치는 데에는 결코 늦은 때가 없다는 것을 여러분이 믿을 수 있도록 이 책이 영감을 주기를 바랍니다.

채리티: 워터 CEO, 창립자

스캇 해리슨

차례

| Part 3 | **깨끗한 물을 필요한 곳이라면 어디든**

**Part 1** | # 뉴욕 맨해튼,
# 나이트클럽에 입성하다

# 01

# 스물여덟,
# 몸에 마비가 오다

증상은 팔과 다리에서부터 시작되었다. 손끝과 발끝의 감각이 20~30분씩 둔해지곤 했다. 정신은 말짱한데 팔다리는 잠들어 있는 것 같았다. 오른쪽 손가락의 감각이 사라진다 싶으면 이내 저릿한 느낌이 손목과 팔을 타고 올라왔다.

처음엔 신경이 잠깐 눌려서 그렇겠거니 생각했다. 이제 고작 스물여덟 살인데다 중병에 걸린 적도 없었으니까. 하지만 그런 일이 잦아지자 나는 할 수 없이 맨해튼의 신경과를 수소문해 예약을 잡았다.

갈색 톤의 칙칙한 대기실에 앉아 초조한 마음으로 차례를 기다렸다. 낡은 잡지 대여섯 권을 건성으로 훑어보는데 하나같이 나쁜 소식 일색이었다. 이스탄불 폭격, 이라크 자살폭탄 테러, 컨트리 음악의 전설 조니 캐쉬의 사망 소식에 이르기까지….

간호사가 나를 접수대로 부르더니 작성할 서류를 한 움큼 내밀었다. 이름, 나이, 키, 몸무게까지는 쓰기 쉬웠다. 스캇 찰스 해리슨, 28세, 키 185cm, 꾸준히 말보로 레드를 피워댄 덕분인지 몸무게는 77kg으로 호리호리한 체격. 하지만 생활습관을 묻는 기다란 목록의 질문들은 그리 간단히 답할 수 있는 게 아니었다. 적다 보니 있는 그대로 솔직하게 대답할 엄두가 나지 않았다. 허우대 멀쩡한 청년이 인생을 왜 그리 막사는지 의사가 한심하게 볼 것 같았다.

흡연을 하십니까? : 하루 2~3갑. 너무 많은가?

술을 드십니까? 하루에 몇 잔이나 드시나요? : 열 잔 정도요. 하지만 되도록 섞어 마시지는 않으려고 해요. 좋아하는 순서대로 말하자면 샴페인, 맥주, 보드카, 그리고 레드불 순입니다.

향정신성 약물을 사용하시나요? 사용한다면 빈도는 얼마나 되나요? : 글쎄요? 그건 술을 얼마나 마셨느냐에 따라 다른데요, 코카인은 일주일에 2~3회 정도 하고, 졸피뎀은 들뜬 마음을 가라앉혀야 할 때 하고, 엑시터시는 구해지는 대로 하죠.

한 번 술자리가 열리면 끝장을 보는 내 습성을 아는 사람이라면 누구든 내 건강에 문제가 생긴 것을 이상하게 여기지 않을 것이다. 매일 밤 죽도록 술을 퍼마시는 게 내 직업이었다.

지난 10년간 나는 뉴욕의 밤세계를 쥐락펴락하며 뉴욕에서 내로라하는 클럽 프로모터로 인정받고 있었다. 밤이면 밤마다 시내에서 가장 핫한 파티장을 찾아 그곳 사장과 함께 예쁜 여자들을 대동하고 값비싼 샴페인을 마시며 - 가끔은 뿌리기도 하며 - 세상을 다 가진 사람처럼 놀았다.

연 수입은 20만 달러 정도였지만 수입 외의 특전들 덕분에 나는 거의 백만장자 같은 삶을 누렸다. 도심의 대형 고층아파트에 살았고, 거실에는 아담한 그랜드피아노도 있었다. 사람들 앞에서 바카디와 버드와이저를 마시는 모습을 보여주는 것만으로 그 두 브랜드에서는 나에게 각각 매달 2,000달러씩 지불했다. 나는 클럽 카메라맨 앞에서 오만한 미소를 지으며 손목에 찬 롤렉스 오이스터 퍼페츄얼의 광채를 뿜내는 걸 즐겼다. 그 시계는 〈보그〉와 〈엘르〉 표지를 장식한 적이 있는 열아홉 살짜리 덴마크 모델 여자친구에게서 선물받은 것이다.

하지만 그렇게 매일같이 술과 마약, 여자와 어울리는 생활을 10년간 하다 보니 몸이 망가지며 불안감이 엄습했다. 미소 띤 얼굴로 일을 하러 나가기 위해서는 뭔가가 필요했다. 몸과 마음을 움직여 줄 더 많은 술과 약물, 여자였다. 헤밍웨이가 이야기한 파산 과정과 똑같았다.

마비는 서서히 진행되다가 어느 날 느닷없이 닥쳤다. 나는 평소 내 인생에 '느닷없이' 문제가 생긴다면 총이나 위스키, 암청색 머스탱 때문일 거라고 생각했다. 하지만 그런 건 나중 문제였다.

2003년 가을, 마비의 원인을 찾기 위해 몇 주에 걸쳐 각종 검사를 받았다. 방사선사들은 뇌와 척추의 MRI와 CT 촬영을 한 뒤 종양이나 혈전, 뼈와 조직의 이상 유무를 확인했다. 의사들은 내 팔과 다리에 센서를 부착하고 근전도 검사와 신경전도 검사를 했다. 간호사들은 내 몸에 바늘을 찔러 피를 뽑고 플라스틱 컵에 소변을 받아오게 했다.

하지만 모든 검사 결과가 다 정상으로 나왔다. 나에게 무슨 문제가 있는지 조금도 알아내지 못한 것이다. 미치고 팔짝 뛸 노릇이었다.

"혹시 담배 때문일까요?"

클럽으로 가는 길에 세 갑째의 말보로 레드를 뜯으며 내 비즈니스

파트너인 브랜틀리에게 물었다.

"담배를 두 갑으로 줄이고 술은 조금만 마시며 긴장을 풀어보는 게 어때?"

그는 실없는 농담을 건넸다. 브랜틀리는 우울한 상황에서도 유머를 잃지 않는 사람이었다. 나는 병원에서 밝혀내지 못한 끔찍한 병으로 내가 죽어가고 있다는 확신에 사로잡혔다.

집에서 내 증상을 자가진단해 보려고 인터넷 검색창에 '마비'라고 쳐보았다. 의학적 조언들 사이로 종교와 관련된 글들이 많이 떠서 신기했다. 나는 링크들 중 하나를 타고 들어가 영적인 마비에 대한 설교에 빠져들었다. 설교 말미에 글쓴이가 질문을 던졌다.

"당신은 신과 함께하고 계십니까?"

어릴 적에 나는 교회에서 그런 질문을 수도 없이 들었다. 하지만 이번에는 그 질문이 실존적 공포로 다가왔다. 정말 내가 죽는다면 어떤 일이 벌어질까? 어린 시절 잠자리에 들기 전 침대맡에서 간절히 기도하고 성경을 읽고 교회에서 밴드 활동을 했던 것이 뭔가 선한 영향을 미칠지, 감안이 될지도 궁금했다.

나는 컴퓨터를 끄고 이불 속으로 들어갔다. 팔은 1천 개의 바늘이 꽂힌 바늘꽂이처럼 따끔거렸다. 아버지의 목소리가 들려오는 듯했다.

"부디 제 아들을 위해 기도해 주십시오. 아들이 방탕한 생활에 빠져 있습니다."

아버지는 교회에서 만나는 교우들에게 부탁하곤 했다.

열아홉 살에 집을 떠난 나는 신앙과 도덕 그리고 부모님이 중시하는 모든 것들을 저버렸다. 그래도 몇 주에 한 번씩은 꼬박꼬박 부모님께 전화를 드렸다.

어머니는 내 영적인 삶에 관심이 많았다. 아버지는 나의 이상한 사업이 잘되어 가는지 묻고는 좋은 성경 말씀을 들려주셨다. 그럴 때마다 나는 "으음" 하고 목소리를 가다듬으며 화제를 다른 데로 돌리곤 했다. 우리 부자는 근 10년간 이런 식으로 대화를 해왔는데 스물여덟 살이 되고부터는 나도 변화의 필요성을 느꼈다.

'그냥 처음부터 다시 시작하는 거야.'

나는 속으로 다짐했다. 뭔가 다른 삶을 살아보겠다고. 하지만 마비 증세 때문에 움직임이 원활하지 않았다. 그나저나 대체 뭘 해야 하지? 밤의 세계를 떠난다고 해서 당장에 유능한 의사나 변호사, 은행가가 될 수는 없지 않은가! 흡사 얕은 물가에서 빠져나오지 못하고 허우적거리는 기분이었다. 그래서 나는 또다시 매일 밤 코카인을 흡입하고, 지폐를 돌돌 말아서 예쁜 여자에게 건네는 생활을 이어갔다. 그러면서 항상 생각했다.

'이건 내가 아니야. 내가 원했던 모습이 아니야. 내가 생각했던 인생이 아니라고!'

# 02

# 어머니의 마스크

         1980년 새해 첫날, 어머니가 침대에서 쓰러져 의식을 잃었다. 의식이 잠깐 돌아왔을 때 아버지가 어머니를 일으켜 세웠지만 어머니는 다시 정신을 놓았다. 당시 나는 네 살밖에 안 되었던 데다 잠들어 있어서 아무것도 몰랐다.

  무엇이 문제였는지 부모님이 알게 된 건 그로부터 1년이 지나서였다. 눈에 보이지 않는 가스가 열두 달이나 우리 집 1층과 2층에 퍼져 어머니의 몸에서 산소와 활력을 앗아갔던 것이다. 오랜 시간 동안 저농도의 일산화탄소에 노출되는 것은 독극물을 조금씩 꾸준히 섭취하는 것과 같아서 증세가 미미하게 나타나기 때문에 병원에서도 원인을 찾기 어렵다. 어머니는 그 증상이 메스꺼움과 심한 두통, 찻잔조차 들지 못할 정도의 근육통으로 나타났다. 우리는 처음에 어머니가 감기에 걸렸거나 새집 인테리어에 너무 신경을 써서 그런가 보다라고 추측할 뿐이었다.

우리가 그 집으로 이사한 건 어머니가 쓰러지기 두 달 전이었다. 크리스마스를 앞두고 어머니는 짐을 풀어 바삐 물건을 정리하고 벽에 그림을 걸고 하느라 공기가 오염된 집 안에서 몇 주를 보냈던 것이다. 어머니가 쓰러졌을 때 아버지는 이웃에 사는 의사 조 윈스턴 씨를 불렀다. 그는 어머니를 진찰하고, 감염병 전문의와 알레르기 전문의에게도 진료를 받게 했다. 의사들은 어머니가 곰팡이와 꽃가루에 약간 알레르기 반응을 보인다는 사실은 알아냈지만 피로감과 통증, 어지럼증의 원인은 찾아내지 못했다.

어머니는 봄, 여름, 가을 내내 검사를 받았지만 겨울까지도 계속 몸이 아팠고 심지어 더 악화되었다. 어느 날은 가스레인지에서 내게 먹일 오트밀을 만들다가 기절할 뻔했던 적도 있다. 히터를 켤 때마다 어머니는 심장이 두근거렸다.

"아주머니는 밖에 계실 때 확실히 컨디션이 좋은 것 같네요."

윈스턴 박사가 확인하지 못한 다른 검사결과를 검토하며 말했다.

"집 안에 있는 무언가가 병의 원인이 아닐까요?"

그 말에서 실마리를 얻은 아버지는 도서관에 가서 실내오염에 대한 자료를 찾아보았다. 환경보호국에 전화를 걸어 석면, 포름알데히드, 라돈 등 집 안에 흔한 오염물질에 대해 전문가들과 장시간 상담했다. 가스회사에 연락해서는 우리 집 보일러와 가스레인지와 온수기를 검사하고, 굴뚝 수리공에게는 벽난로 연통을 확인하도록 했다. 그러나 모두 다 이상이 없었다.

"여보, 나에게 무슨 일이 일어나고 있는 걸까? 1년 동안 계속 악화되기만 하고. 너무 무서워!"

어느 날 밤 어머니는 절망감에 사로잡혀 아버지에게 하소연했다. 아버지는 늘 낙천적이고 만능해결사였지만 이번만은 예외였다. 아버지의 지인들은 어머니의 병에 대해 한마디씩 훈수를 두었다.

"변화를 잘 받아들이지 못하는 여자들도 있대. 원치 않는 이사를 하느라 자네에게 화가 난 건지도 몰라."

"꾀병 아니야?" 식으로 함부로 말하는 사람들도 있었다.

어머니 병의 원인을 밝히기 위해 우리 집을 찾았던 사람들 중 마침내 수수께끼를 푼 사람은 배관공이었다.

1981년 1월 초, 배관 및 냉난방 환기장치 사업을 하는 이가 우리 집을 찾았는데, 전문가의 직감으로 그는 곧장 지하로 내려가 가스히터에 연결된 관을 뽑아 보았다. 바로 거기에 문제가 있었다. 열교환기에 바늘구멍 같은 것이 서너 개 보였다. 그의 설명으로는, 열이 분출될 때마다 미량의 일산화탄소가 새어나왔을 거라고 했다. 우리 집은 에너지 효율을 높이기 위해 기밀성 높게 지어졌는데 어찌 된 연유인지 가스회사에서 열교환기 부분을 놓친 것이다. 아버지는 그분과 함께 강철로 된 그 무거운 설비를 벽에서 뜯어내어 마구 부숴버렸다.

일산화탄소 중독이 맞는지 확인하기 위해 윈스턴 박사는 일산화탄소 헤모글로빈 측정을 했는데 이 검사를 통해 어머니의 혈중 일산화탄소 포화도를 알 수 있었다. 비흡연자의 경우 일산화탄소 중독 수치가 2% 정도로 나오는 게 일반적이고 24%가 넘으면 심장마비 발생 위험이 있다는데, 어머니는 25%로 나왔다.

"이런 수치는 처음 봅니다." 윈스턴 박사가 혀를 내둘렀다.

주부가 일산화탄소 노출의 피해를 가장 심각하게 입는다는 걸 그때 알았다. 아버지는 매일 직장에 나갔고, 어린 나는 유치원에 가거나 뒷

마당에서 친구들과 뛰어다니며 놀았다. 그런데 어머니는 현기증과 두통, 피로감과 싸우며 온종일 집 안에서 일했으며 컨디션이 안 좋을수록 더 오래 집 안에 머물렀다.

아버지는 나와 어머니를 이웃집으로 보내놓고 서둘러 집 정화작업에 나섰다. 먼저 새 가스히터와 전기온수기를 설치했다. 지인들이 와서 아버지가 180㎡ 면적의 바닥 전체에 깔린 카펫을 뜯어내는 걸 도와주었다. 카펫에 포름알데히드를 비롯해 어머니의 현기증을 유발한 화학물질들이 배어 있을지도 모르기 때문이었다. 깔개와 쿠션, 베개 등 냄새가 나거나 가스로 오염되었으리라 의심이 가는 것들은 모조리 2층 손님방으로 옮겼다. 우리는 그 방을 '버려진 방'이라 불렀다. 어머니가 회복될 때까지는 문제의 소지가 있는 것들을 멀리 치워야 했다.

하지만 깨끗해진 집으로 돌아왔는데도 어머니는 다시 병이 났다. 새 히터를 켤 때마다 가슴이 두근거린다고 해서 아버지는 히터를 아예 꺼버렸다. 한겨울 추위를 이기려고 우리는 울스웨터를 입고, 모자를 쓰고, 무거운 담요를 겹겹이 덮고 잤다. 숨이 막혔다. 그때의 기억 때문인지 나는 지금까지도 울스웨터의 따끔거리는 느낌을 싫어한다.

"어떻게 하지?" 어머니가 어느 날 밤 낙심하여 아버지에게 물었다.

"나도 잘 모르겠어. 그런데 당신은 아픈데 집이 너무 추워서 여기서 계속 지내긴 어렵겠어."

어머니와 나는 며칠간 펜실베이니아주 베들레헴에 있는 외갓집에 가서 지냈다. 아버지는 그동안 주택 정화작업에 대해 더 많이 연구했다.

외갓집으로 옮긴 지 열흘이 지나도 어머니의 병세에 차도가 없자 우리는 양해를 구하고 윈스턴 박사 댁으로 거처를 옮겼다. 아버지는 우리가 그곳에 머무는 동안 집 안의 유해물질을 완전히 제거할 계획이었다. 그 기간은 무려 한 달 반이나 되었는데, 돌이켜보면 내 인생에 다시없을 찬란한 시간으로 기억된다.

윈스턴 박사의 가족은 기독교인으로서도 금메달감이었다. 그들은 서로에게 충실하고 다정했으며, 엄격한 규율도 잘 지켰다. 박사의 다섯 자녀는 매일같이 각자 30분씩 설거지며 빨래며 침대정리 같은 집안일을 도와야 했고, 냉장고에는 창문닦이, 잔디깎이, 은식기 광내기 등 용돈벌이를 할 수 있는 집안일 목록이 붙어 있었다. 나는 다섯 살밖에 안 된 응석받이 외동으로, 형과 누나들에게서 현관 쓸기, 낙엽 모으기, 쓰레기통 비우는 법 등을 배울 때까지 일을 맡지 않았다. 다만 오후에는 형들이 나를 둘러메치며 요란하게 놀았다. 항상 누군가 먼저 장비를 챙겨 야구 시합을 하고 누군가는 레슬링 시합을 벌였다.

저녁마다 윈스턴 박사는 거실 벽난로에 불을 활활 지폈고, 우리는 제각기 소파나 바닥에서 쿠션을 끼고 널브러져 쉬었다. 윈스턴 박사의 부인인 알리타 아주머니는 핫초코와 쿠키가 담긴 쟁반을 내왔고, 우리는 《호빗》《나니아 연대기》《셜록 홈즈》《셰익스피어》 등을 돌아가며 소리 내어 읽었다.

윈스턴 박사 댁에서 나는 가족이 무엇인지 팀워크가 무엇인지 배웠고, 그때의 가르침을 지금도 잘 간직하고 있다. 당시 부모님께는 말하지 못했지만 속으로는 그 집에 입양되었으면 하는 마음이 굴뚝같았다. 그들은 나에게 모범적인 가정의 표본이었다. 그에 비하면 우리는 어머니가 늘 아프고, 춥디추운 집에 포근한 쿠션 하나 없는, 참으로 기묘한 3인조 가족이었다.

윈스턴 박사 댁에서의 6주간의 생활이 끝나가던 어느 날 저녁, 아버지는 우리를 위해 기도해 달라고 박사와 그 가족에게 부탁했다.

"가스회사를 고소할까 생각 중이에요."

아버지는 생각지도 않은 일로 너무 많은 비용이 들어 화가 나 있었다. 새 히터와 온수기 구입비와 끝이 보이지 않는 병원비 등등, 원인을 제공한 가스회사가 비용을 보상하는 것이 원칙적으로 합당하지 않겠는가? 윈스턴 박사는 가스회사가 맞대응해 올 경우 수개월 또는 수년에 걸친 긴 소송 과정을 감당할 수 있겠느냐고 아버지에게 물었다.

"가족의 건강과 마음의 평화를 생각한다면 그럴 만한 값어치가 없는 일일 수도 있다네."

아버지는 윈스턴 박사의 충고를 받아들였다. 어머니의 병세가 악화되는 걸 원치 않았기 때문이다.

"하나님이 우리가 억울하게 쓴 비용을 충당해 주실 거야."

가스회사를 고소하지 않는 대신 부모님은 합의금으로 1,500달러를 받았다. 우리가 겪은 고통에 비하면 그 돈이 얼마나 터무니없는 금액이었는지 나중에 알게 되었을 때 나는 분통을 터뜨릴 수밖에 없었다.

"일산화탄소 중독에 빠지게 하고 인생을 망쳐서 미안하게 됐네요. 조금씩 아껴 쓰세요!"라는 말로 조롱을 당한 것만 같았다. 하지만 아버지는 더 이상 그 일을 문제삼지 않았다.

"여보, 이제 그들을 용서합시다." 아버지는 진심이었다.

그들을 완전히 용서했음을 선언한 지 얼마 지나지 않아 한 사진작가가 아버지와 나에게 광고 모델이 되어 달라는 섭외를 해왔다. 아버지는 부자가 함께 즐거운 추억을 만들 수 있겠다며 승낙했다. 사진작

가는 내가 축구공을 들고 있는 사진과, 신문을 읽고 있는 아버지에게 말을 거는 사진 등을 찍었다. 모델료로는 50달러를 받았다.

몇 주 뒤 부모님은 어느 지역신문에 우리 부자 사진이 대문짝만하게 실린 것을 보고 깜짝 놀랐다. 가스회사의 전면광고였다.

아버지는 신문을 손에 들고 껄껄 웃었다.

"하나님, 이게 웬일입니까! 유머 감각도 참 풍부하시네요."


1981년 3월에 우리는 윈스턴 박사 댁에서 나왔다. 그러나 이후에도 어머니의 병세는 호전되지 않았고 증상이 언제 다시 나타날지 예측할 수 없었다. 대책이라고 해봐야 보이지 않는 위해요소들을 피해 다니는 게 전부였다.

과학자들은 평균적인 사람의 경우 코로 1조 가지의 냄새를 감지할 수 있다고 말한다. 두 살 때부터 나는 어머니를 보호하기 위해 후각을 발달시켰다.

보통 사람들이 약간 불쾌하게 느낄 수 있는 헤어스프레이 냄새, 도로를 깔 때 나는 타르 냄새, 잔디깎이 기계를 사용할 때 나는 매연 같은 흔한 냄새가 어머니에게는 큰 위해를 가했다. 누군가와 악수할 때 향수 냄새가 감지되면 나는 재빨리 어머니에게 접근금지 경고를 발령했다. 새 장난감에서 특유의 냄새가 나면 바깥에 내다놓고 냄새를 뺐다. 어머니에게 가장 심각한 증상을 유발했던 티슈형 섬유유연제나 네일 리무버 냄새에 지금도 나는 본능적인 거부감을 느낀다.

아버지와 나는 매일 '정화의식'을 벌여야 했다. 어머니에게 가까이 가기 전에 나는 학교에서 묻혀온 냄새를 없애기 위해 샤워를 하고 새 옷으로 갈아입었다. 어머니는 모든 방문자를 거절했다. 그들이 정화의식을 제대로 치렀는지 확인할 길이 없었기 때문이다. 그리하여 요리, 청소, 세탁은 대부분 내 몫이 되었다. 물론 내게는 용돈이 주어졌다. 어머니는 매일 집안일 항목(식기세척기에서 그릇 꺼내기, 주방 바닥 닦기, 침대 정리하기 등)을 써서 냉장고에 붙여 두었다. 그밖에도 일은 많았다. 욕실 청소는 50센트, 방에 청소기 돌리고 걸레질을 하면 1~2달러, 창문을 안팎으로 닦으면 몇 달러를 더 받았다. 윈스턴 박사 댁 아이들처럼 나는 주어진 그 임무를 기꺼이 수행했다.

처음엔 내가 어머니에게 꼭 필요한 존재라는 게 무척 자랑스러웠다. 친구들 중 가족을 위해 나처럼 헌신하는 아이가 어디 있겠는가? 돈이 생기자 자유도 많아졌다. 나는 폐철로를 따라 자전거를 타고 동네 편의점으로 가서 입 안에서 톡톡 튀는 가루사탕도 사고 장난감 볼

링 핀도 샀다. 열한 살에는 이웃에게 크리스마스 카드를 팔거나 낙엽을 치워주거나 잔디를 깎아주고 용돈을 벌었다. 나는 웃는 얼굴로 인사하는 법과 사람들을 웃기는 법, 사람들이 나를 좋아하게 만드는 법을 터득했다. 어머니는 내가 그런 것에 천부적인 재능이 있다고 했다.

지금도 어머니 생각을 하면 커다란 마스크를 쓰고 있던 모습이 떠오른다. 악취와 눈에 보이지 않는 화학물질로부터 스스로를 보호하기 위한 것이었다. 입과 코를 덮은 시커먼 마스크 때문에 어머니 얼굴에서 보이는 부분이라곤 초록의 큰 눈과 구불구불한 갈색 머리카락뿐이었다.

어렸을 땐 어머니의 그 모습이 특별히 이상해 보이진 않았다. 하지만 십대가 되자 어머니의 마스크는 가족으로서 우리가 짊어지고 있는 무거운 짐을 자꾸 연상시켰다. 나는 어머니를 사랑했다. 끊임없는 내전이 벌어지는 몸으로 산다는 게 얼마나 비참하고 괴로울지 잘 알았다. 하지만 나이가 들수록 그 끝없는 전투에서 어머니의 보병 역할을 하는 게 점점 진력이 났다. 〈스타워즈〉에 나오는 쓰레기 처리장에 우리 가족이 갇힌 듯한 느낌이었다. 무릎까지 고철더미와 진창 속에 빠져서 옴짝달싹할 수 없는데 양쪽에서 거대한 압축벽이 서서히 조여오는 것 같았다. 그런데 우리에겐 도움을 청할 사람이 아무도 없었고 누구도 우리를 구하러 달려와 주지 않았다.

# 03

# 밴드,
# 그리고 뉴욕 클럽에 입문

열네 살 무렵 무어스타운을 떠나 뉴저지주 스톡턴으로 이사했다. 아버지는 도로의 매연으로부터 멀리 떨어진 16,000㎡의 울창한 숲으로 둘러싸인 2층집에 어머니의 회복이라는 마지막 기대를 걸었다. 그러나 이사 첫날부터 어머니는 바로 병이 났고, 우리는 너무나도 익숙하게 오염원 탐색 작업에 들어갔다.

아버지는 나무 바닥의 폴리우레탄 코팅에서 유해물질이 배출되는데, 그게 다 빠지려면 2년 정도 걸린다는 사실을 알아냈다. 그래서 어머니는 바깥의 쉼터와 위층 욕실 사이 안전한 공간에서 대부분의 시간을 보냈다. 잠은 욕조와 변기 사이에 놓은 간이침대에서 잤다. 아버지와 나는 욕실 문에 칠해진 광택제 냄새를 막기 위해 번쩍거리는 알루미늄 포일로 문을 전부 감쌌다.

열여섯 살이 되면서 나는 점점 더 반항적인 십대가 되어 갔다. 학교에서 막 돌아온 나를 어머니가 마당 저편에서 불러도 들은 척도 하지 않았다. 어찌 보면 어머니의 가장 큰 적은 나였다. 나는 집 안에서 함부로 행동했다. 벗은 옷을 바닥에 내던져 놓고, 아무도 없는 방에 불을 켜놓고, 수도꼭지를 제대로 안 잠가 물이 줄줄 새게 했다. 참다못한 부모님은 내가 한 가지 잘못을 할 때마다 벌금을 1달러씩 매겼다. 나는 내 방문에 '출입금지'라고 쓴 안내판을 붙였고, 집안의 규율을 가지고 부모님과 잦은 언쟁을 벌였다.

"좋은 부모님은 밤 10시에 아이들을 억지로 안 재워요!"

"정상적인 부모님은 아이들에게 19금 영화도 보여준다고요!"

나는 막무가내였다. 그러나 아버지는 꿈쩍도 하지 않았다. 더구나 영화에 관해서는 어림도 없었다. 한 번은 금지된 비디오테이프를 아버지가 거실 소파 밑에서 발견한 적이 있었다. 아마도 데미 무어의 섹스신이 있는 〈어젯밤에 생긴 일〉이었던 것 같다. 그것을 발견한 아버지는 나를 차고로 데려가 공작기계에 테이프를 밀어 넣고 손잡이를 돌려 산산조각이 나게 하는 광경을 지켜보도록 했다.

그런다고 내 반항적인 태도가 바뀐 건 아니었다. 어머니가 알루미늄 포일로 마감한 욕실 안의 생활로 평안을 찾아가는 동안 나는 탈출을 꿈꾸었다. 우리 집과 작은 시골 마을을 떠나고 싶었다. 특히 내가 다니던 기독교 계통 학교에서 벗어나고 싶었다.

뉴라이프(New Life)는 유치원부터 12학년까지의 과정을 한곳에서 교육하는 작은 학교로, 교회의 지하층에 자리잡고 있었다. 전체 반은 다섯 개, 한 반의 학생이 아홉 명 남짓이었다. 학생들은 비디오테이프로 영상수업을 받았다. 지하 교실 한쪽 구석에 놓인 철제 TV 캐비

닛 속에서 교사들이 돌아가며 나왔다. 학급 반장이 테이프를 넣고 재생 버튼을 누르면 수학, 생물, 영어 수업이 시작되었다. 그 45분짜리 비디오들은 내게 45시간만큼이나 길게 느껴졌다. 제대로 된 운동장도 없어 우리는 주차장에서 공놀이를 하고 교회 친목실에서 점심을 먹었다. 집에서의 생활도 충분히 괴로운데, 학교는 더 한심했다.

뉴라이프의 학생들은 의무적으로 교복을 입었다. 주름 잡힌 암녹색 치노 팬츠에 체크 무늬 넥타이, 와이셔츠는 오줌 색처럼 누리끼리했다. 나는 지정된 셔츠를 구입하지 않고 부모님께 더 밝은 노란색 셔츠를 구해 달라고 했다. 남들과 달라 보이고 싶어서였다. 심지어는 남자 화장실 개수대 밑에 외출복을 몰래 숨겨두기도 했다. 오후 2시 50분에 마지막 종이 울리면 나는 화장실로 달려가 교복을 벗어버리고 마치 슈퍼맨이라도 된 것처럼 평상복 차림으로 친구들 앞을 의기양양하게 지나쳐 갔다.

1991년 여름, 열여섯 살의 나는 더 이상 참을 수가 없었다.

어느 날 저녁식사 중에 나는 뉴라이프를 그만두고 가을부터는 공립 고등학교에 다니겠다고 부모님께 선언했다.

"스캇, 넌 뉴라이프에서 크나큰 사랑과 지원을 받고 있잖아."

어머니가 타일렀다. 아버지도 옆에서 거들었다.

"상관없어요. 저 센트럴 고등학교에 가고 싶어요."

"그 학교 아이들이 무슨 짓을 하고 다니는지, 얼마나 불량한 애들이 많은지 너도 알잖니! 술, 섹스에다 심지어 마약까지 해. 그 애들은 절대 하나님 품으로 돌아오지 않는단다."

아버지의 목소리는 다급했다.

"학교를 안 옮겨 주면 집을 나가겠어요."

나는 으름장을 놓았다.

부모님은 나를 막지 않았다. 내가 '안전한' 기독교적 환경에 있기를 바랐던 만큼이나 뉴라이프의 TV 속 선생님들이 나에게 좋은 영향을 주지 못한다는 것도 잘 알고 있었다. 부모님은 그저 하나님이 나를 옳은 길로 인도해 주기만을 빌 뿐이었다.


센트럴 고등학교 선생님들은 내가 보아온 선생님들과 전혀 달랐다. 내가 그동안 자처해 온 쿨하고 반항적인 녀석으로서의 지위를 잃어버리는 데는 딱 하루밖에 걸리지 않았다. 그곳은 운동선수와 응원단, 스케이터, 배우, 로커가 있는 진짜 학교였다. 교복을 안 입는 이곳에서 나는 빳빳하게 다림질한 카키색 바지에 터틀넥 스웨터를 입은 깡마른 멍청이의 전형이었다. 우리 학년의 학생만 1천 명이 넘었다. 나는 군중 속에 파묻힌 느낌이 들었고, 주목받고 싶은 마음이 간절했다.

어느 날 쉬는 시간에 선배 두 명이 밴드 결성에 대한 이야기를 나누는 걸 우연히 듣게 되었다. 한 선배는 체육관에서 생활하는 모양이었고, 다른 이는 내 온몸의 털보다 더 많은 털이 얼굴을 뒤덮고 있었다.

"키보드 잘 치는 친구가 필요한데."

근육질 몸에 문신을 하고 메탈리카 티셔츠를 입은 선배가 말했다. 나도 모르게 그들의 대화에 끼어들었다.

"저기요! 저 키보드 잘 쳐요. 피아노를 13년이나 쳤어요!"

나는 그들보다 한 옥타브 더 높은 소리로 외쳤다. 우연의 일치로 나는 그날 검정과 하양으로 된 키보드 모양의 가느다란 넥타이를 매고 있었다. 뭔지는 몰라도 운명 같은 느낌이 들었다.

"그래, 좋아. 너 이름이 뭐니?"

그들은 다음 연습에 나를 초대했다. 밴드에 받아준 것이다.

그날부터 그 밴드는 나의 전부가 되었다. 우리는 선배의 집 차고에서 연습을 했다. 벽면에 너덜너덜한 양탄자가 걸려 있고, 기온이 40도까지 오르는 곳이었다. 우리는 뉴저지와 펜실베이니아의 남학생 사교 클럽 파티장을 돌며 연주했다. 선배들이 추구하던 90년대 얼터너티브 록 사운드에 나는 브루스 혼스비와 빌리 조엘의 음악을 혼합하여 분위기를 쇄신했다. 우리는 밴드 이름을 북동부에 있다는 스키 리조트의 이름을 따 '선데이리버'로 정했다. 우리 중 실제로 거기에 가본 사람은 아무도 없었다.

작곡한 게 10여 곡이 되었을 때 우리는 녹음실에서 데모 CD를 만들어 널리 배포했다. 뉴욕부터 LA까지 클럽의 매니저들과 사장들에게 전화를 돌려 밴드를 알리고 설득에 나섰다.

"우리 음악을 틀면 좋다고 입소문이 나서 클럽이 문전성시를 이루게 될 거예요… 브라이언은 목소리가 정말 끝내줘요. 한 번 들어 보세요… 최고의 밴드를 다 뒤져봐도 건반이 이렇게 막강한 밴드는 없을 거예요!"

이러한 선전이 실제로 먹혀드는 게 오히려 나는 놀라웠다. 우리는 CBGB, 윗랜드, 더비터엔드 같은 도시의 클럽에서 하는 전문적인 공연을 따냈고 밴드 경연대회에도 나갔다.

밴드의 인기가 높아질수록 나는 센트럴 고등학교에서 유령 같은 존재가 되어갔다. 수업을 밥 먹듯이 빼먹어서 하마터면 졸업도 못할 뻔했다. 부모님은 지금도 졸업식 아침까지 내가 고등학교 졸업장을 받을 수 있을지 어떨지 확신을 못했다는 이야기를 하시곤 한다.

열아홉 살이 되자 나는 선데이리버의 음반 계약을 위해 뉴욕으로 가겠다고 부모님께 공표했다. 내가 집을 나가는 편이 오히려 서로에게 더 좋을 수도 있었다. 하지만 대학에 가지 않겠다고 하니 부모님은 실망을 감추지 못하셨다. 아버지는 내가 네 살 때부터 저축해서 내 교육비로 10만 달러를 마련해 놓은 상황이었다.

1994년 12월, 내가 4개월 동안이나 거처를 잡지 못하고 아파트를 물색하고 있자 아버지는 웨스트빌리지 크리스토퍼가의 650달러짜리 월세집을 구해 주었다. 6층까지 걸어서 올라가야 하고 32㎡밖에 안 되는 곳이었다.

이사를 하고 몇 주 뒤 나는 타임스퀘어에 있는 대형 악기매장 샘애시에서 키보드와 신디사이저 판매원 아르바이트 자리를 구했다. 밴드에 필요한 장비를 살 때 할인을 받거나 뮤지션들을 볼 수 있지 않을까 하는 기대도 있었다. 그런데 실제로 어느 날 밤 영업이 끝난 뒤 스티비 원더가 매장을 찾아왔다! 매니저는 나더러 그가 신디사이저 고르는 걸 도와주라고 했다. 땋아내린 머리, 천재적인 두 손, 눈부신 미소를 내 눈으로 직접 보게 되다니 믿겨지지 않았다. 불후의 명곡 〈매스터 블래스터〉의 주인공 스티비 원더와 내가 한 장소에 존재했던 역사적인 순간이었다.

인생은 순조롭게 흘러갔다. 직장도 있었고 선데이리버를 위해 일할 매니저도 구했다. 매니저 대니얼 벨라드는 부모님이 내 교육비로 모은 돈이 있다는 걸 알고 밴드를 교육해 주는 뉴욕대의 시간제 강의를 소개해 주었다. 나는 큰 선심이나 쓰듯 부모님께 소식을 알렸다.

선데이리버는 계속 로큰롤 공연장 무대에 올랐다. 그러던 어느 날 나는 매니저의 손에 이끌려 한 번 빠지면 끝이라는 유명한 '클럽 USA'에 갔다가 열아홉 살에 제대로 된 댄스 클럽에 입문하게 되었다. 문 밖에선 수백 명의 사람들이 빨간 벨벳줄에 기대어 클럽 도어맨의 눈에 띄려 애를 쓰고 있었다. 그런데 대니얼이 문 앞으로 가서 도어맨과 시선을 교환하자 앞을 가로막고 있던 벨벳줄이 모세 앞의 홍해처럼 쫙 갈라지며 길이 열렸다.

클럽 안에서는 옷을 반쯤만 걸친 친구들이 둥그런 받침대 위에 서서 빙글빙글 돌며 음악에 맞춰 몸을 비틀었다. 빨강 노랑의 레이저 불빛이 희뿌연 공기를 갈랐다. 마시고, 피우고, 춤추고, 비벼대고, 온몸의 감각을 유린했다. 부모님이 두려워했던 것이 모두 한 장소에 다 있었다.

# 04

# 나이트클럽의
# 슈퍼스타

밴드를 해체하는 이유는 대부분 비슷하다. 마약, 술, 의견 충돌, 기여도 차이 등. 선데이리버도 예외는 아니었다.

해체의 조짐은 우리가 뮤직박스라이브에서 공연했던 1995년 1월부터 슬슬 나타났다. 가수이자 댄서인 패트릭 앨런이 프로듀싱한 쇼케이스 공연을 보고, 나는 그에게 관심이 생겼다. 그는 원래 〈스타 서치〉라는 TV 프로그램의 캐스팅 디렉터로 이 계통에 발을 들여놓았고, 마이클 잭슨부터 제임스 브라운, 퍼렐 윌리엄스에 이르기까지 함께 일하지 않은 스타가 없었다. 그 클럽의 활기와 실력에 깜짝 놀랐던 나는, 20달러씩 내고 줄을 서서 입장하는 사람들의 모습에 필을 받아 패트릭에게 전화를 걸었다.

"혹시 조수 안 필요하세요? 저 돈 안 받고 일할게요. 일을 정말 배우고 싶어서 그래요."

"정말? 공짜로 일하겠다고? 좋아."

패트릭은 나를 받아주었고 자기 일을 도와주는 대가로 하루에 100 달러 정도씩 내게 주었다.

그와 만난 지 2주쯤 된 2월, 14번가의 전설적인 클럽 '넬스'에서 패트릭에게 R&B 오픈마이크 공연을 프로듀싱해 달라고 요청해 왔다.

"너도 같이 할래? 20% 떼어 줄게."

당연히 나도 합류했다. 우리가 '넬스의 목소리'라고 이름 붙인 그 공연은 금세 유명세를 탔고, 내 인생의 새로운 장이 되었다. 몇 개월 뒤에는 뉴욕에서 가장 신나는 오픈마이크 공연으로 명성을 떨치게 되었다. 휘트니 휴스턴, 샤카 칸, 브라이언 맥나이트는 물론이고 스티비 원더까지 아무런 공지 없이 무대에 올랐다. 패트릭은 공연 홍보, 게스트 섭외, 관객을 열광시키는 법, 공연을 지속적으로 런칭하는 방법을 내게 가르쳐 주었다. 나는 열심히 일했고 그의 신뢰를 얻었다.

'넬스의 목소리'는 쭉쭉 성장해 나갔다. 그러던 중 '스모키 조스 카페(Smokey Joe's Cafe)'라는 뮤지컬 팀에서 패트릭에게 월드투어를 함께 해달라는 요청이 왔다. 그리고 투어가 진행되는 18개월 동안은 내가 '넬스의 목소리'를 운영하기로 하고, 그의 몫으로 매주 200달러씩을 떼어 놓으며, 돌아오면 전권을 넘겨주고 난 조수의 자리로 되돌아가기로 합의를 봤다.

이런 계획이 어떤 결말을 맞을지는 쉽게 상상할 수 있으리라. 나는 열아홉 살 풋내기였고 18개월은 무지무지 긴 시간이었다. 장난기 많은 펑크록 가수이자 넬스의 매니저인 텍스 액사일이 끊임없이 내 귀에 대고 충동질했다. 내 몫을 제대로 챙기라며….

나는 그의 말을 따랐다. '스모키' 공연이 끝나고 돌아온 패트릭은 자기 몫의 돈도 없거니와 넬스와도 더 이상 일할 수 없게 된 충격적인 사실에 직면했다.

텍스 액사일은 나보다 스무 살쯤 더 많았다. 그는 내 새로운 절친이 되었으며 나쁜 물을 들이는 불량한 인생 선배였다. 영국 서식스의 작은 공장 마을에서 자란 텍스는 나처럼 부와 명성을 좇아 대도시(그의 경우엔 런던)로 탈출해 키보드 주자로 활동하며 여러 펑크록 밴드를 거쳐 왔다. 나와 다른 점은 80년대에 앨범을 총 600만 장이나 팔아치우며 실제로 큰 성공을 거두었다는 사실이다. 그의 본명은 앤서니 다우티였다. 텍스 액사일이라는 예명은 '텍스 엑사일(Tax Exile, 세금회피)'에서 따온 것으로, 2년 동안 세금을 내지 않았던 경험에서 착안한 것이다.

텍스는 가이 리치 감독의 영화에 나오는 인물들만큼이나 입이 거칠었다. 나는 단 한 번도 들어본 적이 없는 영국의 욕들까지 최소 5~10가지는 새로 배웠다. 성향이 많이 달랐던 만큼 우리는 서로의 부족한 점을 메워줄 수 있었다. 텍스는 냉소적인 성격이어서 제 잘난 맛에 사는 사람들을 못 봐주는 스타일이었지만, 나는 우리를 찾아오는 A급 스타에게 누구든 싹싹하고 공손한 태도로 열심히 비위를 맞춰주었다.

"프린스 나리가 납시셨군, 골치깨나 썩겠어."

프린스의 검정 리무진 두 대가 나타나면 텍스는 혀를 끌끌 찼다. 하지만 나는 프린스가 제일 좋아하는 구석자리(그는 어두운 자리를 좋아했다) 전등의 전구를 열심히 돌려 빼놓고 그를 안내했다. 경호원이 앉을 의자는 사람들의 접근을 막을 수 있도록 관객 쪽을 향하게 놓았다.

새벽 4시에 클럽이 문을 닫으면 텍스는 나와 몇몇 친구들을 건물 위층의 허름한 자기 아파트로 부르곤 했다. 그의 집에 마련된 녹음실에서 우리는 요란하게 연주하고 술을 진탕 마셔댔다.

십대 때 꿈에 그리던 자유의 삶을 나는 살고 있었다. 손으로 음식을 집어먹고, 수프를 후루룩거리며 마시고, 사람 없는 집에 불을 환하게 켜놓고 다녔다. 옷은 바닥에 아무렇게나 던져 놓고, 현금은 10달러, 20달러 뭉치로 벽난로 안에 쌓아 두었다. 어머니가 내 아파트에 올 수 있을 만큼 건강했다면 그 꼴을 보고 민망해서 어쩔 줄 몰랐을 것이다. 지저분하거나 말거나 나는 상관없었다. 나는 진짜 삶을 살고 있었으니까!

텍스와 지내면서 내린 가장 힘들었던 선택은 그와 클럽 '넬스'를 떠나기로 한 결정이었을 것이다.

"너는 젊고 여기는 늙은이들 클럽이야."

함께 일한 지 5년이 된 어느 날 밤 텍스가 말했다. 내가 늘 사다리 다음 칸을 향해 손을 뻗고 있음을 그는 누구보다 잘 알고 있었다.

"스캇, 가끔은 모든 걸 버리고 훌쩍 떠나야 할 때가 있어. 최고가 되고 싶다면 로터스로 가보는 게 좋을 거야."

'로터스'는 미트패킹 디스트릭트에 있는 최고급 아시아풍 나이트클럽이었다. 그곳은 패션 디자이너, 슈퍼모델, 아티스트, 언론계 거물과 〈보그〉 이탈리아판 실제 구독자들이 모이는 메카였다.

2000년 여름, 로터스가 넬스에서 그리 멀지 않은 곳에 문을 열었을 때 〈뉴욕〉지는 로터스 소유주들을 표지에 실었다. 나는 텍스의 조언을 받아들여 로터스에 수차례 음성 메시지를 남겼다.

"저를 홍보 담당자로 기용하세요. 끝내주는 사람들을 데려올 수 있다니까요. 한 번 기회를 줘보세요!"

몇 주 동안 계속 매달렸더니 소유주 중 한 명이 내게 전화로 제안했다.

"우선 월요일마다 홍보를 해보겠나?"

월요일은 일주일 중 가장 장사가 안 되는 날이었지만 나는 그 기회를 마다하지 않았고, 악조건 속에서 성공을 일구어 냈다. 넬스에서는 R&B 슈퍼스타들 뒤치다꺼리를 했지만, 로터스에서는 내가 슈퍼스타급 대접을 받았다.

# 05

# 깨달음의
# 순간을 만나다

문을 지키는 도어맨 두 명이 브랜틀리의 축처진 몸뚱이를 댄스 플로어에서 들어올렸다. 몇 분 전까지만 해도 우리는 예쁜 여자들과 함께 샴페인 잔을 들고 내 비즈니스 파트너의 24번째 생일을 축하하고 있었다. 가까운 지인만 해도 200여 명이 와 있었다.

그런데 브랜틀리가 갑자기 정신을 잃더니 입술까지 파랗게 변했다. 클럽 도어맨들은 그를 들쳐메고 손님들 사이를 헤치고 주방으로 들어갔다. 차가운 시멘트 바닥에 눕혀진 브랜틀리의 긴 다리가 맥없이 덜렁거렸다. 내가 911에 전화를 거는 동안 클럽 지배인은 무릎을 꿇고 심폐소생술을 하기 시작했다.

'정신 차려, 브랜틀리. 제발 정신 차리라구!' 나는 속으로 절규했다.

2001년 6월의 일이었다. 우리가 비즈니스 파트너로 로터스와 이곳

헤일로에서 열리는 파티의 홍보를 함께해 온 지 1년이 되었을 때였다. 그는 평소 마약을 닥치는 대로 했다. 그러면서도 한편으론 대단한 의지력을 보였다. 코카인과 보드카, 테킬라의 힘으로 밤새 춤을 추었다. 그리고 아침이 되면 발타자르에서 공수해온 뜨거운 커피 한잔으로 잡생각을 떨쳐버렸다.

"옳고 그름의 문제가 아니야."

그의 방만한 생활을 나무랄 때마다 브랜틀리는 이렇게 대꾸했다.

"도덕과는 상관없는 일이지, 스캇. 넌 지금 불필요한 죄의식을 조장하고 있어."

하지만 그날 밤은 브랜틀리가 도를 넘었다. 코카인인 줄 알고 헤로인을 흡입한 것이다. 몇 분 뒤 그는 바닥에 쓰러져 경련과 발작을 일으켰다. 클럽 지배인이 심폐소생술을 하고 있는 모습을 보고 있자니 당장이라도 녀석이 죽을 것 같았다.

구조대원들이 주방 문을 열고 들어온 그 순간, 브랜틀리는 컥컥거리며 기침을 했다. 숨이 돌아온 것이다. 누군가 브랜틀리의 목에 차가운 습포를 대주자 그의 의식이 돌아왔다.

정신이 돌아온 브랜틀리는 자신을 둘러싸고 있는 친구들과 사람들을 올려다보았다. 반짝이는 눈빛이 즐거워 보였다. 마치 우리가 곧 생일축하 노래를 불러주리라 기대하는 것처럼! 브랜틀리는 웃음을 참지 못하고 배를 잡았다. 브랜틀리는 그런 친구였다. 뭐, 나도 별반 다르지는 않았다. 누구도 우리를 말릴 수 없었다.

2000년 여름에 처음 만났을 때 스물세 살의 브랜틀리는 로터스에서 도어맨으로 일하고 있었다. 그는 휴스턴에서 자라 오스틴에서 대학을 다녔고 모험을 찾아 뉴욕으로 왔다. 키가 크고 건장한 브랜틀리는 파란 눈에 어둡고 우울한 위트의 소유자였다. 나는 스물다섯 살에 깡마르고 어깨도 약간 구부정했지만 말발 하나만큼은 끝내줬다.

브랜틀리를 보자마자 나는 우리가 환상의 파트너가 되리란 걸 직감했다. 사교적이면서도 지적인 브랜틀리는 데이비드 린치 감독의 영화를 논하다 유연하게 화제를 돌려 작가 찰스 부코스키의 글을 인용할 수 있는 친구였다. 또 소설가 헨리 밀러의 소설 속 대사를 읊고 나서 스페인어로 바꾸어 말하면서도 ("Comprende, cabron?: 이해가 가나, 친구?") 대화의 맥락을 결코 놓치지 않았다. 브랜틀리 주위엔 항상 여자들이 몰려들었고, 이는 우리 일에 확실히 도움이 됐다. 우리는 만나자마자 의기투합했고 함께 일하기로 뜻을 모았다.

나이트클럽 홍보는 특이한 일이다. 자기 소유의 가게도 필요 없고 술값이나 전기요금도 들지 않는다. 매일 밤 매출의 일정 비율을 커미션으로 받는데, 가끔은 문밖을 나설 때 전액 현금으로 받기도 한다. 예컨대 어느 토요일에 클럽이 5만 달러어치의 술을 팔면, 하룻밤 파티에서 일한 대가로 내 주머니에 최소 5,000달러가 들어오는 것이다. 게다가 내 일행의 술값까지 공짜다!

성공을 위해 우리는 사람들이 돈을 펑펑 쓰게 만들고 그들에게 기분 좋은 시간을 제공할 필요가 있었다. 부유한 은행가가 있다고 치자. 샴페인 한 병을 60달러에 사서 집에서 마실 수도 있겠지만, 똑같은 술에 600달러를 쓰도록 만드는 것이 나의 일이었다.

클럽 '로터스'의 소유주이자 밤세계의 여왕인 에이미 사코는 우리를 '젊고 화려한 총각들'이라고 불렀다. 하지만 우리는 그런 환락 속에서도 매우 진지하게 사업에 임했다. 15,000명의 메일링 리스트를 구축하고 프로모터들 중 최초로 이메일 초대장을 대량으로 발송했다. 당시만 해도 이메일은 신기하고 새로운 것이어서 개봉률이 거의 100%에 달했다.

브랜틀리와 나는 2001년, 맨해튼에서 가장 핫한 목요일 밤의 파티를 열고 있었다. 피터 비어드, 하이디 클룸, 숀 펜도 자주 와서 사교계 명사들이나 궁핍한 아티스트들과 어울렸다. 로터스에서는 운이 좋으면 1번 테이블에 퍼프 대디가, 3번 테이블에 제이 지가, 그리고 그 사이의 2번 테이블에 브랜틀리와 내가 앉아 있는 모습을 볼 수 있었다.

나는 눈부신 성장과 성과에 도취되었다. 어머니의 완벽주의와 아버지의 훈육이 내게 영향을 미치긴 했던 모양이다. 나는 어떤 미팅에든 늦는 법이 없었고, 미리 준비한 품목별 예산서를 들고 나갔다. 한 번은 '추천합니다'라는 문장의 글자가 잘못 인쇄되었다는 이유로 수천 장의 값비싼 초대장을 운영진을 설득해 다 폐기하도록 한 적도 있었다.

브랜틀리는 미팅과 오타는 크게 신경쓰지 않는 편이었지만, 창의적인 방식으로 일을 꾸미기 좋아하는 건 나와 같았다. 우리는 이 클럽 저 클럽으로 옮겨다니며 일류 모델에이전시와 패션잡지, 유명 사진작가들과 제휴를 맺고 그들 브랜드를 이용해 더 큰 홍보효과를 누렸다.


2003년 브랜틀리와 나는 클럽에서 왕족과 같은 권세를 누렸다. 그러나 나는 점차 왕관의 무게가 무겁게 느껴지기 시작했다. 공식적으로는 일주일에 2~3회 파티를 열었지만, 일이 없는 날에도 우리는 고객들과 저녁식사를 하고, 이 클럽 저 클럽 돌며 술을 마시고, 사람들을 만나고 돌아다녔다.

브랜틀리와 나는 숙취를 피하기 위해 나름의 방법을 강구했다. 한 가지 종류의 술만 마시려 애썼고, 잠자리에 들기 전 약 2리터의 물과 함께 애드빌(항염증제) 세 알을 삼켰다. 그러나 아침에 밝은 햇살 속으로 나올 때 드는 자괴감은 어쩔 수 없었다. 성공가도를 달릴수록 내 몸은 점점 더 약에 찌들어 갔고, 죄책감도 커져 갔다.

2003년 9월, 결국 이상한 마비 증상이 시작되었다.

내 스물여덟 번째 생일이 지난 지 얼마 되지 않은 어느 날 밤, 그날도 아버지는 나에게 술을 많이 마시냐고 물었다. 나는 쏘아붙였다.

"아버지는 결코 이해 못하세요. 술이라도 안 마시고는 이 생활을 견딜 수 없다고요!"

"드디어 네가 참기 어려워지기 시작한 게로구나, 응?"

한때는 부모님을 괴롭히는 게 즐거웠다. 아버지에게서 전화가 오면 나는 농담을 했다.

"아버지, 잠깐만요. 보고 있던 포르노 좀 끄고 올게요!"

아버지가 어떻게 지내냐고 물으면 이렇게 대답했다.

"별로 잘 못 지내요. 숙취가 어어어어엄청 심하네요."

하지만 부모님은 나를 단념하기는커녕 제자리로 돌려놓으려고 애썼다. 심지어 아버지는 '모델 선교회(Models for Christ)'라는 한 자선단체의 메일링 리스트에 나를 등록시켰다. 한눈에 반할 정도의 독실한 여성을 만나면 혹시라도 내가 교회에 나갈지 모른다는 생각에서였다. 어머니는 교회 젊은 여성들 한 무리에게 나를 위해 기도해 달라고 부탁했다. 부모님은 결코 나를 포기하지 않았다.

그리고 어느 날부턴가 나는 그들에게 상처 주는 말을 하고 싶지 않았다. 무슨 소용이 있겠는가? 더는 그러고 싶지 않았다.

2003년 11월 어느 날 아침, 깨달음의 순간이 찾아왔다. 전날 코카인으로 흥분된 밤을 보낸 뒤 브랜틀리의 집에서 잠을 자고 있었다. 9시, 흐릿한 햇살이 아파트 창문으로 쏟아져 들어와 계속 잠을 잘 수 없었다. 나는 졸피뎀을 입에 털어 넣고 의자를 끌고 창가로 갔다.

나이트클럽 홍보를 직업으로 하는 사람들에겐 낮과 밤을 바꾸어 살기 위해 덕트 테이프와 담요가 필수다. 창가에 서서 담요로 햇빛을 막아 보려 안간힘을 쓰고 있는데 창문 밖 거리의 평범한 사람들이 보였다. 그들은 이제 막 하루를 시작하며, 직장과 학교와 학원 등으로 향하는 사람들이었다. 모두 건강해 보였다. 그들에겐 목표가 뚜렷해 보였다.

팔에 자꾸만 마비 증상이 나타나면서 나는 더 이상 내게 닥쳐온 일을 무시해 버릴 수 없었다. 지난 10년간 일을 빙자해 매일 밤 내가 벌인 술과 약물과 함께한 파티의 결과였다. 몸은 무감각해져 가고 양심은 무뎌져 갔다. 술이나 마약에 취하지 않고 웃어본 지가 언제인지, 중요한 사람이나 물건을 잃고 울어본 지가 언제인지 기억이 나지 않았다. 마지막으로 기도했던 때는 언제였던가?

성공을 위해 달려온 10년 동안, 나는 최악의 모습이 되어 있었다.

# 06

# 물질은 우리 가슴을
# 만족시키지 못한다

2003년 겨울, 우루과이 ○

2003년 12월 말에 브랜틀리와 나는 친구들 몇 명과 함께 우루과이 푼타 델 에스테의 방 7개짜리 해변가 저택을 빌렸다. 우리는 그곳을 연초까지 열흘간 예약하고, 다른 친구들도 초대했다. 나는 여자친구와 함께 거기서 느긋하게 쉬면서 머리를 비우고 싶었다. 2004년에는 새롭게 출발하기 위해서….

크리스마스는 부모님과 함께 보냈다. 12월 24일엔 동네 교회의 촛불예배에 참석했다. 크리스마스 이브에 교회에 모인 사람들은 어두운 조명 속에서 촛불을 들고 노래를 불렀다. 부모님과 함께 그날 밤 교회에 있는 동안 나는 고개를 숙이고 도움을 청했다. 컴퓨터 앞에 앉아 내 마비 증상을 진단해 보려고 검색해 본 이후 늘 머리가 어지러웠기 때문이다.

'부디 의사들이 제게 무슨 문제가 있는지 알아내게 해주소서. 다시

건강해질 수 있도록 도와주소서!'

확신은 없었지만 기도를 하니 기분은 좋았다.

크리스마스 이틀 뒤 나는 푼타로 떠날 짐을 꾸렸다. 티셔츠, 샌들, 수영복 2벌, 풀장에서 읽을 책 몇 권… 여기에는 아버지가 크리스마스에 주신 얇은 페이퍼백 책이 한 권 있었다. 《하나님을 추구하라(The Pursuit of God)》라는 제목이었다.

"A.W. 토저라는 사람이 40대 후반에 시카고에서 텍사스로 가는 열차 안에서 쓴 거야." 아버지의 설명이었다.

이 책을 읽으면 하나님과 돈독한 관계를 형성하는 데 도움이 될 거라고 했다. 나는 책을 여행가방에 던져 넣고 캠코더용 테이프 꾸러미를 휴대용 가방에 챙겼다. 고가의 소니 비디오카메라를 드디어 손에 넣게 되어 이번 여행에서 개시할 생각을 하니 웃음이 절로 났다.


푼타에 도착한 우리는 넓은 대지의 숙소로 이동했다. 돌과 나무로 지은 널찍한 빌라들이 시원하게 펼쳐진 잔디밭과 아이비로 뒤덮인 입구 주위에 자리하고 있었다. 본관 건물은 스페인의 시골 대저택처럼 꾸며져 있고 하얀 소파와 의자들이 비치되어 있었다. 아침식사는 매일 우루과이인 할머니가 와서 차려 주었다. 몸을 노곤하게 풀어줄 큼직한 열탕과 자쿠지 욕조도 있었다. 호화로운 요트를 빌려 타고 해안을 탐험하거나 바다사자와 함께 수영을 할 수도 있었다.

여행 첫날 나는 친구들에게 비디오카메라를 흔들어 보이며 공식 촬영기사가 되겠노라고 큰소리쳤다.

"나중에 DVD 하나씩 만들어 줄게. 마음에 들 거야."

여행지에서 나는 사진과 비디오 촬영을 통해 우리가 다들 얼마나 즐겁게 지냈는지 증명하고 싶었다.

12월 31일 밤, 우리는 작은 파티를 열었다. 다들 하얀색 리넨 옷을 입고 오후 8시에 본관에 모여 촛불이 켜진 테이블에서 식사를 했다. 여자들은 음식을 깨작거렸고, 남자들은 1.5리터짜리 돔 페리뇽 매그넘 두 병을 비우고 세 번째 병을 마시려던 참이었다.

자정을 7분 앞두고 우리는 앞뜰로 나가 돔 페리뇽을 따며 1,000달러어치의 폭죽을 터뜨렸다. 나는 카메라의 녹화 버튼을 누르고 카메라 위치를 조정한 뒤 친구들에게로 돌아와 팔짱을 끼었다. 그러는 사이 폭죽이 터지면서 밤하늘을 색색 가지 빛깔로 물들였다. 자정이 지나자 더 많은 친구들이 찾아왔고, DJ까지 초대해 놓은 바깥 부스에 자리를 잡았다.

"스카치, 새해 복 많이 받아라."

친구 애덤이 술 마실 때 자주 쓰는 내 별명을 부르며 말했다.

다음 날, 오전 10시쯤 잠에서 깨었다. 밖으로 나가 걷다 보니 아직도 음악 소리가 쾅쾅 울려대고 10여 명의 사람들이 풀장 주위에서 춤을 추고 있었다. 휴식을 취하려고 수천 킬로미터나 날아와서 또다시 끝이 보이지 않는 파티를 벌이고 있는 꼴이라니!

'푼타에 있으나 로터스에 있으나!'

내가 꿈꿔 온 평화가 결코 아니었다. 하지만 나는 이미 나쁜 습관의 노예가 되어 있었다. 누군가 내게 엑스터시 한 알을 건넸고 나는 당연한 듯 그걸 입안에 털어 넣었다. 30분 뒤 약 기운에 맥박이 빨라지고 흥분한 나는 새 배터리를 카메라에 끼우며 소란 속으로 합류했다.

"스코티가 촬영을 한다!" 한 친구가 소리쳤다.

"이것 보게, 스콜세이지 나셨네!" 또 다른 친구가 킬킬댔다.

나는 렌즈의 초점을 이 사람에게서 저 사람으로 옮기며 중간중간 들리는 시끄러운 대화를 담았다.

"지독한 알코올 중독자 같으니라고! 네 그 어수선한 머리 좀 어떻게 해봐!"

"스캇, 이리 와 봐!" 또 다른 친구가 소리쳤다.

"이거 찍어! 평생에 단 한 번 볼 수 있는 장면이야!"

나는 뷰파인더를 통해 그가 말하는 장면을 포착해 보려 했다. 그러나 별다른 건 없었다. 술 취한 여자들과 약에 취한 사내들이 낙원이라도 찾은 양 한껏 가장하고 있을 뿐.

낙원에서의 셋째 날, 나는 고독이 간절해졌다. 그래서 다른 사람들이 깨기 전 동틀 녘에 살그머니 별채를 빠져나와 혼자 단지 안을 걸었다. 멀리서 낮게 윙윙대는 잔디깎이 기계 소리 외엔 모든 게 평화로웠다. 풀밭에는 이슬이 가득했다. 풀장 주변의 담배꽁초와 칵테일 잔은 말끔히 치워져 있었고, 새 수건이 긴 의자들 위에 놓여 있었다. 직원들이 밤새 전부 정리해 놓은 것이다. 내 인생을 정리하는 일도 그처럼 쉬웠으면, 하는 생각이 들었다.

단지의 경계 부근에선 말들이 풀을 뜯고 있었다. 암갈색 갈기의 밤색 암말이 무심히 나를 올려다보더니 다시 풀을 뜯었다. 말들을 바라보며 상쾌한 공기를 마시니 간만에 상쾌한 기분이 들었다.

'내가 즐길 건 바로 이런 거지. 이걸 담아야 해.'

나는 그곳의 풍경을 카메라로 죽 훑었다. 그리고 방으로 돌아가 여행가방에서 아버지가 주신 책을 들고 풀장으로 갔다. 그곳에서 책장을 펼쳐 보다 이런 구절이 눈에 띄었다.

'신앙에 문제가 생기면 마비가 일어난다.'

마비. 나는 깜짝 놀라 계속해서 읽어 내려갔다.

저자는 하나님을 마치 우리 인간들처럼 사랑하고, 욕망하고, 고통을 겪는 존재인 것처럼 묘사했다. 하나님이 항상 곁에서 참을성 있게 우리를 지켜 보며 우리가 다시 그를 사랑하기를 기다린다고 했다.

나는 그 구절이 마음에 새겨질 때까지 읽고 또 읽었다. '물질은 결코 우리 가슴을 만족시키지 못한다'며 물질적 소유를 탐하는 위험에 대해 경고한 토저의 글은 꼭 나를 두고 하는 말 같았다. 그런데도 우리는 물질을 끊임없이 광적으로 추구한다.

여러 해 동안 나는 잘못된 것을 추구하고 있었다. 십대 때 산 BMW부터 그때 입고 있던 디자이너 브랜드 의류, 마약, 으스대면서 돌아다닌 환락의 도시들. 스물여덟 살의 나이에 내가 와 있는 곳은 어디인가? 나에게 남은 것은 마비된 몸, 마약하는 습관, 물어뜯어 망가진 손톱뿐이었다. 그동안 나는 최고의 부자들과 파티를 즐겨 왔다. 그들은 블랙잭 한 판에 1만 달러씩 걸고도 따든 잃든 신경도 안 쓰는 사람들이었다. 그리고 그 모든 걸 지휘하고 가능하게 한 것이 바로 나란 인간이었다.

'결국은 그렇게 될 수밖에 없는 거야.'

나는 속으로 생각했다. 욕망은 결코 쉽게 채워지지 않는다. 누군가는 늘 더 많은 돈과 더 멋진 차, 더 예쁜 여자를 가지게 마련이니까!

토저는 공허한 삶에 대한 해독제로 '어린아이처럼 단순해질 것'을 제안했다. 풀장 옆에 조용히 앉아서 나는 그게 어떤 모습일지 상상해 보려고 애썼다. 내가 지금껏 살아온 인생과는 정반대이리라.

어렸을 때 나는 타인을 배려할 줄 아는 아이였다. 어머니를 성심성의껏 도왔고, 교회 청년부에서 취약계층 아이들을 도울 계획을 세웠을 때도 제일 먼저 손을 들어 자원했다. 어머니도 내가 아이들을 위한 옷가지와 책, 장난감 모으는 걸 도와주었고 그 일을 무척 자랑스러워하셨다.

하지만 어른이 되고 나서 내가 한 유일한 자선행위는 브랜틀리와 함께 '뉴욕 케어스'라는 자선단체를 위해 파티를 열어준 것뿐이었다. 우리는 클럽 입장료의 일정 비율을 그 단체에 기부하겠다고 약속했고, 우리가 보내는 초대장에 그들의 로고를 박아 넣었다. 하지만 매출을 정산할 때가 되었을 때 우리가 기부하기로 결정한 금액은 총매출의 1%뿐이었다. 어떻게 내가 이런 모습이 되어버렸는지, 나는 너무 창피했다.

휴가의 나머지 기간은 아무것도 달라진 게 없는 듯 하우스뮤직과 데킬라를 즐기는 평소 스캇 해리슨의 모습으로 보냈다.

그러나 마음속 깊은 곳에서는 뭔가 변화의 조짐이 일고 있었다.

# 07

# 새로운 삶을
# 꿈꾸다

푼타에서 돌아온 뒤 나는 마약, 담배, 술, 도박 같은 나쁜 습관들을 버리거나 줄이기로 결심했다. 나는 거의 처음으로 간절하게 '다른 삶을 살고 싶다'는 생각에 사로잡혔다.

하지만 문제는 내가 여전히 클럽 홍보를 하고, 사람들의 주머니를 털고, 각종 청구서 지불을 위해 파티의 스타 노릇을 해야 한다는 점이었다. 도박을 끊겠다고 맹세해 놓고 카지노에서 일하고 있는 도박꾼처럼.

"신이시여, 부디 이곳에서 빠져나갈 길을 알려 주소서. 새로운 삶으로 인도해 주소서."

나는 집 안을 서성이며 소리 내어 기도했다.

로터스에서의 기나긴 밤을 뒤로하고 집으로 돌아오면 아이팟으로 설교를 들으면서 잠을 청했다. 아버지는 내 새로운 결심에 감격하여 척 미슬러라는 사람의 강의를 들어보라고 권유했다. 참전용사였던 그는 어느 날 사업을 접고 성경 교육에 일생을 바친 사람이었다. 그의 강의에선 명석함과 자신감이 묻어났다. 내가 끊겠다고 맹세했던 마약만큼이나 그의 목소리에는 묘한 중독성이 있었다. 나는 그의 육성이 담긴 mp3 음원을 수백 달러어치 내려받아 시내를 걸어서 이동할 때에는 창세기, 룻기 등에 대한 그의 해설을 들었다. 그렇게 생활하노라니 어느 순간부터 더 이상 마비 증상이 나타나지 않았다. 마비 증상은 처음 시작되었을 때 그랬던 것처럼 사라질 때도 그렇게 사라졌다.

하지만 고결한 클럽 프로모터가 된다는 건 고독한 일이었다. 친구들에게 내가 신앙을 되찾았다고 말하면 얼마나 우습게 들릴지는 안 봐도 뻔했다.

"브랜틀리, 일요일에 나랑 교회에 가지 않을래?"

"스캇, 난 어둠침침한 데서 하는 자기계발 모임 같은 건 질색이야!"

내가 제안하면 브랜틀리는 틀림없이 거절하겠지.

겉으로 보기에 내 삶은 예전과 별반 다르지 않아 보였다. 위선에 가득한 목자나 성도가 아닌, 뭔가 긍정적인 공동체의 도움이 나는 절실하게 필요했고 그래서 일요일마다 괜찮은 교회를 찾아 돌아다녔다. 찬양과 설교로 위로받을 수 있기를 바라며….

그러나 내 심미적 기준은 터무니없이 높았다. 화려한 밤의 세계에서 100만 달러짜리 음향기기와 연무기, A급 유명인들과 접촉하다 보니 형광등 조명의 지하 교회에 있는 것이 불편했고 형편없는 연주를 하는 자원봉사 밴드의 찬양이 거북하게 들렸다. 몸에 맞지 않는 옷을 입은 느낌이었다. 알코올 중독자들의 모임에 처음 나간 주정뱅이가 '그래도 내가 저 사람들보다는 낫지!' 하고 생각하는 꼴이랄까.

2004년 6월 말, 교회 찾기를 단념하려던 참에 '모델 선교회'의 모임이 있음을 알리는 이메일 소식지가 왔다. 아버지가 권하던 단체였다. 제프 캘린버그라는 모델이 기독교인들끼리 만나 서로의 경험을 공유할 수 있도록 1984년에 설립한 곳이었다. 다음번 특별 강연자로 DJ 브랜트 크라이더가 예정되어 있었다.

"저 이 사람 알아요! 이 사람 로터스에서 일한 적 있어요."

반가운 마음에 나도 모르게 아버지에게 큰 소리로 말했다.

브랜트의 이야기에 의하면 그는 어느 날 우연히 한 앨범을 듣게 되었다고 한다. 사막에서 있었던 밤샘 광란의 파티에서 집으로 돌아온 어느 날 아침, 그는 룸메이트의 레코드판 상자를 뒤지다가 아주 오래된 어린이용 성경 앨범을 발견했다. 약에 취해 몽롱한 상태로 그는 레코드판을 턴테이블에 올렸다. 드럼과 베이스가 어우러진 기분 좋은 비트의 음악이 흘러나오더니 나지막한 목소리가 겹쳐졌다.

"태초에 하나님이 이르시되 빛이 있으라…."

이후 브랜트는 LA와 뉴욕에서 열리는 DJ 파티장을 다니며 성경 앨범과 하우스뮤직을 믹싱한 자기만의 스타일로 디제잉을 했다.

내가 브랜트의 강연을 들으러 간 날은 그가 물만 마시는 30일간의 단식을 막 끝마친 뒤였다. 영성을 지키기 위해 연례행사로 하는 일이었다. 그는 나와 엇비슷한 나이였고 머리부터 발끝까지 프라다로 치장하고 있었다. 걸음걸이도 내가 밤의 세계에서 배운 것과 비슷한 모양새였다. 그가 더 자신감이 넘쳐 보인다는 것 하나만 다를 뿐이었다.

브랜트는 오하이오에서 태어났고 부모님은 어렸을 때 이혼했다. 그는 십대 때부터 친구들과 술을 마시는 등 전형적인 불량 청소년의 모습이었다. 열여덟 번째 생일 즈음에 기독교인이던 계모가 브랜트의 아버지에게 그를 45일짜리 재활 프로그램에 보내라고 설득했다.

"저는 부모님의 결정에 격분해 정말 마약을 하기 시작했습니다. 재활 프로그램을 마친 뒤 오히려 약물 문제가 생긴 거예요."

브랜트는 이후 캘리포니아로 건너가 낮에는 아르마니에서 고급 의류를 판매하며 착실히 일해 판매직에서 관리자로 승진했다. 밤에는 문트라이브(사막에서 보름달이 뜰 때 춤추기를 즐기는 가족과 지인들로 이루어진 커뮤니티) 파티에서 디제잉을 했다. 5천 명이 모여 엑스터시를 복용하고 몇 시간이고 밤을 새워 춤을 췄다. 파티가 벌어지는 순간만큼은 지상낙원이 따로 없었지만 날이 밝은 뒤에는 사람들의 허탈한 얼굴을 보며 책임감이 느껴지고 마음이 무거웠다. 답이 보이지 않았다.

브랜트의 아버지가 어느 날 전화를 걸어와 복음주의 단체인 '프라미스 키퍼스(Promise Keepers)'의 모임에 함께 가자고 했다. 1996년 7월, 그는 아버지와 함께 콜로라도주 덴버에 있는 마일하이 스타디움으로 갔다. 그곳에서 그들은 헐렁한 카키색 바지와 플란넬 셔츠를 입은 6만 명의 다른 남자들과 함께 풀밭에 앉았다.

단체의 창립자이자 과거 풋볼 코치였던 빌 맥카트니가 등장했다. 그의 이야기를 듣고 있는데 브랜트의 눈에 저 멀리 하얀 형상이 보였다. 위풍당당한 백마 조각상이었다. 요한계시록의 예수 재림 이야기가 떠올랐다. 백마를 탄 예수님이 하늘의 군대를 이끌고 와 적그리스도의 군대를 물리친다는 그 이야기!

"저는 자리에서 일어나 눈물을 흘리기 시작했어요. 심장이, 온몸이 쪼개지는 것 같았죠. 그렇게 흐느끼고 있는데 천둥 같은 목소리가 들려왔어요. '내가 바로 네가 찾던 답이다'."

브랜트는 그 순간 '신의 포로'가 되었다. 수년간의 고통스러운 탐색 끝에 드디어 마음의 평화가 찾아온 것이다. 하나님이 이렇게 말씀하시는 것 같았다. "나는 항상 너와 함께 있다. 내가 너를 붙잡았노라."

그때부터 그는 예수님을 쫓기 시작했다.

브랜트가 강연하는 내내 나는 눈물을 참고 있었다. 그는 나와 같은 세계의 똑똑하고 잘나가는 사람이었다. 그에게는 뛰어난 패션 센스와 아름다운 아내, 세 명의 자녀가 있었다. 마약과 술에 빠져 나이트클럽을 전전하던 그가 내가 읽은 토저의 글처럼 보다 의미 있는 삶을 발견한 것이다.

"스캇! 당신이군요! 이런 데서 당신을 보게 되다니 정말 반갑네요."

그는 진심으로 나를 따뜻하게 반겨주었다. 마치 오래 전에 잃어버린 형제를 찾은 것 같았다.

브랜트를 만나니 아드레날린이 솟구쳤다. 하늘에서 번개가 내리쳐 내 가슴에 지워지지 않는 표식을 남겨 줬으면 하는 마음이 간절했지만 현실의 나는 여전히 매일 밤 좀비처럼 클럽을 돌아다니고 있었다.

푼타에서 돌아온 이후 내 몸과 영혼은 끊임없이 갈등을 일으켰다. 내가 타락했다는 걸 알았지만 변화할 용기가 없었다. 그리고 열아홉 살 때부터 줄곧 밤의 세계에서 살았던 터라 달리 할 줄 아는 게 없었다.

과거의 생활 습관이 되살아났다. 코카인은 물론, 담배도 다시 피웠다. 여자친구와 헤어질 용기도 없었다. 늘 찡그린 얼굴과 불량한 태도로 로터스를 찾았다. 클럽 소유주 중 한 명인 제프리가 나를 놀려댔다.

"오늘은 성난 주정뱅이로 오셨나? 아니면 술이 덜 깬 주정뱅이로 오셨나?"

그는 용케도 내가 여기서 발을 뺄 생각을 하고 있음을 알아차렸다.

"이봐, 나도 프로모터로 시작해 클럽 주인이 된 사람이야."

어느 날 제프리가 이야기를 꺼냈다.

"너랑 브랜틀리도 다음 단계로 나아가야지. 실력을 키워야 돼. 졸업을 해야 한다고."

그의 말이 맞는 것 같았다. 이 일을 그만두고 우주비행사나 외과의사가 될 수는 없었다. 샐러리맨부터 다시 시작할 수도 없었다. 저축해놓은 돈은 없는데 다달이 지불할 비용은 엄청났다.

브랜틀리와 나는 우리가 이 바닥을 졸업할 때가 되었다고 판단하고 소유주가 되기 위한 준비에 들어갔다. 먼저 우리는 웨스트 첼시에 있는 '밀리어(Milieu)'라는 클럽을 공략했다. 주인인 피터 라바스코는 재능 있는 젊은 디자이너로, 낡은 식당을 고급 레스토랑으로 개조해 위층에 VIP 라운지를 둘 계획을 세우고 있었다. 우리는 그곳으로 20명의 사람들을 불러 만찬을 열고 즐거운 시간을 가진 뒤 피터와 거래를 텄다. 거래 조건은 우리가 멋쟁이 고객들을 그곳에 데려가고 입소문을 퍼뜨려 주면, 영업이익의 일정 비율을 받는 것이었다.

프로모터에서 나이트클럽 겸 레스토랑의 주인이 된다는 건 참으로 근사한 일이었다. 그런데, 다시 말하자면 바뀐 건 아무것도 없었다. 밤의 세계를 청산하겠다고 맹세한 지 7개월이 지났지만 오히려 난 그 세계에 더 깊이 빠져들고 있었다.

스스로에게 화가 나고 내 나약함이 부끄러웠다. 피터와 함께 사업을 추진하면서도 나는 천사가 내려와 내 세계에 한줄기 빛을 비춰주기를 기도했다. 그리고 얼마 지나지 않아 정말로 나에게도 빛이 내려왔다. 그것도 엄청나게 눈부신 빛이….

# 08

## 뉴욕을 탈출하다

"에이미, 저예요 스캇. 그 친구 꼭 잘라야 해요!"

새벽 4시에 나는 휴대전화에 대고 소리쳤다. 에이미 사코의 클럽 바깥에서 서성이며 클럽의 한 도어맨을 자르라고 음성 메시지를 남기는 중이었다.

"그 자식이 내 비즈니스 파트너에게 돈을 뜯었어요. 당신 클럽에서 그런 일이 있어서는 안 되잖아요. 손을 써두는 게 좋을 거예요."

2시간 전에 나는 피터와 함께 '방갈로 8'에 있었다. 밀리어에서 미팅을 마친 뒤 함께 술이나 한잔 하자고 내가 제안했다.

우리는 각자 어디에서 자랐고 어떻게 이쪽 업계에서 일하게 되었는지 이야기하고 있었다. 그런데 내 덩치의 두 배나 되는 도어맨 하나가 테이블 옆을 자꾸 얼쩡대는 게 아닌가. 그는 우리가 도착한 순간부터 한 손을 내밀고 피터를 향해 걸어오며 위협적인 태도를 보였다. 그가 자꾸만 우리 대화를 방해하는 것이 신경에 거슬렸다.

"뭐가 문제야?" 결국 내가 참지 못하고 남자에게 물었다.

그는 나를 쏘아보더니 자리를 떴다.

"돈을 달라는 거야, 100달러."

피터가 이유를 설명했다. 팁으로 100달러를 달라는 것이라 했다.

나는 그 도어맨의 인생에 대해 관심도 없었고 아는 바도 없었다. 그런데 겁도 없이 내 사정거리 안으로 밀고 들어오니, 응징을 해주고픈 마음뿐이었다. 그 시절의 나는 조그만 일에도 화를 참지 못했다.

그날 밤 그 장소에서도 마찬가지였다. 원래부터 나는 도어맨들을 함부로 대했고, 나랑 일하는 도어맨들은 옹호하고 다녔다. 돌이켜 보면 그날은 왜 그렇게 분별없이 행동했는지 모르겠다. 내 음성 메시지를 확인한 에이미는 그 사람을 바로 해고했다.

다음 날 파티를 마치고 집으로 가는데 전화기가 울렸다. 에디에게서 문자 메시지가 들어와 있었다. 나 때문에 해고된 도어맨이 내가 방금 떠난 클럽을 찾아왔다는 내용이었다.

"집으로 가지 마." 에디가 경고했다.

확인해 보니 내가 그곳을 떠난 지 불과 몇 분만에 그 도어맨이 총을 가지고 나타났다는 것이다. 그는 내가 어디에 사는지도 알고 있었다. 그의 분노가 내 분노를 능가한 것이다.

"행선지 좀 바꿀게요?" 나는 택시 기사에게 여자친구의 집주소를 알려주고 전화를 했다.

다섯 번째 걸었을 때 그녀와 연결이 됐다.

"도대체 지금이 몇 시인지 알아?" 여자친구가 자다가 깬 듯 말했다.

"지금 갈 테니 좀 재워줘. 목숨을 위협받고 있어."

내 목소리가 심하게 떨려나왔다.

문만 열어주고 침대로 직행한 여자친구의 옆을 나는 파고들었다.

"할 얘기가 있어. 나 때문에 어떤 녀석이 해고됐는데, 그가 오늘 밤 총을 들고 클럽에 나타난 거야."

여자친구가 놀라 나를 끌어안았다.

나는 무서웠다. 내 몸에 마비 증상이 나타나기 시작했을 때보다 더, 브랜틀리가 쓰러졌을 때보다 더, 내 평생 그 어느 때보다 더….

다음 날 아침, 그 도어맨이 나를 찾아 업소에 왔다고 피터가 전화로 알려주었다. 믿기지 않았다. 그는 내 뒤를 쫓고 있었다.

"스캇, 그 친구 화가 잔뜩 났어. 하루아침에 직장을 잃게 한 널 죽이 고 싶대."

다른 사람이 나를 죽이려고 드니 갑자기 삶이 소중하게 느껴졌다. 나는 이제 집으로 갈 수도, 일터로 갈 수도 없었다.

"알았어. 그 친구 전화번호 좀 알려줘?"

그를 잘 설득해서 내 편으로 만들어야 했다. 전화를 걸었더니 그가 바로 전화를 받았다.

"그날은 정말 미안하게 됐어. 내가 너무 술에 취해서 분별력을 잃었 지 뭐야."

전화를 받는 그의 말투는 조용하면서도 위협적이었다. 자기는 감옥 에서 나온 지 얼마 안 됐고, 감옥에 다시 가도 겁날 것이 없다고 했다. 10분 넘게 통화하면서 나는 그가 새 직장을 구하도록 도와주겠다고 약속했다.

그날, 난생처음 나는 확실히 깨달았다. 살고 싶었다! 그리고 앞으로 어떻게 해야 할지도 분명해졌다.

텍스가 말했듯이 인생에는 모든 걸 버리고 훌쩍 떠나야 할 때가 있는 법이다. 뉴욕을 떠나 자동차 여행을 하면서 앞날을 고민해 보면 어떨까 하는 생각이 들었다. 어쩌면 이번이 밤세계를 탈출할 절호의 기회인지도, 떠날 때가 됐다는 신호인지도 몰랐다.

다음 날 아침 나는 몰래 집으로 돌아가 꼭 필요한 것들만 챙겼다. 옷가지, 담배, 현금, 아이팟 그리고 가죽표지의 성경책…. 문을 잠그고 나오는데, 다시 돌아올 수 있을지 확신이 들지 않았다.

나는 뉴어크 공항으로 가서 암청색 머스탱을 한 달간 렌트하고, 동부 해안지방의 지도를 한 뭉치 샀다. 아주 상세한 지도였다. 나는 운전을 하며 어디로 가고 있는지는 몰라도 어쨌거나 고속도로에서 백미러를 통해 도시의 모습이 멀어지는 것을 보니 안심이 되었다.

제일 먼저, 남쪽 애틀랜틱으로 내려가다가 우연히 친구들을 만나 그들이 도박하는 모습을 구경했다. 친구들에게 자초지종을 설명하고 머리도 식힐 겸 여행을 떠난다고 했더니 다음 날 나를 배웅하면서 듀어스 스카치 위스키 한 병과 도박으로 딴 1,000달러를 쥐어주었다.

나는 북쪽으로 향했다.

뉴저지 북부를 지나면서 부모님께 전화를 걸어 그간의 사정을 차분하게 전했다.

아버지는 한 전과자가 아들 뒤를 쫓는다니 많이 놀라신 눈치였다.

"어디로 가니?"

"모르겠어요, 북쪽으로요. 저 지금 도주 중이라서 말 못해요."

나는 아무렇지 않은 듯 농담을 했지만 아버지는 속지 않았다. 아버지는 내가 얼마나 겁에 질려 있는지 알아차리고 어머니와 함께 기도

하겠다고 했다.

브랜틀리도 내 속을 빤히 알았다. 잠깐만 여행하고 돌아올 테니 걱정하지 말라고 전화했더니 그는 이렇게 말했다.

"잠깐만 쉬려는 게 아니잖아! 괜찮아. 너 없는 동안 밀리어는 내가 잘 지키고 있을게."

지금껏 내가 쌓아온 것을 전부 내려놓고 떠나려니 겁이 났다. 한편으론 또 새로운 출발이 기대가 됐다. 무감각하게 지내온 시간이 너무나 길었다. 어디든 떠나야 했다.


다음 날 나는 메인주 그린빌의 한 인터넷 카페에 차를 세우고 내가 무슨 일을 할 수 있을지 알아보았다.

옥스팸, 유니세프, 세계식량계획, 세이브더칠드런, 사마리아인의 지갑, 국경없는 의사회 등 떠오르는 모든 구호단체에 이메일로 자원봉사 신청서를 보냈다. 그런데 온라인으로 하는 신청서 접수도 결코 쉽지 않았다.

나는 자신을 뉴욕시에 사는 전문직 종사자라고 소개하고 1년 동안 해외에서 자원봉사를 하고 싶다고 썼다. 뉴욕대학교 정보통신학과를 나왔고, 패션계와 음악계의 유력 인사들을 고객으로 보유하고 있으며, 내가 말만 하면 어디로든 그들을 오게 할 수 있다고 덧붙였다.

그렇게 몇 군데 지원을 한 뒤 인터넷 창을 닫았다. 이제는 답장이 오기를 기다렸다가 가장 적합한 곳을 고르기만 하면 되었다.


뉴욕에서 벗어날 준비가 되기까지 3주가 걸렸다.

"조만간 집에 들러서 며칠 머무를 게요."

나는 아버지에게 전화를 걸었다.

"앞으로 어떻게 할 생각이니?"

"예전 세계로는 돌아가지 않을 거예요. 당분간 가난한 사람들을 위해 봉사하려고요. 자선단체들에 지원서를 내놨고, 답이 오기를 기다리는 동안 프랑스에 가서 지낼까 해요."

"잘 생각했다, 스캇." 어머니의 환호성이 귓전을 울렸다.

서둘러 처리해야 할 일들이 많았다. 뉴욕의 비즈니스는 어떻게 할지, 아파트 계약 문제는 어떻게 처리할지 고민해 보아야 했다.

이틀 뒤 나는 부모님 집에 도착했다. 입구에 들어서니 발밑으로 울룩불룩한 자갈의 느낌이 전해져 왔다.

차고 안으로 들어가 나는 옛날처럼 맨발로 차가운 시멘트 바닥을 딛고 섰다. 어머니는 옷걸이에 파란색 수술복 한 벌을 걸어 놓았다. 나는 예전처럼 셔츠와 바지를 벗고 수술복으로 갈아입었다. 이런 지겨운 절차 – 외부세계에서 내부세계로의 전환 절차 – 를 옛날에 얼마나 자주 밟았던지 감회가 새로웠다.

카펫이 깔리지 않은 나무 계단을 올라가 거실로 통하는 문을 여는데 어쩐지 느낌이 달랐다.

위층 복도는 어두웠다. 나는 가방을 내 방 침대 위에 던져놓고 욕실로 향했다. 물이 데워지는 동안 옷을 벗고 샤워실 칸막이 안으로 들어갔다. 눈을 감은 채 고개를 샤워기 쪽으로 들고 쏟아져 내리는 물을 온몸으로 맞았다.

# 09

## 의료봉사선 머시쉽에 오르다

'저희 단체에 관심을 가져주셔서 감사합니다. 아쉽지만 이번에는 귀하와 함께할 수 없음을 양해해….'

또 거절이었다! 벌써 세 번째였다. 부모님 집으로 돌아온 후 나는 자원봉사도 마음대로 할 수 있는 게 아니라는 걸 깨달았다.

"자선단체에서 절 원하지 않네요. 나이트클럽 홍보일은 그들이 필요로 하는 기술이 아닌가 봐요." 나는 겸연쩍게 웃었다.

"아들아, 믿음을 가져야 해. 뭔가 방법이 있겠지."

아버지의 기대와는 달리 거절 이메일이 계속 날아왔다. 피폐했던 1년 전보다 지금 내가 훨씬 정직해졌다는 사실은 구직에 도움이 안 되는 모양이었다. 흡연과 음주에 관한 질문에 내가 너무 솔직하게 답변한 게 원인일까?

나는 당황스러웠다. 하지만 그럴수록 나의 결의도 단단해졌다. 나는 한다면 하는 성격이라 새로운 기회를 곧잘 찾아내곤 했다.

'뭔가 방법이 있을 거야.' 일단 긍정적으로 생각하기로 했다.

뉴욕의 아파트는 임대기간이 한 달밖에 남지 않아 부모님께 돈을 빌려 임대료 3,500달러를 냈다. 한 친구가 대여업체에 연락해 내 소형 그랜드피아노를 가져가게 하고, 나머지 짐은 전부 이삿짐센터를 시켜 부모님 집으로 옮기도록 처리해 주었다.

아버지와 나는 집에 도착한 짐을 몇 시간 동안 풀면서 보관할 물건과 판매할 물건을 구분했다.

둘 것 : 많지 않음. 사업 관련 서류, 옷가지, 사진, 여행하면서 산 감성 돋는 물건들.

팔 것 : 값나가는 것은 전부. 컴퓨터, 휴대전화, 음악 장비, 비디오카메라, 사무용품, CD와 DVD 컬렉션…. 이것들을 전부 팔면 프랑스에서 몇 주 동안 지낼 자금과 자원봉사 활동을 위한 비용을 어느 정도 확보할 수 있었다.

뉴욕에 살 때 아파트 옆 비디오 판매점에서 몇 년 동안 사모은 DVD가 7,000달러나 됐다. 어렸을 때 보지 못하고 지나쳤던 영화들이었다. 나는 DVD 201개를 납작한 트렁크에 담아 이베이에서 1,000달러에 팔아치웠다. 사무실 의자는 20달러에, 구멍 3개짜리 펀치는 2달러에 우리 가족에게 팔았다. 내 방은 판매할 물건을 담은 상자들로 가득했다.

당분간 프랑스에 가서 지내도 될지 물어보려고 텍스에게 전화를 했더니 그는 유명 셰프와 함께 라스베이거스에 레스토랑 겸 나이트클럽을 열었다고 했다. 밤의 세계를 떠날 거라고, 그리고 해외 자원봉사를 신청했다고 내 근황을 전했더니 그는 무척 반가워했다. 이런 날이 올 줄 예상했다는 것이다. 온갖 중독에서 해방되는 것을 축하한다고 그는 말했다.

프랑스의 집에 잠시 묵을 수 있는지 물었더니 원하는 만큼 지내다 가라고 했다. 열쇠는 헛간 구석 녹슨 냄비 안에 있다고 했다. 어쩌면 그곳에서 서빙 일자리를 구하거나 자선단체에서 연락이 올 때까지 다른 봉사활동을 할 수도 있으리라.

일주일 뒤 나는 가방 두 개를 들고 뉴저지의 래리턴역 승강장에 서 있었다. 부모님이 배웅을 나왔다. 생각해 보니 부모님과 나의 기도가 응답받았고, 뭔가 새로운 일이 일어나고 있었다. 우리는 다시 한 가족이 된 느낌이었다.


2주일 뒤인 9월 말, 마침내 휴식의 시간이 찾아왔다. 나는 자전거를 타고 산비탈을 내려가 피레네 산맥의 한 외딴 마을인 라프라델-퓔르랑으로 갔다. 이 마을은 휴대전화가 터지지 않는 곳이었는데 느닷없이 전화벨이 울렸을 때 나는 놀라 자전거에서 떨어질 뻔했다.

'머시쉽(Mercy Ships)'이라는 단체에서 온 전화였다.

머시쉽은 내가 세 살 때인 1978년에 설립되었으며, 거대한 병원선으로 아프리카 연안을 오가며 돈이 없거나 의료기관을 이용할 수 없는 사람들에게 수술과 치료 지원을 해주는 단체였다. 대외홍보부에 공석이 생겼다며 내게 연락을 해온 것이다.

4주 후에 배가 서아프리카로 출항할 예정이라고 했다.

"사진사로 봉사해 주시면 어떨까 하는데요."

수화기 너머의 여자가 말했다. 머시쉽의 대외홍보부 부장 티아나였다.

너무 좋았다. 니콘 D1X 카메라 두 대와 성능 좋은 렌즈, 작은 사무실까지 제공된다니. 일을 맡게 되면 8개월 동안 병원선에서 생활하며 의사들이 오지 사람들을 수술하고 치료해 주는 모습을 사진으로 기록하게 된다.

단체를 대표해 현장에도 나가야 하고, 가끔은 혼자 움직여야 할 때가 있어 쉽지 않은 일이라고 티아나는 덧붙였다. 그녀는 내 이름을 인터넷에서 검색해 보고 내가 뉴욕 전역에서 벌인 파티 등 음주문화에 대해 알고 있는 눈치였다. 블로그엔 내가 기분 좋게 중지를 내밀고 있는 사진들이 수두룩했다.

티아나로부터 이메일이 왔다.

'스캇, 오늘 통화 반가웠어요. 부탁이 있어요. 다음주에 독일로 건너와서 직접 배 안을 둘러보고 현장에 대한 감을 잡아보는 게 어떨까요? 그동안 당신은 워낙 독립적으로 생활해 온 터라(개인사업과 화려한 뉴욕 생활) 이곳 환경이 너무 초라하게 느껴질 수도 있어요!'

그녀는 팀원들이 나를 만나보고 싶어 한다는 핑계를 댔다. 이 일을 하려면 엄청난 삶의 변화를 감수해야 한다는 걸 나도 그녀도 잘 알고 있었다. 무언가로부터 도피하기 위해 해외봉사를 떠나는 사람들도 있다. 그들 대부분은 봉사를 하면서 심란한 마음을 추스를 수 있으리라 기대하지만 맡은 바 직분을 제대로 수행하지 못하고 남들에게 폐만 끼치다 짐을 싸기도 한다.

스캇 해리슨이 술을 못 마시는(배에서는 음주 금지다) 괴로움 때문에 350명이 탄 배에서 제대로 생활하지 못할 것 같으면 출항 전에 미리 알게 되는 것이 가장 좋으리라. 하지만 나는 고생을 각오했다. 무분별한 과거를 속죄할 뿐 아니라 새로운 삶을 살기 위해서….

다음 날 나는 열차를 여러 번 갈아타고 독일의 브레머하펜으로 갔다. 하루 반나절 동안 프랑스의 수풀 울창한 지역을 지나고 독일의 시골마을을 지나 배가 정박한 마을에 당도했다. 아나스타시스(Anastasis)호는 머시쉽이 내부를 개조해 병원 시설을 만들어 놓은 160m 길이의 유람선으로, 내가 상상했던 것보다 훨씬 더 컸다. 배에 올라 이름을 대니 한 봉사자가 비좁은 통로를 헤치며 나에게 길을 안내했다. 대외홍보부 사무실에 도착하니 티아나와 브렌다가 나를 기다리고 있었다. 내 상사가 될 여성들이었다.

"어디 봅시다." 브렌다가 단도직입적으로 말했다.

"당신은 평범한 지원자는 아니군요."

그 말은 곧 내가 고등학교를 졸업하고 선한 경험을 쌓으려는 기독교인 청년과는 너무 거리가 멀다는 뜻이었다.

"여기는 마음대로 들어왔다 나갈 수 있는 그런 곳이 아니에요. 규칙과 규정을 준수하며 일해야 해요. 바다에 떠있는 선박이어서가 아니라 실제로 운영되는 병원이기 때문이에요. 여기엔 지휘 계통이 있고 통행금지 시간도 있어요. 종교의식에도 참석해야 하고요."

예전의 나였다면 이쯤에서 두 손을 들고 말았을 것이다. 그러나 반항은 끝났다. 이제 나는 인생을 따를 준비가 되어 있었다.

남들과 함께 선실을 쓰는 것, 샤워하다가 차가운 물세례를 받게 되는 것, 맛없는 음식을 먹는 것 등에 대해서도 자세히 설명했다.

"그런 건 괜찮습니다. 솔직히 저한테는 하나도 문제되지 않아요." 나는 그들을 안심시켰다.

"스캇, 앞으로 당신의 과거는 큰 의미가 없어요." 티아나가 말했다.

"지금 당신의 마음이 우리가 추구하는 가치에 맞는다고 믿을게요."

그때는 깨닫지 못했지만 그들은 나에게 자비(mercy)의 진정한 의미를 알려주고 있었다. 앞으로는 광란의 파티를 절대로 열지 않겠다고 웃으며 말하자 그들은 나를 단체의 일원으로 받아들였다.

오리엔테이션 안내서를 챙겨서 독일을 떠났다. 안내서에는 배에서 입을 옷(수수한 옷), 준비물(말라리아 약, 우비, 등산화), 해상에서 우편물을 받고 전화 통화를 하는 방법 및 기타 세부사항이 담겨 있었다. 필요한 물건을 구입하고, 텍스의 집을 떠나 카나리아 제도에서 가장 큰 섬인 테네리페 섬으로 가기 전까지는 3주의 시간 여유가 있었다. 테네리페 섬에서 아나스타시스호에 승선하면 아프리카 베냉으로 출항하게 된다. 생각지도 못한 인간의 고통을 목격하게 될 거라고 그들이 귀띔해 준 곳이 베냉이었다. 베냉에서 4개월을 보낸 뒤 다음 행선지는 한 번도 들어본 적이 없는 라이베리아였다. 라이베리아는 14년간의 내전에서 막 벗어난 상황이라고 했다.

텍스의 집에서 숲속을 산책하며 나는 내가 맡은 그 일을 정말로 잘 해낼 수 있을지 생각해 보았다. 그들의 기대만큼 내가 이타적인 사람이 될 수 있을까? 그 전에 나는 머시쉽에 숙식비로 내야 하는 월 500달러의 돈을 지불할 수 있는지 따져보았다.

'준비가 되고 안 되고의 여부는 걱정하지 말아요.'

브렌트가 이메일로 나를 안심시켰다.

'준비되지 않았으면 않은 대로 하나님은 당신을 최대한 활용하실 거예요.'

나는 텍스 집 덧문을 걸어 잠그고 사흘간의 일정으로 머시쉽이 출발하는 장소로 떠났다. 초록 융단으로 뒤덮인 산들을 지나 남쪽으로 내려간 뒤 서쪽으로 방향을 틀어 스페인에 도착하여 거기서 비행기를 타고 테네리페로 가는 일정이었다. 둘째날 나는 프랑스와 스페인 사이의 한 국경지대 마을에서 70달러짜리 호텔에 묵었다. 체크인을 하고 나니 바로 옆에 카지노가 보였다.

'마지막으로 딱 한 판만 하는 거야!'

저녁식사를 마치고 카지노 안으로 들어가 블랙잭 테이블에 혼자 앉아 잭 다니엘 한 병을 주문했다. 두 시간 후 위스키 반병과 1,500달러가 날아갔다. 배에서 지낼 돈의 세 달치에 해당하는 돈이었다. 나는 절망감에 비틀거리며 자리에서 일어났다.

호텔 룸으로 돌아와 나는 발코니에서 털썩 무릎을 끓었다.

"하나님, 정말 죄송합니다." 나는 눈물을 흘리며 사죄했다.

"제가 또다시 일을 그르쳤어요. 너무나 멍청한 짓을 했습니다. 어떻게 그런 일을 저질렀을까요? 하나님, 제발 저에게 한 번만 더 기회를 주세요."


이틀 뒤 나는 카나리아 제도에서 머시쉽이 도착하기를 기다리고 있었다.

육지에서의 마지막 밤에는 혼자 호텔 룸에서 담배 세 갑을 죄다 피우고 여섯 캔들이 맥주를 해치웠다. 날이 밝으면 둘 다 단번에 끊어야만 한다는 걸 잘 알기에! 그랬더니 아침에 눈을 뜨자 머리가 깨질 듯 아팠다. 나는 금연껌을 챙기고 새 니코틴 패치를 팔에 붙인 뒤 루이비통 더플백을 어깨에 걸치고 부두로 향했다.

현대식 항구에 다른 큰 유람선들과 함께 있어서인지 아나스타시스호는 독일에서 볼 때보다 작아 보였다.

"좋은 아침입니다. 승선하신 것을 환영합니다!"

접수원 마리아는 웃으며 작성할 서류가 끼워진 클립보드를 내밀었다. 나는 여권을 제출하고 행동강령에 서명한 뒤 선내 신분증에 붙일 사진을 찍었다.

또 다른 사람이 나를 작은 선실로 안내했다. 침침한 조명 속에 갈라진 리놀륨 바닥과 트윈베드 세 개가 보였다.

룸메이트인 아프리카 남성 둘은 기관실에서 일하는 사람들이라 기름 냄새와 땀 냄새가 물씬 풍겼다. 이층침대에 가방을 놓고 욕실을 살피니 바퀴벌레가 나올 것 같은 어둡고 비좁은 공간이었다.

"환영합니다!" 룸메이트들이 웃으며 나를 반겨주었다.

**Part 2** | **사람들이
이런 물을 마신다고?**

# 01
## 희망에 집중하라

○ 2004년 11월, 베냉 코토누

2004년 11월 5일 이른 아침, 아나스타시스호는 서아프리카 베냉에서 가장 큰 도시 코토누에 입항했다. 머시쉽에 타고 있던 수백 명의 자원봉사자들이 갑판 위로 몰려나와 우리를 맞이하는 사람들에게 손을 흔들었다.

나는 카메라 두 대를 목에 걸고 갑판을 돌아다니며 사진 찍기 좋은 포인트를 찾았다. 줌 렌즈를 통해 수십 명의 사람들이 항구에서 기다리고 있는 모습이 보였다. 하얀 제복을 빳빳하게 다려 입은 한 해군 장교는 베냉 국기를 들고 있었다. 베냉 국기의 초록, 빨강, 노랑의 삼색 띠는 각각 희망, 용기, 부를 상징한다. 관악대가 베냉의 국가 〈로브 누벨(새로운 날의 여명)〉을 연주했다.

드디어 목적지에 도착했다. 얼마나 바라마지 않던 순간인가! 며칠 뒤면 환자들을 만나 사진을 찍게 될 터였다.

오리엔테이션을 통해 인구 약 800만 명(2019년 현재 1,180만 명)의 나라 베냉 공화국은 프랑스어를 사용하며 국민들이 의료서비스를 제대로 받지 못하고 있다는 사실을 알게 되었다. 내가 갔을 당시 환자 10만 명당 의사가 4명이었고, 평균 기대수명은 51세에 불과했다. 출항 몇 개월 전 머시쉽의 선발대가 베냉으로 가서 현지 병원들과 협력하여 우리 업무에 대한 설명과 종양, 구순구개열, 화상, 백내장 등 질환의 사례가 담긴 전단을 도시와 지방에 도배하다시피 했다. 소문은 순식간에 퍼졌다.

"병원선이 오고 있대. 이게 그 사람들이 고쳐줄 수 있는 병들이고, 전부 공짜래."

머시쉽은 이전에 베냉에서 봉사활동을 두 차례 벌여 인정을 받았고, 덕분에 선발대가 확인한 그곳 사람들의 반응은 긍정적이었다.

머시쉽이 코토누 항에 입항한 지 사흘 뒤 나는 첫 번째 공식 임무 생각에 설레어 동이 트기도 전에 일어났다. 이날 우리는 시 중앙에 있는 실내경기장 레알데자르에 임시 진료소를 세웠다. 내 임무는 의료진이 찾아온 환자들을 검진하는 모습을 촬영하고, 수술이 예정된 사람들의

'수술 전' 이미지를 찍는 것이었다. 전장에 나가고 싶어 안달이 난 종 군기자처럼 나도 환자들을 보고 싶어 좀이 쑤셨다.

오전 6시에 나는 수술복을 입고 아침식사를 한 뒤 낡은 랜드로버 수송차에 올라탔다. 차량들에는 접이식 테이블과 의자, 검사 장비, 식량, 물, 거즈, 항생제 등의 의료용품 상자들이 가득 실렸다. 아침식사를 하는 동안 우리가 할 수 있는 수술은 딱 1,500건뿐이라고 누군가 말했다.

'수술이 필요한 사람을 1,500명이나 어떻게 찾는다지?' 나는 속으로 생각했다.

수송차는 흙먼지가 날리며 울퉁불퉁한 도로를 달렸다. 도심에 가까워지자 쓰레기와 고무타이어 타는 냄새가 났다. 콧구멍과 목구멍을 얼얼하게 할 만큼 독한 냄새였다. 매연을 뿜어대는 오토바이 택시 '제미장(zemidjan)'들이 경적을 울리며 자동차들 사이를 요리조리 누비고 다녔다. 그들은 위험하게도 완전히 정차하지 않은 채 승객을 내리고 태우기도 했다. 나는 혼잡한 거리에서 뿜어져 나오는 그 에너지가 마음에 들었다. 일할 의욕이 솟구쳤다.

수석 사진가로서 내가 할 일은 간단했다. 배 위에서 그리고 현장에 나가서 우리가 하는 일을 촬영한 다음 찍은 사진들을 정리하고 보관하여 머시쉽에서 필요로 할 때 활용할 수 있도록 하는 것이다. 나는 〈내셔널 지오그래픽〉의 사진기자만큼이나 내가 맡은 임무를 막중하게 생각했다.

'난 단순한 봉사자가 아니야. 세상이 모르고 있는 사실을 알릴 임무를 띤 박애주의 사진기자야! 세상에서 가장 가난하고 궁핍한 마을들을 찾아낼 거야! 나환자들과 함께 생활하고, 아픈 아이들을 죽음의 문

턱에서 구해낼 거야! 권력자들에게 진실을 이야기할 거야!'

그런데 우리가 탄 랜드로버가 경기장의 주차장으로 들어서는 순간, 우쭐했던 내 기분은 충격으로 바뀌었다. 말 그대로 수천 명의 사람들로 이어진 줄이 건물을 한 바퀴 돈 다음 다시 그 줄을 감으며 또 감고 엄청난 행렬을 이루고 있었다. 희뿌연 눈과 메마르고 갈라진 입술의 아이들의 손을 엄마들이 꼭 붙들고 있었다. 남자들은 초점 없이 멍한 표정이었다. 엄청난 크기의 혹, 심각한 얼굴 변형과 기형, 뼈에서 녹아내리고 있는 듯한 피부의 사람들을 보니 너무 충격적이었다.

"저 사람들을 다 치료할 건가요?"

"아니요, 하지만 최선을 다해야죠."

내 물음에 장비를 내리던 간호사가 대답했다.

"며칠을 걸어서 이곳에 온 사람도 있어요. 소를 팔거나 심지어 집까지 팔아 택시비를 댄 사람도 있을 거예요."

그녀는 봉사활동 유경험자임에 틀림없었다.

진료소 설치 작업을 돕기 전에 나는 밖에서 기다리는 엄청난 인파를 찍어두고 싶었다. 나는 주차장 가장자리에 있는 낡은 호텔로 들어가 엉터리 프랑스어로 주인에게 이야기했다.

"J'ai besoin de toit… les photos(사진을 찍기 위해 호텔 지붕에 올라가고 싶은데요)."

나는 카메라를 가리킨 뒤 신분증을 주인에게 보여주었다. 그는 양손을 올려 보였다. '당신이 무슨 말을 하는지 모르겠다'는 만국공통의 수신호였다. 나는 그것을 계단으로 올라가도 좋다는 허락으로 받아들이고 지붕으로 올라가 병자들이 몰려들고 있는 주차장을 내려다보았다. 한 줄로 줄을 서도록 유도하는 파란 통제선 안에 있는 엄청난 인파들의 사진을 찍은 후 나도 봉사자들 속으로 되돌아갔다.

경기장 안은 32도에서 시작해 어느새 찜통이 되었다. 봉사자들은 파빌리온 건물 바닥에 테이블과 의자를 늘어놓고 여남은 개의 임시 진료소를 만들었다. 구순구개열은 여기, 종양은 저기, 화상은 이 모퉁이, 정형외과는 맞은편 모퉁이, 백내장은 계단 옆 등등.

오전 6시 30분이 되자 머시쉽의 주임의사인 게리 파커 박사가 손을 흔들어 우리들을 경기장 중앙의 빈 공간으로 불러 모았다.

"바깥에 사람들이 5천 명 넘게 와 있습니다. 이곳에 온 환자 한 명 한 명은 우리의 관심과 지원을 필요로 하는 사람들입니다. 그들의 눈을 보세요. 그들에게 최고의 의료서비스를 제공해 주세요. 숫자에 압도당하지 말고 여러분 앞에 있는 한 사람 한 사람에게 집중하며 그들을 어떻게 도울까 생각하세요. 기도합시다."

모두 머리를 숙이자 게리 박사는 하나님께 호소했다.

"하나님 아버지, 오늘 이 환자들을 도울 능력을 우리에게 내리소서. 우리가 도울 수 없는 이들에게는 하나님께서 또 다른 길을 열어 주시길 기도합니다. 그들에게 마땅한 위로를 주십시오. 아멘."

사진 촬영지로 걸어가는데 경비 팀이 육중한 경기장 문을 열어젖혔다. 앞쪽에 앉아 있던 사람들이 일어서서 뒷사람에게 진료가 시작되었음을 알렸다.

무료 진료소에 5천 명이나 모였으니 별별 사람들이 다 있게 마련이었다. "심장약을 좀 받을 수 있을까요?" "제 발의 곰팡이를 치료할 수 있나요?" 질문도 다양했다. 아스피린과 항생제를 나눠주는 일이라면 쉬울 텐데, 머시쉽이 전문으로 하는 분야는 상악안면 손상(머리, 목, 얼굴, 턱의 질병이나 부상)과 정형외과적 문제(골절, 내반족, 오다리 등), 화상과 큰 부상 부위의 성형 및 재건이다. 치과와 안과 수술 및 출산으로 인해 만성요실금이 생긴 여성들을 위한 수술도 가능했다. 이런 질환들을 치료하기 위해 머시쉽에는 실력 있는 외과의, 내과의, 간호사 및 기타 전문 인력들로 구성된 최고의 의료진이 있었다. 의료진 역시 다른 자원봉사자와 마찬가지로 자신들의 숙식비를 자비로 부담했다.

내 촬영소는 오전 6시 45분에 마련되었다. 경기장 구석에 마련한 좁은 공간으로, 벽면에 흰 시트를 두 장 붙이고 환자들이 앉을 나무의자 두 개가 놓인 공간이었다. 나는 삼각대를 세우고 플래시와 배터리 충전기를 준비한 뒤 상악안면 진료소로 건너갔다. 내 첫 번째 환자를 데려오기 위해서였다.

영국에서 온 외과의사 토니 가일스 박사가 열네 살짜리 소년 알프레드를 진료하고 있었다. 알프레드의 거대한 종양은 입에서부터 흘러내려 턱을 가슴으로 짓누르고 있었다. 아이의 어머니는 통역사를 통해 그 종양이 4년 전 턱에 난 조그만 혹에서 시작되었다고 설명했다. 지금은 배구공만 해진 혹 때문에 아이는 말하고 먹고 숨 쉬는 것이 거의 불가능한 상태였다. 하얀 치클 껌 같은 알프레드의 치아가 진물이 흐르는 분홍 잇몸 덩어리에 삐뚤빼뚤 박혀 있었다.

의사가 종양을 찔러 보는 장면을 두어 장 찍고, 나는 스스로에게 주지시켰다.

'평소처럼 행동해, 자연스럽게…. 저 아이 이름은 알프레드고 열네 살이야.'

"어이, 친구!" 나는 웃으며 소년의 어깨를 가볍게 쳤다.

"내 이름은 스캇이야. 미국에서 왔어! 만나서 반가워."

분노에 찬 아이의 반항적인 눈빛이 렌즈 구멍을 지나 내 눈에 와닿았다. 나는 카메라를 아이의 얼굴로 향한 채 울렁거리는 속을 억눌렀다. 자동차 사고 장면을 목격하고 있는 것 같았다. 내가 아이의 모습을 필름에 담음으로써 아이는 수치스러워 하고 있지는 않은지….

머시쉽은 원칙적으로 악성 암환자나 나을 가망이 없는 질환의 환자는 받지 않는다. 감사하게도 알프레드의 종양은 양성이었고, 가일스 박사는 배에서 수술 받을 날짜를 잡아주었다. 나는 아이와 아이 엄마를 사진 촬영소로 데리고 가서 수술 전 모습을 카메라에 담았다.

다음주에 보자고 인사했지만 알프레드는 웃을 기분이 아닌 듯했다. 환자와 그 부모는 대개 사진을 공개해도 좋다고 서명하는데, 이는 그들이 수술 날짜를 받은 행운아가 되었다는 뜻이다. 그러나 모두가 행운아인 것은 아니었다. 알프레드가 돌아간 지 두 시간 뒤 세라핀이라는 소녀를 만나게 되었는데, 알프레드와 나이와 종양의 크기도 비슷해 보였다. 세라핀은 의사들이 조직검사를 할 때 겁에 질려 있었는데 검사결과는 좋지 않았다. 악성이었다. 그곳에 있던 사람들의 얼굴이 흐려졌다.

아이 엄마가 큰소리로 흐느끼며 소녀를 끌어안았다. 아이는 돌처럼 굳은 얼굴로 잠자코 있었다. 나는 애써 미소를 지으며 아이의 어깨를 도닥여 준 뒤 경기장 구석으로 달려갔다. 눈물이 쏟아졌다. 눈앞에서 아이가 죽어가는데 할 수 있는 일이 아무것도 없었다. 앞으로 나는 이런 고통을 과연 어떻게 기록할 수 있을까?

가일스 박사가 내 곁으로 다가왔다. 안경 너머로 나를 보는 초록색 눈이 다정했다.

"스캇, 우리는 이들을 도우러 여기 온 거예요. 당신은 지금 아주 중요한 역할을 맡고 있어요." 그는 말을 이었다.

"잊지 말아요. 대부분의 이야기는 해피엔딩이 될 거예요. 되도록 희망에 집중하세요. 우리가 도울 수 있는 사람들에게 집중하세요."

그가 자리를 뜬 뒤 나는 크게 심호흡을 했다. '희망에 집중하라!'는 그 말이 나를 일어서게 했다. 희망이란 단어가 나를 버티게 했다.


정오쯤 나는 상황이 어떻게 돌아가고 있는지 궁금해 밖으로 나갔다. 줄은 굼벵이처럼 느릿느릿 움직였다. 한낮의 태양이 내리쬐기 시작하면서 사람들의 신경도 날카로워졌다.

봉사자들은 빵과 물을 나눠주면서 사람들의 긴장된 마음을 풀어주려 애썼다. 간호사들은 미소를 잃지 않고, 치료할 수 없는 질환을 가진 사람들을 집으로 돌려보냈다.

한 간호사가 말했다.

"도움을 못 주고 집으로 돌려보낼 때 가슴이 찢어지는 것 같아요."

상태가 위중해 보이는 환자는 간호사들이 앞쪽으로 인도해 적절한 조치를 취했다. 목숨이 경각에 달한 환자는 급히 배로 후송해 치료를 받았다. 입 안의 커다란 종양 때문에 혀에 짓눌려 질식사하기 직전인 상태의 환자가 있었다. 의사는 그 자리에서 바로 수술을 결행했다.

아이들의 놀이공간에 들렀더니 자원봉사자 몇 명이 손인형을 가지고 놀아주고 있었다. 그 밖에도 음악놀이, 페이스 페인팅, 풍선, 비눗방울 활동이 이루어졌다. 비눗방울을 처음 본 아이들이 대부분이어서 신기한 얼굴로 바라보는 모습을 찍은 사진이 가장 마음에 들었다.

내가 카메라를 돌려 모니터 속 모습을 보여주니 아이들은 자신의 모습을 가리키며 환하게 웃었다.

어떤 아이는 자기가 가진 옷 중 가장 예쁘고 깨끗한 옷을 입고 나왔고, 옷이랄 것도 없는 더럽고 해진 천을 몸에 두른 아이들도 많았다. 나는 그 아이들을 꼭 안아주었다. 아이들이 스스로 소중한 존재라는 사실을 알았으면 했다.

촬영소로 돌아와 나는 렌즈 너머로 또 다른 환자를 보게 되었다. 구순구개열 때문에 코밑으로 갈라진 부위에 살과 잇몸, 치아가 뒤엉켜 있었다. 아이는 열 살인데 눈빛이 매서웠다.

전 세계적으로 500명 중 한 명의 아기가 구순구개열 또는 구개파열을 가지고 태어난다. 미국에서는 아이가 그렇게 태어나면 간단한 수술을 바로 시행, 흉터도 거의 남지 않는다. 그러나 아직도 서아프리카의 작은 마을들에서는 구순구개열을 가지고 태어난 아이에게 악령이 씌었다고 생각한다. 그래서 아이에게 젖도 주지 못하게 하고, 주술사에게 아이를 넘기라고 하니 어떤 부모는 야반도주를 하기도 한다.

다행히 내 앞의 그 여자아이는 사랑을 듬뿍 받고 자란 듯했다. 입단식 강연에서 게리 박사가 했던 말이 떠올랐다.

"엄마들이 가슴속에 품는 꿈과 희망은 세상 어디나 똑같습니다."


그날 하루 머리나 목에서 종양이 농구공만 한 크기로 자란 남자들의 사진과 백내장으로 눈이 흐려져 자기 아이 얼굴도 보지 못하는 여성들의 사진을 찍었다. 살을 파먹어 들어가는 수암(괴저성 구내염)으로 입술이나 코, 뺨을 잃은 아이들의 사진도 찍었다. 수암은 흔히 홍역이나 구강염의 경과 중 발병하여 순식간에 괴사를 일으키는데 세균에 감염된 물을 마시는 것이 중요한 원인 중 하나이다. 감염된 물을 마신다니, 뉴욕에서 클럽을 다니던 때가 떠올라 나는 움찔했다. 10달러짜리 소다수를 여러 병 주문하고 뚜껑도 따지 않고 나올 때가 많았다.

환자들의 얼굴을 뷰파인더로 관찰하면서 나는 알프레드처럼 분노에 가득찬 눈빛을 가진 소년이 체념에 빠진 눈빛의 환자들보다 이런 상황을 잘 이겨낼지 궁금했다. 그리고 그들 모두를 위해 기도했다.

'하나님, 저들이 수술을 잘 받고 쾌유되도록 도와주십시오. 제가 너무나도 당연하게 누리며 살아온 깨끗한 물, 비를 피할 지붕, 병원같이 인간이 누려 마땅한 기본적인 존엄을 누리게 해주십시오!'

마무리할 시간이 다가오자 의료진은 마지막으로 한 번 더 줄을 훑으며 어른들 사이에 낀 아이들과 위중한 환자들을 확인했다. 수술 1,500건이 채워질 때까지 내일 아침 다시 돌아와 이 모든 과정을 되풀이해야 했다.

해질녘에 나는 광각렌즈를 챙겨 랜드로버 지붕 위로 올라갔다. 남겨진 사람들의 사진을 찍고 싶었다. 경비원들이 경기장 출입구에 바리케이드를 치자, 불안감의 물결이 군중을 휩쓸었다. 수백 명의 남녀가 앞쪽으로 밀려들며 소리를 질렀고 순식간에 아수라장이 되었다.

"이제 가야 해요." 누군가 나를 재촉했다. 군중이 차량을 에워싸기 시작했다. 수많은 손들이 차량을 두드리고, 절망한 얼굴들이 보였다.

"스캇, 얼른요. 당장!"

나는 잽싸게 한 번 더 셔터를 누른 뒤 바닥으로 뛰어내려 랜드로버 안으로 미끄러져 들어갔다.

'우리는 여기서 중요한 일을 하고 있어.'

나는 스스로에게 상기시켰다.

'희망에 집중하라고! 우리가 도울 수 있는 사람들에게 집중해!'

# 02

## 첫 번째 환자,
## 알프레드를 만나다

● 2004년 12월, 베냉

"스캇, 잠 좀 자자!"

룸메이트 토니의 고함에 나는 화들짝 놀랐다. 몇 시나 됐을까?

헤드폰을 벗고 노트북의 시간을 확인하니, 새벽 2시였다. 장장 5시간 동안 좁은 선실에서 글을 쓰고 있었던 것이다. 불쌍한 토니의 이층 침대는 바로 내 옆자리였다.

"스캇, 손가락에 망치 달았어?"

다른 룸메이트 대니도 한마디 거들었다. 그저 미안할 따름이었다. 이날 이때까지도 나는 사무실에서 가장 요란하게 자판을 치는 사람이다.

"계속 하려거든 사무실에 가서 하면 안 될까?" 토니가 애원했다.

한 달 동안 같이 생활하는 동안 밤에 일할 때 나는 가장 낮은 층에 있는 사진 작업실을 이용했다. 작고 초라한 방이지만 그래도 거기엔 물속을 내다볼 수 있는 창이 하나 있고 문에는 잠금장치가 있었다. 그곳에서 나는 은은한 조명 속에 음악을 크게 틀어놓고 누구 눈치 볼 것 없이 마음껏 자판을 두드려댈 수 있었다. 그러나 그날 밤은 거기로 이동하는 시간마저 낭비하기 싫었다.

"미안, 친구들. 아주 중요한 이야기야! 이제 거의 다 됐어."

우리 대외홍보부 인원은 작가, 사진사, 편집자를 합쳐 여섯 명이었고, 자주 만나 할 일을 상의했다. 상사 브렌다는 일을 할 때 나와 작가들을 짝지워 주려 했지만, 나는 사진 찍고 글쓰는 작업까지 모두 혼자 하고 싶다고 요청했다. 삶을 변화시키는 소중한 작업을 처음부터 끝까지 내 힘으로 만들고 싶었다. 그리고 첫 진료일에 봤던 어린이 알프레드가 내 첫 번째 스토리의 주인공이었다.

작업을 마치고 노트북을 닫은 뒤 나는 알람을 오전 6시에 맞추었다. 알프레드의 수술이 그날 예정되어 있었다. 게리 박사의 수술칼과 알프레드의 커다란 종양 사이에 길고 힘겨운 싸움이 예상되었다. 나는 수술 과정을 사진으로 남겨야 했다.


날이 밝은 뒤 나는 알프레드와 소년의 아버지 베상을 선내 병동으로 만나러 갔다. 침상이 42개나 빽빽하게 들어차 있고 낮은 천장에 형광등 조명이 환하게 켜져 있었다. 한 간호사가 알프레드의 침대에 걸터앉아 수술 절차와 주의할 점을 안내했다.

"깨어나서 바로 말이 안 나오더라도 놀라지 마! 정상적인 거야. 네가 손으로 신호하면 우리가 종이와 펜을 가져다줄게. 제대로 말할 수 있으려면 시간이 좀 걸릴 거야."

"어이, 친구!" 나는 웃으며 인사했다. "이제 멋쟁이가 되겠네!"

알프레드는 내 손을 힘없이 마주쳤다. 전에 봤을 때보다 더 약하고 말라 보였다. 게리 박사의 말에 의하면, 알프레드는 거의 굶다시피 했다고 한다. 종양을 비집고 음식을 입속에 밀어넣어 봤자 씹을 이도 거의 남지 않았기 때문이다. 열네 살인데 아이는 20kg이 안 됐다.

아이 아버지의 말에 의하면 마을의 주술사는 알프레드의 종양에 칼로 구멍을 내고 무슨 반죽을 이겨 상처에 발랐다. 그런 뒤 춤을 추며 닭을 제물로 바치고, 아이의 병을 낫게 해달라 빌었지만 종양은 사라지지 않았다. 그러던 중 한 목사가 알프레드의 딱한 소식을 전해 듣고 병원선을 소개한 것이다. 알프레드의 아버지는 택시비 10달러를 어렵게 구해 이곳으로 왔다.

나는 수술실에 들어가기 전 파란색 수술복을 걸치고 손가락 끝부터 팔꿈치까지 깨끗이 씻었다. 어릴 적 차고에서 엄마를 위한 정화의식을 얼마나 많이 했던가!

수술실 간호사들이 알프레드의 얼굴부터 목과 가슴까지 꼼꼼하게 적갈색 소독제를 발랐다. 나는 카메라를 들고 돌아다니며 이 모든 과정을 촬영했다. 알프레드는 자신의 심장박동과 맥박 등을 보여주는 모니터와 여러 선들로 연결된 채 조용히 수술대 위에 누워 있었다. 마취과 의사는 손에 정맥주사를 놓은 뒤 아이에게 계속 말을 걸었다.

준비가 끝나자 간호사 세 명, 마취과 의사 한 명, 조수 한 명으로 이루어진 의료진이 게리 박사와 수술 과정을 상의했다. 게리 박사는 머시쉽에 온 환자를 수술대 위에서 잃어본 적이 한 번도 없었다. 하지만 모든 수술에는 위험이 따르는 법. 알프레드의 경우엔 마취 중 늘어진 혀에 기도가 막혀 호흡이 멎을 가능성과 과다출혈의 위험이 있었다. 그래서 여차하면 수혈을 해줄 사람들을 대기시켜 놓았다.

게리 박사가 기도를 올렸다.

"하나님, 수술 중 알프레드를 사랑으로 지켜 주소서. 우리가 당신의 일을 최선을 다해 할 수 있도록 인도하소서. 아멘."

게리 박사가 알프레드의 얼굴을 절개했다. 수술칼이 피부와 조직, 근육을 뚫고 종양 둘레를 가르며 턱뼈에까지 도달했다. 그의 손놀림은 과감하고 신속 정확했다. 수술을 수천 번 해오면서 그때마다 그는 하나님께 기도했다. 환자의 혀와 입술 신경을 잘못 건드려 감각에 이상이 오지 않게 해달라고, 혈관을 잘못 잘라 환자가 수술대에 피를 쏟지 않게 해달라고 기도했다.

게리 박사는 머시쉽의 오비완 케노비(영화 〈스타워즈〉에 등장하는 제다이의 정신적 스승 - 옮긴이)였다. 사람들은 그에 대해 이야기할 때 경외의 마음을 감추지 못했다. 그는 훤칠한 키에 은발의 미남자로 목소리도 비단결처럼 부드러웠다. 대화를 나누게 되면 마치 방 안에 둘밖에 없

는 것 같은 느낌을 주었다. 나는 그를 보자마자 모든 것을 본받고 싶다는 생각이 들었다. 그는 신앙의 화신으로, 야고보서의 말씀처럼 묵묵히 과부와 고아들을 돕는 사람이었다.

80년대에 머시쉽에 합류하기 전까지 그는 UCLA의 잘나가는 악안면 외과의였다. 유명한 병원에서 일하거나 베벌리힐스에서 미인들의 얼굴을 조금씩 손봐주면 엄청난 부자가 될 수 있었다. 그러나 1987년 1월에 그는 갑자기 로스앤젤레스에서 멕시코로 항해를 떠나는 머시쉽에 승선하겠노라 서명했다. 애초의 계획은 배에서 3개월간 봉사한 뒤 다른 일을 찾아보는 것이었다. 그러나 그 이후로 그는 배를 떠나지 않았으며 아내 수잔도 배에서 만났고 두 자녀도 이곳에서 키웠다.

알프레드의 환부를 절개하고 조직을 제거하고, 마침내 종양과 정상적인 턱뼈가 만난 부위에 도달하기까지 3시간이 걸렸다. 게리 박사는 마지막으로 건강한 뼈를 1.5cm 깊이로 더 절개했는데 종양을 완전히 들어내고 주변부를 말끔하게 하기 위해서였다. 그런 다음 그는 커다란 종양 덩어리를 떼어내 스테인리스 스틸 그릇에 놓았다. 알프레드는 드디어 혹에서 해방된 것이다!

종양을 제거한 게리 박사는 수술칼을 내려놓은 뒤 몇 시간에 걸쳐 근육과 결합조직, 피부를 원래대로 봉합하는 작업을 했다. 간호사들은 빈틈없이 그를 보조했다.

"왜 여분의 피부를 그렇게 많이 남겨 놓으세요?"

그가 알프레드의 아래턱을 봉합하는 동안 내가 물었다. 종양 때문에 늘어났던 피부가 알프레드의 얼굴 밑으로 2.5cm 정도 늘어져 있었다.

"얼굴 피부는 과거를 기억하고 있어요. 알프레드의 피부는 수축하여 원래 상태로 되돌아갈 겁니다. 산모의 배가 출산 후에 다시 원상복귀되는 것처럼."

환자의 뇌가 마취에서 잘 깨어나도록 마취과 의사가 돌보는 동안 게리 박사는 알프레드를 세심하게 살피며 종양 환자들에게 으레 일어나게 마련인 특별한 순간을 기다렸다. 환자들이 아직 각성과 무의식 사이에서 꿈꾸는 듯 유영하고 있어 나중에 깨어났을 때 기억하지 못하는 순간을 말이다.

알프레드에게도 그런 순간이 찾아왔다. 아이는 잠깐 눈을 뜨고 손을 입쪽으로 가져가다 원래 종양이 있던 자리가 비어 있음을 알아차렸다. 게리 박사의 얼굴에 미소가 떠올랐다.

회복실로 옮겨진 아이는 붕대를 감은 턱에 손을 올리고는 깊은 숨을 한 번 내쉰 뒤 다시 눈을 감았다. 종양은 완전히 사라지고 없었다.

# 03

## 머시쉽에서
## 만난 친구들

○ 2004년 12월, 베냉

　　　　사람들과 한정된 공간에서 삼시 세끼를 함께 먹고 자고 지내다 보면 끈끈한 관계가 되기 마련이다. 육지에서 그 정도 우정을 쌓으려면 몇 년은 걸리겠지만 배에서는 단 몇 주 만에도 가능하다. 머시쉽에서 함께 자원봉사를 하다 결혼에 이른 커플이 300쌍이 넘는다는 이야기를 듣고 나는 바로 수긍이 되었다

　　토니와 대니를 만난 건 배에서 일한 지 몇 주 지난 뒤였다. 처음엔 영어를 못하는 아프리카인 선원 두 명과 아주 작은 선실에서 지냈다. 미소는 교환했지만 대화를 나누지 못하니 답답하고 쓸쓸했다.

　　어느 날 토니와 대니가 자기네 방에 남는 침대가 있다며 오라고 했다. 내가 어떤 사람인지 잘 알지도 못하면서 말이다. 그들은 전형적인 미국인으로 카키색 옷을 주로 입고 공손한 말투를 쓰는 기독교 청년들이었다. 반면에 나는 밤세계에서 벗어난 지 불과 몇 달 되지 않았고,

승선일에는 술에 절은 모습으로 나타났다는 나의 소문을 그들도 들어 알고 있었다. 내가 유명 디자이너의 셔츠와 청바지를 선실 바닥에 쌓아 놓은 것이나 유명인들의 이름을 밥 먹듯이 들먹이는 것도 썩 마음에 들지 않았을 것이다.

함께 영화라도 볼라치면 나는 이런 말을 하곤 했다.

"저 친구 알지? 저 친구가 우리 클럽에 한 번 왔었는데, 글쎄 약에 취해서 맛이 가는 바람에 옮기느라 얼마나 고생을 했는지 몰라."

"재밌네." 그들은 내 말에 꼬박꼬박 대꾸를 해주었다.

"틀림없이 네가 제니퍼 애니스톤하고 깨진 직후였을 거야."

재밌게도 토니와 대니는 모든 이야기를 나와 결부시켰다.

토니는 스물세 살의 의학도이자 철학도로, 인디애나의 어느 작은 마을에서 자랐다. 아나스타시스호에서 지낸 3년 동안 그는 갑판원, 조타수, 지게차 운전사, 수도기사 등 온갖 잡무를 다 맡았다. 거기다 그 어려운 환자 이송까지 책임졌다.

대니는 열아홉 살인데 대학을 휴학하고 자신의 장래에 대해 생각해 보는 시간을 갖는 중이었다. 처음 지원했을 때 그는 무슨 일이든 다 하겠다고 했다가 곧 뼈저린 후회를 했다고 한다. 주방에 배정되어 매일같이 350인분의 오렌지를 썰고 감자를 으깨야 했기 때문이다. 대니는 비디오 아티스트로서의 재능이 엿보이는 친구였다.

처음 베냉에 도착했을 때 나는 몇백 달러를 주고 550cc짜리 중고 스즈키 오토바이를 샀다. 대여하는 차량을 빌릴 필요 없이 자유롭게 이동하기 위해서였다. 나는 가끔 대니를 오토바이 뒷자리에 태우고 인근에 촬영을 나가곤 했다. 우리는 시골 동네를 돌아다니며 장바구니를 머리에 이고 다니는 아녀자들, 카사바를 재배하는 농부들, 공터에서 축구를 하는 아이들의 사진과 동영상을 수없이 찍었다.

나는 대니가 그때 자신이 원하는 게 무엇인지 발견했다고 믿고 있
다. 몇 년 뒤 영상제작 회사를 차렸기 때문이다. 나는 지금도 촬영과
편집 등의 도움이 필요할 때마다 옛 친구에게 연락했다.

사이가 더 가까워지면서 룸메이트들은 내 특이한 면들을 있는 그대
로 받아들이게 되었다. 어느 날 내 디자이너가 만든 카고 바지의 스타
일이 마음에 든다는 대니의 말에 나는 베냉에서 재단사를 구해 배로
데려왔다. 며칠 뒤 그들에겐 새 바지와 와이셔츠가 생겼다. 우리는 배
에서 가장 샤프한 녀석들이었다.

"병원선에서 재단사를 불러 바지를 맞춰 입었다고?"

이런 나를 어이없게 생각하는 사람도 있었을 것이다. 하지만 런던
이나 뉴욕에서 실력 있는 재단사에게 옷을 맞추면 최소한 1,000달러
는 들었을 텐데 서아프리카에서는 50달러도 채 안 들었다.

경계 허물기를 좋아하는 나는 곧 나와 친구들을 위해 규칙을 어기
지 않는 범위 내에서 좀 더 재미있게 일할 방법을 찾으려고 선내 수칙
을 탐독했다. 규정에 따르면 선상에서는 술, 담배, 도박이 금지됐지만
배 밖에서는 식당에서 반주로 맥주나 와인을 조금 마시는 정도는 괜
찮았다. 어느 날 우리는 동네 식당의 한 룸에서 '텍사스 홀덤'이라는
포커게임을 하기 시작했다. 토니가 목공소에 가서 자투리 나무들에
빨강, 하양, 파랑으로 색칠을 한 다음 작고 네모난 칩 모양으로 잘라서
가지고 왔다.

한 판당 거는 돈은 5달러였다. 토니는 포커를 칠 때 늘 "이번 판은
꼭 내가 이길 거야."라며 큰소리를 쳤고 우리는 웃음으로 응수했다.

나는 언제나 일을 재미있게 하려고 애썼다. 청소할 때 대걸레에 풍

선을 매달거나, 배에서 파자마 파티를 열거나, 룸메이트들에게 베냉의 새벽 거리를 체험하게 해주거나 하는 식으로 어떻게 해서든….

대니의 친구 레이프도 우리와 함께 어울리기 시작했다. 레이프는 키가 멀쑥하고 말을 나긋나긋하게 하는 친구였다. 우리 넷은 쌈박한 옷을 구하러 베냉의 벼룩시장을 뒤지고 다녔다.

레이프는 마을에 우물을 파는 것을 지원하는 머시쉽 팀을 운영하고 있었다. 가끔씩 나는 지역을 탐방하러 나가는 그를 따라 현장에 가서 사진을 찍었다. 내가 레이프를 찍은 최초의 사진에는 그가 아프리카 청소년들 한 무리와 함께 땅에 3m 깊이와 폭의 구멍을 삽으로 파고 있는 모습이 담겨 있다. 당시만 해도 우물은 나에게 별 관심이 없었다. 그때까지만 해도 나는 깨끗한 물이 사람들의 삶을 얼마나 크게 바꿀 수 있는지 이해하지 못했다. 그래서 머시쉽 기록용 사진을 몇 장 찍은 뒤에는 꼬마들이 노는 천진한 모습을 위주로 찍었다.

그로부터 한참 뒤였다, 물의 중요성을 내가 깨닫게 된 것은! 사람들이 어쩔 수 없이 마시는 오염된 물을 레이프가 보여주었을 때 비로소 나는 깨끗한 물이 얼마나 필요한지, 어째서 온 마을이 물을 구하려고 그렇게 밤낮없이 애쓰는지 알게 되었다.

# 04

## 아프리카의 소식을
## 뉴욕에 전하다

○ 2004년 12월~2005년 1월, 베냉

수백 명의 사람들과 함께 있어도 휴일에는 어쩐지 점점 더 외로웠다. 크리스마스 일주일 전, 잠에서 깨어 사진 작업실로 내려가는데 선실 문들에 반짝이는 전구와 빨간 리본, 초록 조화의 화환들이 장식되어 있었다. 크리스마스에는 네덜란드 풍습에 따라 각자 신발을 선실 문밖에 내다놓고 거기에 친구들이 놓아두는 선물을 받았다. 베냉의 크리스마스는 붉은 먼지와 32도가 넘는 푹푹 찌는 무더위의 날씨였다. 나는 고향이 그리웠다.

나는 작업실의 불을 켜고 노트북을 열고 커피포트를 데웠다. 베냉에서는 이제 막 하루가 시작됐지만, 뉴욕 시간으로는 새벽 2시 30분이었다. 6개월 전만 해도 뉴욕의 나이트클럽 부스에 앉아 제이지의 '99 Problems'을 들으며 레드불을 탄 보드카를 마시고 있을 시간이었다. 그런데 지금은 지구를 반 바퀴 돌아와서 800km나 떨어진 곳에서 오는 고아원 맹아 일곱 명의 눈 수술을 기록하기 위한 준비를 하고 있었다.

'할 만한 가치가 있는 일이야!' 나는 속으로 읊조렸다.

그날 오전 늦게 부두로 나가 아이들이 도착하는 모습을 지켜봤다. 일곱 살에서 열다섯 살 정도의 사내아이 일곱 명이 겁에 질린 모습으로 미니버스에서 내렸다. 14시간이나 차를 타고 오며 내내 멀미를 했다고 한다. 그들은 차를 처음 타본 것이다. 보호자인 네덜란드 여성 선교사가 아이들을 인솔해 배로 데려왔다. 그녀의 이름은 마르얀이었다.

제일 어린 아이부터 한 명씩 작은 검사실로 들어왔고 의사가 시력표 옆에 서서 한 명 한 명 시력 검사를 하는 동안 나는 반대편의 의약 용품 상자에 걸터앉아 사진을 찍었다.

"왼쪽 눈을 가리고 맨 윗줄부터 읽어보렴."

의사가 아이에게 말했다. 아이는 앞쪽을 멍하니 바라보더니 고개를 저었다. 글자가 하나도 보이지 않았던 것이다. 의사가 시력표를 좀 더 가까이 가져갔지만 아이는 또다시 고개를 저었다. 의사는 아이의 눈에 불빛을 비춰 보더니 아이를 내보냈다.

다음번 아이가 들어왔다. 결과는 똑같았다. 그다음 아이도 마찬가지였다. 잠시 후 나는 카메라를 내려놓았다. 의사들은 걱정스러운 눈길을 주고받더니 고개를 저었다. 시력표 맨 위칸의 커다란 A자를 볼 수 있는 아이가 하나도 없었다.

나중에 알게 된 사실이지만 시력이나 백내장이 문제가 아니었다. 아이들의 실명은 오래 전에 발생한 물리적 충격으로 인해 생긴 것이 대부분이었다. 유아기에 머리를 심하게 맞거나 하여 그 충격 때문에 망막이 분리되어 실명에 이르게 된 경우가 많았다.

의사들이 보호자인 마르얀을 불러 안타까운 소식을 전했다.

"아무도요?" 그녀는 재차 확인했다. "단 한 명도요?"

마르얀은 입술을 깨물더니 아이들을 불러모아 의사에게서 들은 얘기를 전달했다. 나는 한 아이의 어깨를 껴안았다. 우는 아이는 아무도 없었다.

마르얀은 미소를 지으며 아이들에게 말했다.

"좋은 소식은 우리가 오후 시간을 코토누에서 보낼 거라는 거야! 맛있는 점심을 먹고 아이스크림도 먹을 거야!"

그녀가 미소를 지으며 행복한 얼굴로 아이들에게 말하는 것이 나는 정말 존경스러웠다.


지팡이 모양 사탕과 장식들이 배에서 하나둘 사라지기 시작했다. 휴가를 마친 사람들이 돌아오면서 배의 일상은 원래대로 돌아갔다.

2005년 1월 초 어느 날 아침, 나는 상사 브렌다를 찾았다. 문자메시지도 없는 때여서 할 이야기가 있으면 직접 찾아가야 했다.

브렌다는 선실에서 문을 열어 놓고 셔츠를 다림질하고 있었다.

"이번 주말에 케이프타운으로 내려갈까 하는데요. 랜드로버를 빌릴 수 있을까요?"

브렌다는 다림질을 멈추고 나를 쳐다보았다.

"제 전 여자친구가 화보 촬영차 오는데 차가 필요해서요."

그녀가 남아프리카공화국에 머무는 기간은 얼마 되지 않았지만, 나는 잠깐이라도 그녀를 만나고 싶었다.

"스캇, 여기서 케이프타운까지는 차로 운전해서 갈 수 있는 거리가 아니에요. 게다가 콩고를 지나갈 수도 없고요. 위험해요."

브렌다가 만류했다. 비행기를 타도 12시간이 걸린다니 당황스러웠다. 머시쉽에 타기 전까지 아프리카는 상상으로만 존재하는 머나먼 땅일 뿐이었다. 전쟁이 끊이지 않는 곳, 어린아이들이 자기 눈에 앉은 파리를 손으로 쫓는 곳. 어릴 적 교회에서 아프리카 선교사들에 대한 이야기를 들었을 때 나는 생각했다. '난 절대 그런 데는 안 갈 거야!' 내가 아는 아프리카는 너무 덥고 지저분하고 가난한 곳이었다.

그러나 베냉에 온 지 얼마 안 되어 나는 아프리카가 내가 생각했던 것과 딴판이라는 사실을 알게 되었다. 아프리카는 노란 망고와 붉은 먼지, 하늘이 끝없이 펼쳐진 드넓은 땅이었다. 물항아리를 머리에 이고 아기를 업고 십몇 킬로미터를 걷는 여자들과, 가족을 위해 작열하는 태양 아래 45kg의 쌀자루를 트럭에 옮겨 싣는 남자들의 땅.

나는 재빨리 브렌다의 말에 수긍했다.

"알았어요, 여자친구한테는 못 간다고 전할게요."


2주 뒤 나는 알프레드의 상태를 확인하러 병동으로 내려갔다. 처음 만난 아이여서인지 끈끈한 무언가가 느껴졌다.

2개월 전 게리 박사가 아이의 종양을 제거한 후, 머시쉽 의사들은 알프레드의 갈비뼈와 엉덩이뼈에서 채취한 뼈조직을 티타늄판에 이식해 수술 때 잘라낸 아래턱뼈를 대체할 새 뼈를 만들어 주었다. 치과의사들도 알프레드의 치조골에 꼭 맞는 새 이빨을 제작해 심어 주었다. 아이는 그 어려운 수술을 잘 견뎌냈고 한 번도 불평하지 않았다.

알프레드가 회복되어 가면서 말하고 먹는 법을 배우는 모습은 너무 경이로웠다. 병실에 가면 아이는 눈을 반짝이며 나를 맞았다. 나는 아이를 병동 밖으로 데리고 나와 내 작업실에서 그동안 찍은 사진들을 보여주었다. 한 번도 컴퓨터를 본 적이 없는 알프레드는 화면 속의 자기 모습에 푹 빠져들었다.

알프레드의 얼굴에 더 깊은 상처만 남겼던 주술사가 생각났다. 이제 아이의 얼굴에는 장난기 어린 미소가 번지고, 단지 몸만 치유된 게 아니라 마음과 영혼까지 치유되고 있었다.

1월 말에 알프레드는 집으로 돌아갈 예정이었다. 밥과 콩, 돼지고기, 채소 스튜를 잘 먹은 덕분에 뼈만 앙상했던 몸은 체중이 9kg이나 붙었다. 턱에는 아직 붓기가 남아 있었지만 게리 박사의 말로는 아이의 새 얼굴에 몸이 적응하면서 곧 가라앉을 거라고 했다.

나는 알프레드를 집에 데려다 주겠다고 자청했다. 아이는 랜드로버 조수석에 앉았다. 선상 병동에서 알프레드를 돌보았던 간호사 두 명이 알프레드의 아버지와 함께 뒷좌석에 앉았다.

마을까지는 약 두 시간, 넓은 고사리 밭과 바나나나무 밭을 지나자 많은 여인들이 걸어서 시장을 오가는 모습이 보였다.

비포장길로 바뀌고 차가 작은 어촌 마을로 들어서자 수십 명의 사람들이 나와서 아이의 귀환을 환영했다. 차가 선 뒤 밖으로 뛰어내린 알프레드는 순식간에 마을 사람들에게 둘러싸였다. 몰라보게 달라진 아이의 얼굴을 사람들은 신기한 눈으로 바라보았다. 마을사람들 속으로 알프레드가 떠밀려 가는 모습을 촬영하면서 나는 아이의 귀향이 무사히 이루어진 것에 안도했다.

그날 밤 늦게 선상 작업실로 돌아온 나는 알프레드 이야기를 격정적으로 써내려갔다. 온 세상에 아이의 해피엔딩을 알리고 싶었다.

그러나 쉽지 않은 일이었다. 머시쉽의 미디어는 아나스타시스호가 항구에 들어서는 속도보다 더 굼떴다. 이야기를 써서 이미지와 함께 제출하면 지휘 계통을 거쳐 텍사스의 본부로 전해진다. 거기서 승인이 나면 최종적으로 광고메일 소식지, 보도자료, 안내책자로 배포되는데, 그러기까지 몇 달이 걸렸다. 알프레드의 이야기가 세상의 빛을 보려면 1년이 걸릴 수도 있었다.

다행히도 나에게는 개인 채널이 있었다. 출항 전 나는 미리 블로그 (onamerchship.com)를 만들었고, 15,000명의 주소가 등록된 막강한 '브랜틀리&스캇'의 이메일 목록을 이용해 머시쉽의 소식지를 보내고 있었다. 내가 클럽 생활을 할 당시 알게 된 지인들은 좋든 싫든 아프리카에서 전해오는 주간 소식지를 받았다.

'알프레드는 열네 살 소년인데 얼굴에 난 혹에 짓눌려 질식사할 위험에 처해 있습니다 … 여기 사진을 보세요 … 이 놀라운 이야기의 결말을 알고 싶으시면 링크를 클릭하세요.'

나는 사람들이 어떤 반응을 보이는지 알고 싶어 조바심이 났다. 그들도 나와 똑같은 감정을 느낄지 어떨지 궁금했다.

'이 아이 좀 보세요! 엄지손가락을 치켜든 무하마드 알리 같지 않나요? 세상의 왕이 부럽지 않죠. 알프레드가 이제 집으로 돌아가 새로운 인생을 살게 되었습니다!'

'나도 새 인생을 살게 됐지!' 생각하며 나는 전송 버튼을 눌렀다.

알프레드의 이야기는 그날 전 세계로 퍼져 나가 우리 가족과 친구들, 내가 클럽에서 알게 된 수천 명의 사람들에게 전해졌다. '구독 취소' 신청도 적잖이 들어왔다. 그럴 만도 했다. 출근하여 월스트리트나 매디슨 가의 책상에 앉아 점심 메뉴를 생각하고 있는데 기독교도로 개심한 어느 파티보이가 인간의 고통을 적나라하게 보여주는 사진으로 시각적 공격을 가해 식욕을 뚝뚝 떨어지게 한 것이다.

내 옛 여자친구는 이런 답장을 보내왔다.

'스캇, 그 사진 너무 역겹더라. 앞으론 이-쁜 아프리-카 사진으로 보내줘.'

몇몇 친구는 내 새로운 삶이 여자들을 유혹하기 위한 거짓 계략이 아니냐는 농담을 이메일로 보내기도 했다. 그들이 주고받을 대화가 상상이 됐다.

"스캇이 인도주의자에 박애주의자가 됐다고? 설마! 관심 끌려고 별 짓을 다하는군! 우리가 속을 줄 알고?"

처음엔 이메일 목록이 줄어들었다. 하지만 계속 소식을 전했더니 몇 달 뒤에는 늘어났다.

부모님은 내 이메일을 교회 사람들에게 전달하며 철야기도를 이끌고 어려운 사람들을 위해 모금활동을 벌였다. 알지도 못하는 사람들이 내게 편지를 보내 아프리카 체험담과 해외 자선활동의 기쁨을 공유했다. 또 어떤 사람들은 다음과 같은 메일을 보내기도 했다.

'와! 당장이라도 당신처럼 세상 여기저기를 다닐 수 있으면 좋겠어요!'

'감사합니다. 벨벳줄을 지나가는 것보다 인생에 더 중요한 일이 있다는 걸 당신이 상기시켜 줬어요.'

샤넬에서 일하는 한 친구는 내가 전한 이야기에 감동하여 이런 편지를 보내 왔다.

'함께 일하는 동료들이 나에게 무슨 일이 생겼나 걱정하고 있어. 내가 눈물을 줄줄 흘리는 바람에! 알프레드 이야기를 방금 읽었어. 내가 어떻게 하면 알프레드에게 도움을 줄 수 있을까? 돈이든 시간이든.'

이런 메일들을 받으면 내가 선택한 일에 대한 확신이 들었다. 어쩌면 나는 이런 일에 꽤 소질이 있는 사람인지도 모른다. 내가 찍은 사진과 이야기가 과거의 나처럼 자선행위에 전혀 관심 없던 사람들을 감화시키다니! 그리고 각자의 시간과 재능, 돈으로 가난한 사람들을 돕고 싶게 만들다니 믿을 수 없었다.

아나스타시스호가 코토누에 정박해 있던 4개월 동안 고향으로 전할 소식이 너무나 많았다. 429명의 성인과 아이들이 안면기형 수술을 받았고, 수백 명이 눈 수술을 받았으며, 2,000명이 넘는 사람들이 배 바깥에 마련된 치과 진료소를 다녀갔다. 그밖에도 머시쉽의 자원봉사자들은 힘을 합쳐 지방 조산소 한 곳과 화장실 열네 곳, 담수우물 세 개 등 중요한 기간시설을 베냉에 건설해 주었다.

3월에 우리는 코토누를 떠나 라이베리아를 향해 해안을 따라 올라갔다. 4개월 일정이었고 거기서는 전할 이야기가 더 많았다.

# 05

## 말이 아닌
## 행동이 필요하다

⭕ 2005년 3월, 라이베리아 몬로비아

베냉에서 라이베리아까지는 사흘이 걸렸다. 바다에서 보낸 마지막 밤에 나는 라이베리아에서 있었던 끔찍한 전쟁을 다룬 다큐멘터리를 보았다. 마을이 잿더미가 되었고 아이들은 AK-47 소총을 들고 다녔다. 엄마들은 가족의 시체를 바라보며 흐느꼈다. 박격포 소리와 사이렌 소리가 고막을 울렸다. 눈을 감았는데도 그 장면들이 뇌리에서 떠나지 않았다.

한밤중에 나는 식은땀을 흘리면서 잠에서 깼다. 선실은 덥고 어두웠으며 룸메이트들은 몸을 뒤척이고 있었다. '왜 계속 사이렌 소리가 들리지?' 비틀거리며 침대에서 나오다가 그게 사이렌 소리가 아님을 알 수 있었다. 화재경보기 소리였다. 원자력발전소의 경보기 소리 같은 무시무시한 기계음이었다. 처음엔 훈련이겠거니 생각했다. 하지만 다음 순간 '아냐, 누가 새벽 1시에 훈련을 해!' 하는 생각이 들었다. 실제로 우리 배에 불이 난 것이다!

비상대피용 가방을 싸놓은 것도 없고, 다행히 바지는 입고 있어서 구명조끼를 걸치고 룸메이트들과 함께 방에서 나왔다. 갑판 위에는 수백 명의 동료가 초조하게 서성거리고 있었다. 굴뚝에서 나온 두터운 검은 연기가 배 전체를 뒤덮었다.

대니에게 물었다.

"어디서 불이 난 거야?" "기관실에서."

빠른 대답이 돌아왔다. 불길했다.

아나스타시스호의 기관실은 배의 심장부에 위치해 있었고, 바닥부터 천장까지 오일과 윤활유에 덮여 있었다. 토니는 화재진압팀 네 명과 함께 불을 끄러 갔다. 사람들은 단테의 〈지옥편〉이 펼쳐지는 것 같다고 수군거렸다. 인원 확인을 위해 구역장들이 사람들의 이름을 불렀다. 부모들은 아이들의 손을 꼭 붙들고 있었다. 수술실에서는 냉철하기 그지없던 간호사와 의사들의 눈에도 두려움이 묻어났다. 순간 오늘 밤 죽을 수도 있겠다는 생각이 들었다. 전쟁에 짓밟힌 시련의 땅 라이베리아에서의 임무를 위해 단단히 준비를 하고 있었는데, 거기에 발을 딛기도 전에 배는 화마로 침몰할지도 몰랐다.

한밤중에 걸려온 전화로 외동아들의 사망 소식을 전해 듣는 부모님의 모습이 눈앞에 그려졌다. '우리 엄마는 견디지 못할 텐데!' 나는 마지막 이메일을 보내기 위해 살금살금 내 작업실로 내려갔다. 갑판 아래쪽에선 자원봉사자들이 "대피하세요!"라고 외치면서 방문을 일일이 두드리며 벽장과 욕실, 심지어 침대 밑까지 살피고 있었다.

'배에 불이 났어요.' 나는 다급하게 이메일을 썼다. '구명정으로 옮겨 타게 될지도 몰라요. 우리를 위해 기도해 주세요.'

기도야말로 부모님에게 할 수 있는 가장 현실적인 부탁이었다.

갑판으로 돌아오니 동료들이 끌어안고 울고 있었다. 불안감에 떨면서 고개를 숙인 채 조그만 원을 이루고 있었다. 기다리는 동안 기도 외엔 달리 할 수 있는 일이 없었다. 300명의 성인과 50명의 아이들을 모두 옮겨 태울 만큼 구명정이 넉넉한지 어떤지도 몰랐다.

영원 같은 시간이 흐른 뒤 마침내 시커멓던 연기가 점점 옅어지면서 잦아들었다. 선장의 목소리가 확성기를 통해 들려왔다. 화재가 진압되었다고 했다. 모두들 환호하며 얼싸안고 눈물을 흘렸다.

다음 날 배는 라이베리아의 수도 몬로비아에 무사히 도착했다. 화재로 망가진 것은 냉방장치에 전력을 공급하는 발전기뿐이었다. 하지만 이는 심각한 상황을 초래했다. 냉방을 못하니 우리 선상 마을은 순식간에 펄펄 끓는 가마솥으로 변했다. 4주 동안 우리는 창문을 열어놓고도 조그만 선실 내부에서 40도가 넘는 폭염에 시달렸다. 땀이 비 오듯 흘러 탈수를 방지하기 위해 물을 4~5리터씩 마셔댔다.

낮 동안 주방에서는 소형 선풍기를 20대나 돌렸다. 대니는 밤에 그중 몇 대를 빌려 우리 방으로 가져왔다.

발전기 수리는 정상적인 상황이라면 며칠이면 될 간단한 일이었다. 그러나 라이베리아에서는 부품을 구하는 데만 4주가 걸렸다.

우리가 도착한 2005년 3월은 라이베리아가 무자비한 14년간의 내전에서 벗어난 지 18개월이 지났을 때였다. 내전으로 25만 명이 학살되고 100만 명이 넘는 사람들이 난민이 되었다. 흰 탱크를 탄 유엔군이 아직도 거리를 돌아다니고 있었다. 군인들이 AK-47을 단단히 움켜쥐고 우리 배를 지켰다. 항구로 들어가는 데만도 여러 검문소에서 신분증을 보여주어야 했고, 밤 10시 통행금지도 엄수되었다.

어느 날 오토바이를 타고 나가 도시를 둘러보았다. 그렇게 처참한 광경은 처음이었다. 건물마다 총알 자국이 나 있고 수도, 전기, 하수 시설은 찾아볼 수 없었다. 우편배달도 스톱이었다. 기름도 턱없이 부족했다. 오토바이에 기름을 채우기 위해 대니와 나는 길가에 있는 임시 주유소 한 곳을 들렀다. 주유소라고 해봐야 언제 부서질지 모르는 탁자 하나에 갈황색의 D급 기름이 담긴 커다란 초록색 통이 전부였다. 기름을 주문하자 십대 소년인 종업원이 초록색 호스의 한쪽 끝을 입에 물고 반대쪽 끝을 기름통에 꽂았다. 호스를 빨아 휘발유를 최대한 끌어올린 뒤 입술에 닿기 전 연료 탱크에 주입했다.

몇 시간씩 연달아 인간 급유기 노릇을 하다가 병에 걸려도 치료조차 제대로 받을 수 없었다. 병원의 95%가 전쟁 중 약탈당하고 파괴되어 의사 34명이 300만 국민을 돌보고 있는 실정이었다. 고맙게도 닭이나 염소를 치료비로 받아주면서….

우리가 라이베리아에 차린 진료소에 온 환자들은 베냉 사람들과 같은 질병을 앓고 있는 경우가 많았다. 그런데 이곳에서는 고문과 신체 훼손의 증거도 목격되었다. 뜨거운 기름이 몸에 부어진 아이들, 코와 귀가 잘린 여자들….

사람들은 오로지 평화를 원했다. 그들은 삶을 재건하고 싶어했다. 엄마들은 깨진 창문과 폭격 맞은 벽에 파란 방수포를 대어 가족에게 집이 안전하고 포근한 공간이라는 느낌이 들게 하려고 애썼다. 아빠들은 약탈당한 자기 가게로 가서 청소를 하고, 물건을 채워 놓고, 다시 장사를 시작했다.

라이베리아 사람들은 우리를 두 팔 벌려 환영했다. 미국인이라면 친척처럼 생각하는 이들이 많았다('자유의 땅'이라는 뜻의 라이베리아는 1822년 미국의 해방노예 수천 명이 세운 나라다).

라이베리아에서 생활하면 할수록 나는 게리 박사의 지혜에 더욱 의존하게 되었다.

'내가 사진을 찍는 게 옳은 일일까, 이건 과연 도움이 되는 일일까?'

카메라를 통해 사람들의 고통을 기록하는 것 말고 더 많은 일을 하고 싶었다. 나도 모르게 기도를 자주 하게 되며 하나님과 연결되는 듯한 기분을 느꼈다. 그리고 더욱 깊은 연결을 갈구하게 되었다. 머시쉽 도서관에서 손때 묻은 책들을 빌려 오토바이를 타고 싱커스 비치(Thinker's Beach)라는 그럴 듯한 이름의 황량하고 한적한 해변으로 나가곤 했다. 그곳에서 나는 책도 읽고 하나님께 기도도 했다.

"이곳에는 절망적인 상황에 빠진 사람이 너무 많습니다. 어떻게 하면 그들을 도울 수 있을까요? 제게 길을 보여주십시오."

배로 돌아오면 게리 박사를 만나 이야기를 나누었다.

"가난한 사람들과 어려움에 빠진 사람들을 도와주고 싶습니다. 그런데 도움이 필요한 사람이 너무 많습니다. 환자들은 비를 피할 지붕도 없는 집으로 돌아가고, 아이들은 학교도 없는 마을로 돌아가고 있어요. 한 번은 길을 가다가 거지에게 제 샌드위치를 주었더니 입안이 말라서 삼키지를 못하더라고요. 어디서부터 뭘 시작해야 할지 모르겠어요. 제가 정말 도움을 줄 수 있는 건지도 모르겠고요."

게리 박사는 내게 콰낭이라는 여인의 이야기를 들려주었다. 그녀는 몇 년 전 얼굴에 난 커다란 종양에서 악취가 심하게 풍겨 마을에서 쫓겨났다. 콰낭은 난생처음 용기를 내어 머시쉽의 진료소를 찾았다. 그러나 줄을 서서 기다리는 동안 너무 겁이 나서 발길을 돌리려 했다. 마침 그곳을 지나가던 한 자원봉사자가 그녀에게 다가가 어깨에 한 손을 얹고 말했다.

"우리가 도와드릴게요."

10년 만에 처음으로 느낀 다른 사람의 손길이었다. 그녀는 그곳을 떠나지 않기로 결심했다.

"우리는 아직도 그 자원봉사자가 누군지 모릅니다. 하지만 그 사람이 콰낭의 인생을 바꾸어 놓았어요. 스캇, 머시쉽은 기독교인 영웅을 찾고 있지 않아요. 머릿속에서 들리는 작은 목소리에 순종하며 다른 사람을 도울 만큼의 용기를 낼 수 있는 사람이면 충분해요. 하나님은 당신이 혼자 모든 일을 하기를 바라지 않으세요. 당신이 할 수 있는 두세 가지 일만 하고 나머지는 하나님께 맡기세요. 그리고 명심하세요. 사람들이 우리에게 필요로 하는 건 말이 아닌 행동임을!"

그것은 나에게 꼭 필요한 말이었다. 지금도 나는 '말이 아닌 행동'을 강조했던 게리 박사의 목소리가 귓전에 들리는 듯하다.

그 말이 나의 삶에 크나큰 영향을 끼쳤다.

# 06

## 사람이 이런 물을 마신다고?

○ 2005년 3~6월, 라이베리아 몬로비아

라이베리아에 머무는 4개월 동안 나는 전심전력을 다했다. 어느 날 밤, 대외홍보부 팀원인 제임스와 함께 몬로비아 거리를 걷는데 거지가 동전을 구걸했다. 내가 남자의 손에 지갑 속의 돈을 다 털어주자 제임스는 의아해했다. 그 돈을 그가 어디에 쓸지 알 수 없었다. 하지만 그렇다고 해서 주지 않을 수는 없었다.

가난하고 병들고 소외된 사람들과 만날 때마다 나는 더 힘을 냈다. 그 몇 주 전에는 의료진과 함께 HIV 호스피스에 의료장비를 전해주고, 외딴 마을에 치과 진료소를 차릴 때도 가서 도왔다.

배에서 6시간 떨어진 마을 간타에서 나병 환자 진료소를 발견하고 여러 차례 찾아가 의료용품을 전달하고 사진을 찍었다. 한 번은 레이프를 데리고 가서 자고 오기도 했다. 밤에는 환자들을 모두 앞마당으로 불러모아 진료소 벽에 하얀 천을 붙이고 그들의 사진을 영화처럼

채리티: 워터 |

슬라이드쇼로 보여주었다. 휴대용 스피커로 '현을 위한 아다지오'를 틀어 기분 좋은 관람이 되도록 했더니 모두 즐거워했다.

"건물 벽에 크게 확대되어 비치는 자신의 모습을 저들은 어떻게 봤을까? 자기가 '중요한 사람'이라는 느낌을 받지 않았을까?"

레이프의 말이었다.


라이베리아에서의 여정이 끝나가던 5월 어느 날 아침, 나는 카메라 가방을 챙겨서 주차장으로 갔다. 랜드로버의 조수석 문을 열고 뛰어올랐다. 레이프와 작업 현장에 같이 가는 길이었다.

레이프는 작은 마을 12개가 모여 있는 주민 600명의 보미 카운티에서 물 프로젝트를 진행 중이었다. 도착해 보니 진흙과 나무막대기로 지어진 집들이 보였고, 살림살이도 보잘것없었다.

작업 현장에는 한 무리의 남자들이 바닥에 난 커다란 구멍 주위에 둘러서 있었다. 한 남자가 구멍 아래에서 땅을 파고 있었고, 나머지 사람들은 위에서 흙이 담긴 양동이를 도르레로 끌어올리고 있었다. 레이프는 그들에게 우물 파는 법을 가르치는 중이었다.

"이리 와봐! 보여줄 게 있어."

우리는 높이 자란 풀을 헤치고 숲으로 나아갔다. 몇 분 뒤 혼탁한 초록빛 물이 차 있는 연못이 나왔다. 연못 표면은 수련 잎으로 덮여 있었다.

맞은편에서 마을의 여인들이 연못가로 다가오는데 그들의 손엔 누런 통이 들려 있었다. 휘발유를 담는 데 쓰는 그 통에 연못물을 긷고 있었다.

"이게 현실이야." 레이프가 말했다.

"뭐라고?" 내가 놀라서 물었다.

"이게 이 마을 사람들의 식수원이야." 나는 믿을 수 없었다.

"장난치지 마. 이걸 식수로 마신다고?"

수면 위로는 모기와 알들이 들끓었고 수면 아래로도 뭔가 커다란 게 움직이는 게 보였다. 보기만 해도 구역질 나는 물이었다. 손도 대기 싫을 만큼! 그런데 마을 사람들이 이걸 마시고 있다고?

솔직히 그 전까지만 해도 나는 물 빈곤 문제를 심각하게 인지하지 못했다. 사람들이 더러운 물을 마시고 있다는 말을 들어도 한 귀로 듣고 한 귀로 흘렸는데, 직접 현실을 목격하니 화가 치밀었다. 너무 불공평했다. 오염된 물을 마시는 사람들을 도울 수 있다면, 더 많은 우물을 팔 수 있다면 당장이라도 뛰어들겠다는 마음이 들었다.

그곳을 떠날 때 뒤를 돌아보니 어린 소녀가 더러운 물이 가득 담긴 플라스틱 컵을 입으로 가져가고 있었다.

2005년 6월, 머시쉽에서의 마지막 시간이 다가오고 있었지만 나는 떠날 준비가 되어 있지 않았다. 아직 배움이 부족했고 나의 멘토 게리 박사와 헤어지고 싶지 않았다. 머시쉽이 하는 일을 더 돕고 싶은 마음 뿐이었다. 그래서 나는 1년 더 봉사하겠다는 참가신청서를 내고, 2005년 10월에 아나스타시스호로 되돌아오기로 약속했다. 이번에는 라이베리아에서 8개월을 보내는 일정이었다.

배를 떠나기 일주일 전 나는 사진 작업실을 청소하고 마지막 이미지들을 정리하고 있었다. 그때 문득 한 가지 아이디어가 떠올랐다.

지난 8개월 동안 작업실에서 환자들의 '비포, 애프터' 사진을 돌려볼 때마다 감격스러운 순간들이 되살아나면서 벅찬 느낌이 들었는데, 그 느낌을 다른 이들과 공유하고 싶다는 생각이었다.

시간이 별로 없었다. 하지만 뉴욕의 옛 클럽 지인들이 후원해 준다면 이 사진과 이야기들로 중요한 뭔가를 더 해볼 수 있을 것 같았다.

# 07

# 뉴욕에서 mercy. 전시회를 열다

노란 택시가 맨해튼 다리의 교통체증을 뚫고 달리는 동안 뉴욕은 내게 매력적이면서 동시에 낯설게 느껴졌다.

뉴욕 1번가를 지나 알파벳시티에 있는 브랜틀리의 아파트로 가는 중이었다. 나는 차창을 내리고 익숙한 냄새를 맡았다. 할랄 음식점에서 풍기는 매운 양고기 냄새, 술집 문앞의 담배 냄새, 골목길의 썩어가는 쓰레기 냄새…. 나는 다시 옛 활동무대로 돌아온 것이다.

브랜틀리는 5번가의 한 승강기 없는 아파트에 살고 있었다. 몇 주 동안 나에게 자기 집 소파에서 지내도 좋다고 허락했다.

브랜틀리는 내가 떠날 때와 다름없는 생활을 하고 있었다. 여자, 술, 여자, 술…. 클럽의 이름들만 바뀌어 있었다. 클럽 '밀리어'는 단기 사업이었고 브랜틀리는 그 사업에 싫증이 난 듯했다. 예전과 달리 그렇게 사는 모습이 좋아 보이지 않았다. 내가 변한 걸까?

여자들과 술병이 넘쳐나는 도시의 밤세계를 떠난 지 어느덧 1년이 되어가고 있었다. 뉴욕으로 돌아올 때 나는 5만 장의 디지털 사진과 함께 한 가지 비전을 가지고 있었다. 머시쉽을 널리 알려 후원을 이끌어낼 대규모 멀티미디어 전시회를 열 계획이었다.

머시쉽 측을 설득해 내 아이디어에 대한 실행은 이미 승인받았다. 그들이 전시회 비용을 부담하고 내 성공을 빌어주기로 했다는 건 기적에 가까운 일이었다. 그만큼 나를 믿었다는 뜻이니까!

본격적인 작업에 들어가기 전에 나는 부모님을 뵈러 갔다. 집에서는 어머니의 건강이 호전되었다는 기쁜 소식을 들을 수 있었다.

뉴저지 역에 도착해 열차에서 내리니 어머니가 나를 기다리고 있었다. 우리는 포옹을 나누었다. 내 옷에서 무슨 냄새가 날까 신경을 쓰지 않았던 때는 아마 그때가 처음이 아니었을까? 완전히 건강을 회복한 건 아니지만 그래도 어머니는 증세가 호전되고 있었다. 병원에서는 왜 그런지 이유를 설명하지 못했다. 어머니는 언제나처럼 하나님께 영광을 돌리면서 수십 년간의 기도가 응답을 받은 거라고 말했다. 나도 그 말을 믿고 싶었다.


아나스타시스호로 돌아갈 날이 2개월밖에 안 남은 8월까지도 나는 아직 전시 공간을 물색하는 중이었다. 그런데 내 기도가 놀라운 은총으로 응답받았으니, 전시 공간을 확보하게 된 것이다. 예전에 사업상 라이벌 관계였고 결코 나를 좋아할 리 없다고 생각했던 한 친구와의 만남에서 비롯된 것이다. 베냉과 라이베리아에서 내가 보내준 소식지들을 전부 다 읽고 알론은 나를 응원하는 이메일을 보내왔다.

우리는 놀리타의 한 이탈리아 레스토랑에서 만나 커피를 마셨다.

알프레드부터, 거의 실명 상태였던 고아들과 안면 기형을 고친 아이들의 사진을 보여주니 그는 그 자리에서 울음을 터뜨렸다.

"당장 필요한 게 뭐야?" 그가 물었다.

"전시회를 열려면 대관 장소가 필요한데 돈이 없어."

기다렸다는 듯 내가 대답했다.

그는 메트로폴리탄 파빌리온에서 일하는 지인 셸리를 소개해 주었다. 메트로폴리탄 파빌리온은 맨해튼 갤러리 지구의 심장부에 자리한 다목적 이벤트 시설이다.

"셸리에게도 나한테 보여준 사진 그대로 보여줘." 알론이 말했다.

나는 알론이 시키는 대로 했다. 셸리는 알론보다 더 많이 울었다. 그리고 곧바로 자기 상사 앨런과 나를 연결해 주었다.

기대하긴 했지만 그렇게나 강렬한 반응을 이끌어낼 줄은 몰랐다. 그들은 내가 찍어온 사진들을 본 후 마음과 지갑을 활짝 열었다.

셸리와 앨런은 9월 2주 동안 나에게 메트로폴리탄 파빌리온을 쓰도록 해주었다. 하얀 레진 바닥으로 된 650㎡ 면적의 근사한 공간과 바로 옆 연회장까지 무료였다. 돈으로 따지면 5만 달러가 넘는 금액이었다.

내 기도에 대한 두 번째 응답은 내게 기거할 장소가 생긴 것이다. 미술품 딜러인 친구가 전시장에서 몇 블록 떨어지지 않은 자기 아파트에서 같이 지내자고 했다. 널찍하고 통풍이 잘되는 조용한 곳으로, 앤디 워홀 액자와 함께 1,000달러짜리 의자가 두 개나 놓여 있었다. 여기서 나는 누구의 방해도 받지 않고 전시 준비를 할 수 있었다. 얼마 지나지 않아 벽면의 빈 공간이 알프레드의 비포-애프터 사진과 나병촌의 파파 제임스, 시력을 회복한 쌍둥이 아산과 알루산 등의 흑백 인쇄물로 뒤덮였다.

머시쉽 본부에서는 전시회를 도울 스티브라는 직원을 보내 주었다. 그는 TV와 비디오 부서를 이끌고 있는, 머시쉽에서 제일가는 창의적 인재이자 아이디어가 넘치는 사람이었다. 돈을 절약하기 위해 우리는 내 친구의 아파트에서 함께 기거하며 킹 사이즈 매트리스를 같이 썼다. 작은 선실에서 사내 셋이 살을 부대끼며 지내다 와서인지 그곳은 너무 넓게 느껴졌다.

이틀 뒤에는 대외홍보부 부장 티아나가 전시회 전단과 입간판, 보도자료 등의 디자인 작업을 도우러 독일에서 날아왔다. 한 클럽에서 셋이 만나 일을 하기도 했는데 나는 하우스뮤직이 꿍꿍거리는 VIP 구역에서 노트북으로 사람들에게 종양 덩어리들을 보여주었다. 클럽 매니저나 DJ가 가끔 싫은 소리도 했다.

"이봐 친구, 좀 살살하라고. 분위기 어쩔 거야!"

하지만 대부분은 호기심을 보이며 돕고 싶어했다.

티아나와 스티브는 뉴욕의 밤세계를 한 번도 경험한 적이 없었다. 그들은 첼시에 새로 문을 연 화끈한 클럽, 베드(BED)의 정문에서 내 이름을 대고 안내를 받아 커다란 침대 10여 개가 놓인 루프톱에 도착하자 믿기지 않는다는 눈빛을 보였다. 그곳 손님들은 산처럼 쌓인 빨간색 베개 속에 어린아이처럼 파묻혀 원초적인 즐거움을 만끽하고 있었다.

우리 셋이 그곳에서 모이면 나는 패션회사 CEO나 홍보대행사 임원 또는 아직 내 이야기를 들어본 적 없는 다른 VIP들을 대상으로 홍보에 들어갔다. 배가 고파지면 주방에서 랍스터 꼬리, 연어, 가리비 요리 등 우리가 원하는 건 무엇이든 만들어 대령했다. 물론 공짜였다.

일주일쯤 지나자 전시 계획이 형태를 갖추기 시작했다. 나는 이 혼합매체 갤러리 쇼의 제목을 '머시(mercy)'라고 지었다. 기간은 8월 29일부터 9월 8일까지였고, 9월 7일에는 경축행사 및 경매가 예정되었다. 모금을 위해 사진을 판매하는 건 불가능했다. 누구도 자기 집 디자이너 소파 위에 혹이 달린 아이의 사진을 걸어 놓고 싶지는 않을 테니까. 그러나 사진을 활용해 후원을 부탁하고, 125달러짜리 클로징 파티 입장권을 팔 수 있었다.

나는 천생 이야기꾼인지라 우리 쇼가 단순히 사진만 전시하는 데 그치지 않기를 바랐다. 방문객들을 소중한 경험이 담긴 스토리 속으로 끌어들이고 싶었다. 머릿속에 분명한 그림이 떠올랐다.

사람들이 전시장 안에 들어서면 제일 먼저 마주치는 건 베냉의 진료소에서 수천 명의 환자들이 줄을 서는 모습을 담은 대형 비디오 루프다. 다음 방에서는 라이베리아의 현실이 펼쳐진다. 벽에 드리워진 만국기들 사이로 탄환 자국이 숭숭 난 풍경들도 보인다. 다음으론 수백 장의 머시쉽 전단(환자들에게 진료일을 안내한, 진짜 전단과 같은 종류)이 천장부터 바닥까지 마구 붙어 있는 방에 들어선다. 맞은편 벽에는 의사들이 가장 많이 치료하는 질병을 보여주는 사진들이, 다음은 '눈의 방'으로 백내장 수술을 받고 시력을 완전히 회복한 환자들의 이야기가 소개된다. 이곳을 지나면 대망의 거대한 비디오 설치물이 나타난다. 화면에서는 종양 환자 프라이데이의 모습이 '비포'에서 '애프터'로 서서히 바뀐다. 수술 후 모습은 믿을 수가 없을 정도여서 사람들은 눈을 비비게 된다. 이게 나의 구상이었는데 실제로 실현하는 건 별개의 문제였다.

미트패킹의 아파트에서 인터넷이 되는 곳은 옆집의 개방형 와이파이 신호가 잡히는 욕실밖에 없었다. 그래서 우리는 비좁은 욕실에서 각자 노트북을 펼쳐놓고 작업했다. 셋 중 누구도 전시회를 열어본 경험이 없는데, 고려할 사항은 100만 가지나 되었다. 보안, 책임보험에서부터 감사장과 후원자를 위한 후원금 영수증까지…. '작품을 어느 정도의 높이로 걸어야 하는지'까지 인터넷으로 검색하다 스미소니안 박물관 홈페이지에서 도움을 얻기도 했다. 스티브와 나는 설치물 각각의 규모와 크기에 대해 격론을 벌였다.

"TV는 한 10대쯤 있어야 될 것 같아요." "아니죠, 60대는 필요할 걸요!" "스캇, TV를 어디서 어떻게 60대나 구해요?" "그럼 40대는 어때요?" "40대 정도는 괜찮을 것 같아요."

그런데 결국 나는 TV를 9대밖에 후원받지 못해 3대씩 작은 탑처럼 쌓아올리는 데 만족해야만 했다.

또 우리는 오지의 마을에서 우물을 파는 레이프의 작업을 지원하기 위한 특별 비디오 설치물도 고안했다. 뉴욕주 북부의 한 음료 배급업자는 1,700개의 생수병에 특별히 'mercy.water'라고 쓰인 라벨을 붙여 후원해 주었다. 방문객들은 파란 반투명 항아리에 20달러씩 넣고 그 생수병을 하나씩 가져갈 수 있었다.

전시 마지막에는 380달러라는 더 큰 금액의 후원금이 요청되었다. 머시쉽이 모금액 전부를 아나스타시스호에서의 수술비로 쓰기로 동의했기에 우리는 커다란 흑백 입간판을 세웠다. 수술 한 건당 평균 비용인 380달러를 기부하면 한 사람의 인생을 영원히 바꿀 수 있다고. 사람들은 우리가 마련해둔 구식 신용카드 기계가 놓인 테이블에서 바로 기부한 뒤 머시쉽의 후원금 영수증을 받을 수 있게 된다.

행사 주간이 코앞으로 다가오면서 우리 셋은 밤낮없이 일했다. 나는 디자인을 하나하나 꼼꼼히 챙겼다. 미로 같은 전시장은 살균된 병동의 느낌을 불러일으키기 위해 개별 전시장 사이의 벽과 바닥, 커튼은 모두 순백색으로 해야 했다. 초대장과 작품명을 쓴 표찰, 갤러리의 세부적인 장식에는 새까만 배경에 흰 글자로 대비를 주었다. 블랙 앤 화이트, 비포 앤 애프터가 주된 테마였다.

함께 뭉친 지 한 달 만에 우리는 무(無)에서 시작하여 전시장 무료 대관, 엽서 및 전단 무료 인쇄, 이미지 염가 제작 및 액자 제작까지 해 냈다. 또 일류 홍보대행사에서 무료 홍보를 제공받고, 주류회사들로부터는 경축행사 음료를 후원받았다. 식당경영자 제프리 초도로우는 음식을 전부 책임졌다. 지인들은 경매에 내놓을 물건들을 가지고 왔다. 1,200달러짜리 크리스찬 루부탱 악어 핸드백, 뉴욕 패션위크 티켓, 소호 하우스에서의 2인 식사권 등 모두 합치면 시가로 10만 달러가 넘는 것들이었다.

오픈일을 며칠 앞두고 나는 언론 인터뷰를 진행했다. 〈월스트리트 저널〉에까지 기사가 실릴 만큼 열심히 전시회 홍보를 했다.

'잠도 안 자고 일하는 건가요?'

게리 박사가 어느 날 밤 이메일을 보내왔다. 이른 아침 mercy.com 에 기도를 올려달라는 나의 요청을 받고서였다.

'스캇, 준비하느라 정신없겠지만 건강 챙겨 가면서 해요.'

그의 걱정은 고마웠지만 나는 그 어느 때보다 더 기운이 넘쳤다. 더 많은 사람들을 끌어들일수록 더 많은 돈을 모금할 수 있었고, 그러면 더 많은 수술로 더 많은 사람들의 인생을 변화시킬 수 있었다. 그래서 나는 모금 목표액을 25만 달러로 정하고, 카페인과 에너지 음료에 의지해 그 목표를 달성하고자 힘썼다.

8월 말에는 거의 매일같이 머시쉽 본부에 뭔가를 요청하는 이메일을 보냈다.

'뉴욕 중심부에 사는 사람들 5만 명의 이메일 목록을 가지고 있어요. 백만장자와 유명인들이죠. 그들에게 초대장을 보냅시다. 가급적 빨리 자선단체용 요금별납 우편을 대량발송할 수 있게 해주세요.'

'월요일 아침에 1순위로 신용카드 계정을 다룰 줄 아는 사람을 만나야 합니다. 그날 밤 125달러씩 내고 경축행사에 오는 사람을 최소한 800명 확보하지 못하면 너무 슬플 것 같아요. 9월 7일이 제 서른 번째 생일입니다. 지난 25년간 머시쉽이 벌인 활동을 800명에게 소개하는 것보다 더 근사한 일은 없을 것 같아요!"

나는 정말 성가신 존재였고, 머시쉽 사람들에게 굉장한 결과를 기대해도 좋다고 수선을 떨었다.

'마음의 준비를 단단히 하고 계세요. 이번 주말이면 뉴욕 사람들 전부가 자기 어머니에게 당신들 이야기를 하고 있을 테니까요.'

그러나 오픈 당일, 허리케인 카트리나가 루이지애나에 상륙했다. 미국 역사상 가장 처참한 자연재해가 닥친 남부의 비극에 모든 사람의 시선이 쏠렸다. 후원금을 요구하기에 이보다 더 상황이 안 좋을 수는 없었다. 뉴올리언즈의 80%가 물에 잠긴 상황에서 수천 킬로미터 밖에서 고통받는 사람들을 도와달라는 말을 어떻게 꺼낼 수 있겠는가?

오픈일에 오신 부모님은 전시장을 돌며 수차례 감탄사를 내뱉었다. 그 밖에는 몇몇 지인들과 지나는 길에 호기심에 들어와 본 사람들이 전부였다. 전시장이 대부분 비어서 저녁 때까지 모금된 돈은 겨우 수백 달러에 불과했다. 기운이 다 빠지고 너무나 비통한 심정이었다.

그런데 이 전시는 나에게 크나큰 의미가 있었다. 머시쉽을 알릴 소중한 기회였고, 또 지난 한 해가 나에게 도피의 시간이 아니었음을 입증함으로써 나 자신을 구원할 수 있는 기회이기도 했다. 남은 열흘간 모금을 제대로 하지 못하거나, 더 나아가 내가 주장한 하이콘셉트(서로 관계없어 보이는 아이디어를 묶어 남들이 생각 못한 개념을 창조해 내는 새로운 패러다임 - 옮긴이) 전시회로 인해 오히려 머시쉽에 금전적 부담만 지운 꼴이 된다면 너무 한심할 것 같았다.

'성공시켜야만 해, 더 열심히 해보자.'

나는 다시금 결의를 다졌다. 전화기를 들고 텅 빈 전시장을 돌며 내가 아는 모든 사람들에게 전화를 걸었다. 그리고 전시가 대성황을 이루고 있는 듯 허풍을 떨었다.

늘 그래 왔듯 뉴요커들은 내게 구원의 손길을 내밀어 주었다. 직접 전시장을 다녀간 다음 자기 친구들과 가족에게 입소문을 내주었다. 20달러씩 내는 후원금이 커다란 파란 항아리에 쌓이며 그것만 해도 거의 11,000달러가 모였다. 마지막 행사의 진행은 HBO 수행단의 스타, 에이드리언 그레니어와 슈퍼모델 제시카 스탬이 공동으로 맡아 주었다. 그날 밤 파티에서 연설을 하며 나는 500명의 사람들로 가득한 방 안을 둘러보았다. 한 사람 한 사람이 너무 고마웠다.

"오늘 밤 여러분은 이곳에 오셔서 생명을 구하셨습니다. 입장권을 사서 이 자리에 참석해 주신 것만으로 그렇게 하신 겁니다. 앞으로도 계속 도움의 손길을 내밀어 주세요! 수술비를 후원해 주세요. 우물을 파도록 도와주세요. 여러분이 아니면 이 일을 할 수 없습니다!"

사람들은 박수를 쳤다. 머시쉽은 결과적으로 이 행사를 위해 3만 달러를 지출하고 96,000달러를 모금했다. 모금액은 전부 환자들의 수술비로 쓰였다. 내가 목표했던 25만 달러에는 한참 미치지 못했지만 모두들 우리가 이룩한 성과에 흡족해 했다.

몇 주 뒤 나는 라이베리아에 있는 아나스타시스호로 되돌아갔다. 다음 번 여정에 대한 기대감으로 가슴이 부풀어 올랐다. 내가 기획한 전시회를 성공적으로 치르면서 머시쉽에서도 약간의 신임을 얻은 것 같았다. 그리고 이런 나의 생각과 방식이 앞으로도 먹힐 것이라는 생각이 들었다. 앞으로 나아갈 길이 보였다. 머시쉽과 협력하여 세계적으로 더 많은 전시회를 여는 거다. 내 특이한 나이트클럽 프로모터 이력과 나만의 파격적인 기술을 활용하여 가난한 사람들을 돕는 것이다.

어쩌면 자선활동이야말로 내가 인생을 걸 만한 가장 중요한 일인지도 몰랐다.

# 08

## 남을 돕기 위한
## 싸움을 멈추지 마라

○ 2005년 12월, 라이베리아

가슴이 두근거렸다. 하루 종일 운전해서 조지프를 집에 데려다 주는 길이었는데, 우연히 들른 상점에서 일생일대의 사건과 맞닥뜨리게 되었다. 이제 머시쉽의 규범에 어긋나는 일을 하려는 참이었다.

'당장 게리 박사에게 전화를 해야 돼.' 마음속의 외침이 들렸다.

내가 어기는 규칙들이 무엇인지 의료진의 훈계가 들려오는 듯했다.

"당신은 의사가 아니에요. 멋대로 환자를 진단해선 안 된다고요!"

"도와줄 수 있다는 약속을 왜 함부로 해요? 수술 일정을 당신 마음대로 조정할 수도 없는데!"

"종양이 악성이면? 헛된 기대만 심어준 꼴이 될 수도 있어요!"

모두 다 맞는 말이었다. 내가 생판 모르는 사람에게 그의 얼굴을 고쳐줄 수 있다고 약속해서는 안 되는 합당한 이유들이었다. 그러나 그 순간에는 어떤 변명도 가당치 않다고 느꼈다.

그날 아침 조지프와 나는 그의 고향 마을로 돌아가는 6시간의 여정에 들어갔다. 조지프는 지난 20년간 목에 커다란 종양을 달고 살았고 그 혹은 점점 커져 갔다. 그는 매일 하나님께 도와달라고 기도했다. 특이한 점은 하나님께 병원이 자기에게 오게 해달라고 기도한 것이다. 그리고 머시쉽이 나타나면서 실제로 그 기도는 이루어졌다.

조지프와 나는 병동에서 아주 친한 사이가 되었다. 집으로 돌아가는 길에 나는 그가 여자친구에게 청혼할 수 있도록 약간의 지참금과 결혼자금을 주었다. 뷰캐넌이라는 조용한 해안가 마을의 식품점에 들러 귀향 파티를 위해 쌀도 몇 포대 샀다.

계산을 하고 있는데 옆에 있던 남자가 자기 얼굴을 가리키며 고개를 흔들어 보였다. 많이 보던 몸짓이었다. 종양 환자에 대해 마을 사람들이 그런 식으로 설명하는 모습을 여러 번 봤기 때문이다.

"저는 스캇이에요. 혹시 제게 하고 싶은 말씀이 있으신가요?"

"그는 어부인데요." 남자가 대답했다.

"아주아주 커요. 얼굴에요. 얼마나 큰지 말도 못해요."

종양이 아주 큰 환자가 있다는 말이었다. 이 세상의 그 수많은 마을과 식품점 중에서 우리가 어떻게 거기서 만났을까? 운명 같았다.

"그에게 데려다 주실 수 있나요?"

"제가 알아요!" 가게 뒤편에 있던 꼬마가 외쳤다.

조지프와 나는 아이와 함께 그 이름 모를 어부를 찾아 나섰다. 그가 집에 없어서 조지프와 나는 차를 몰고 바닷가로 가보았다. 예상대로 그는 그곳에 있었고, 우리 쪽으로 걸어오는 길이었다.

서른 살쯤 되어 보이는 그는 옷차림은 초라했는데 건장하고 잘생긴 사람이었다. 그의 목에 사람 머리 두 개 정도의 혹덩이가 달려 있다는 사실을 빼면! 그렇게 큰 혹은 처음이었다. 그런데 어쩌면 머시쉽에서 수술이 가능할지도 모른다는 생각이 들었다. 하지만 나는 사진사이지 의사가 아니었다.

망설이는 순간 게리 박사가 했던 말이 떠올랐다.

"가끔은 허락을 구하는 것보다 용서를 구하는 편이 나을 때가 있다"는 그 말…

"제 이름은 스캇이에요. 우리가 도와드릴 수 있을 것 같은데요?"

그리고 나는 내 뺨에 손바닥을 가져가 혹 모양을 그려 보이며 우리가 타고 온 배에 의사들이 있다고 설명했다.

조지프도 수술을 받았다고 하자 그는 솔깃한 눈치였다. 차에서 조지프에게 있었던 종양을 보여주는 '비포' 사진이 든 카메라를 가지고 왔다. 남자는 그 사진들을 보더니 고개를 끄덕였다. 조지프는 종양이 사라진 목을 보여주었다. 솔직히 남자의 종양은 조지프의 것보다 훨씬 크고 무거웠다.

"종양이 생긴 지 얼마나 됐어요?"

남자는 13년 전, 치통과 함께 종양이 생기기 시작했다고 했다. 이름을 물으니 "해리스"라고 했는데 실제로는 "하루쓰"로 들렸다. 종양 때문에 말을 알아듣기 힘들었다.

"조지프를 집에 데려다 주는 길인데 거기서 하룻밤 묵을 거예요. 내일 같이 우리 배로 가실래요?"

그가 고개를 끄덕이며 말했다.

"그조기 펴나 때 아우 때아요.(그쪽이 편할 때 아무 때나요.)"

우리는 악수를 나누고 헤어졌다.

좀 전 내가 벌인 일 때문에 고민을 하다 아나스타시스호로 전화를 걸어 게리 박사를 바꿔달라고 했다. 영원과도 같은 시간이 흐른 뒤 박사의 음성이 전화선을 타고 들려왔다. 이실직고를 하는 내 음성이 떨려나왔다.

"그래요, 이해해요. 당연히 봐줘야죠." 역시 게리 박사였다!

"내일 그를 데려와요. 우리가 뭘 해줄 수 있을지 알아봅시다."

"게리 박사님, 정말 감사합니다."

다음 날 아침 9시에 나는 뷰캐넌에서 해리스를 차에 태웠다. 그는 내가 만난 환자들 중 가장 재미있고 유쾌한 사람이었다. 차에서 마이클 잭슨과 스티비 원더의 노래를 틀었더니 열심히 따라 불렀다.

환자들 중에는 막상 배에 오르기를 겁내는 사람들이 많다. 계단이란 걸 처음 보았고, 백인들이 자기들을 잡아먹는다는 소리를 들었기 때문이다. 하루는 기니에서 온 62세의 풀라니족 여성을 설득해 아래층 병동으로 내려보내는데 하루 종일 진땀을 빼야 했다.

그런데 해리스는 트랩을 껑충껑충 올라가 승선하며 "와!" 하고 탄성을 내질렀다. 게리 박사는 곧바로 그를 만나 종양을 살펴본 후 엑스레이 촬영과 혈액검사를 지시했다. 결과가 좋지 않았다. 건강한 사람에 비해 헤모글로빈 수치가 4분의 1밖에 되지 않는데 종양의 상처에서 일어난 출혈 때문이었다.

게리 박사는 최선을 다해 수술을 받을 수 있는 상태가 되게 해주겠다고 그에게 약속했다. 2주 정도 수혈과 철분 보충을 하고 제대로 된 식사를 하여 건강을 어느 정도 회복한 다음에 수술대에 오르기로 했다.

크리스마스 휴가가 눈앞으로 다가와 있었다. 나는 배에 남아 해리스 곁을 지키기로 마음먹었다. 우리는 작업실에서 사진을 보고 노트북으로 영화를 보면서 함께 시간을 보냈다(그는 특히 〈슈렉〉을 좋아했다). 그의 웅얼거리는 말소리도 이제 잘 알아들을 수 있었고, 그를 보면 웃음이 났다. 크리스마스에 그는 산타 모자를 쓰고 자원봉사자들이 준 선물을 신이 나서 뜯었다.

수술 전날 해리스는 떼어낸 종양을 자기에게 가져다줄 수 있냐고 했다. "이렇게 주먹을 한 방 먹이고 싶어서!" 그는 한쪽 주먹으로 반대쪽 손바닥을 치면서 말했다. 나는 최선을 다해 보겠노라 약속했다.

해리스의 수술은 8시간이나 걸렸는데 조지프에 비하면 두 배였다. 나는 그의 옆에서 사진을 찍고 질문을 하며 모든 과정을 지켜보았다.

수술 중 피를 보는 게 무서웠던 적은 없다. 고등학교 2학년 때 나는 수업을 빼먹고 동네 병원의 병리학자에게 가서 해부하는 모습을 구경해도 되냐고 물었던 적이 있다.

"나중에 의사가 되고 싶어요. 그래서 아픈 엄마를 돌봐드리려고요."

정말이지 그날은 학교에 갈 기분이 아니어서 그랬는데 놀랍게도 의사는 내 부탁을 들어주었다. 그래서 친구들이 시험문제를 풀면서 멍하니 창밖을 내다볼 동안 나는 심장마비로 죽은 중년 백인 남성의 가슴을 의사가 절개하는 모습을 관찰할 수 있었다.

게리 박사가 어렵게 환자의 얼굴에서 종양을 떼어내자 간호사가 무게를 달기 위해 플라스틱 통에 담았다. 2.8kg! 사람 심장의 10배나 되는 무게였다.

수술 후 마취가 풀리면서 해리스의 정신이 돌아왔다. 거울을 건네자 그는 왼손으로 거울을 쥐고 오른손으로는 턱의 윤곽을 만지면서 자신의 모습을 관찰했다. 그의 눈이 놀라움에 휘둥그레지더니 고개를 끄덕이고는 안심한 듯 잠에 빠져들었다.

3개월 뒤 해리스가 배를 떠날 때, 나는 그의 고향에 있는 식당에 해리스의 지인들을 불러 파티를 열고 250명이나 되는 마을 사람들에게 술과 음료를 제공했다. 해리스는 어느 집 2층 발코니에서 넋을 잃고 그를 바라보는 사람들 앞에서 연설을 했다. 그날 쓴 190달러는 내 평생 가장 값지게 쓴 돈이었다.

해리스가 떠난 뒤 나는 게리 박사와 그에 대해 많은 이야기를 나누었다. 해리스가 얼마나 특별했는지, 그와의 만남이 내게 얼마나 큰 의미였는지. 해리스를 처음 보았을 때 그의 종양이 너무나 커서 그때 수술하지 않았다면 한두 달 내로 사망했을 수 있다고 했다. 내가 그날 머시쉽의 규범을 지키느라 해리스를 외면했다면, 그는 먹지 못해 굶거나 질식해서 죽음을 맞았을 것이다.

해리스로 인해 나는 일생일대의 큰 깨달음을 얻었다.

'늘 마음 깊은 곳에서 들려오는 목소리를 따르라. 남들을 돕기 위한 싸움을 절대 멈추지 마라!'

"스캇, 라이베리아 사람들은 툭하면 'No'라는 말을 들어요."

게리 박사가 말했다.

"돈이 없어서 안 돼. 의사가 부족해서 안 돼. 전기가 없어서, 물이 없어서 안 돼. 우리는 널 도와줄 수 없어." 그는 말을 이었다.

"하지만 하나님은 당신을 해리스에게 보내주셨어요. 그리고 당신은 'Yes'라고 대답했죠."

해리스에게 나는 분명 'Yes'라고 했다. 그러나 그동안 살아오면서 도움이 필요한 사람들에게 등을 돌렸던 적이 얼마나 많았던가!

해리스를 만난 뒤 나는 만나는 사람들에게 웬만하면 "Yes"라고 대답하게 되었다.

"그래요, 내가 점심 살게요. 그래요, 내가 지불할 게요. 그래요, 우리가 방법을 찾아볼게요!"

문제는 다른 사람에게도 내가 "Yes"라는 답을 기대했다는 것이다.

# 09

## 아프리카 타임을
## 아시나요?

○ 2006년 1~3월, 라이베리아

 

 

Mercy.전시회가 성황리에 종료된 뒤 나는 전시 장소를 변경하여 기차역이나 광장, 유럽의 유명 갤러리 등에서 더 다양하게 전시회를 열고 싶다는 생각에 사로잡혔다. 허리케인의 참사 속에서도 미국인들이 10만 달러를 기부했으니, 세계 대도시에서 100만 달러 넘게 모금하지 못하리라는 법이 어디 있겠는가?

아나스타시스호와 함께하는 나의 여정은 4월에 끝나지만 1월부터 당장 전시회 계획에 돌입하고 싶었다. 그러나 머시쉽 법인과 충돌이 생겼다. 그들은 이런 말을 되풀이했다.

"스캇, 이건 우리가 할 수 있는 일이 아니에요. 승인을 받아야 해요, 당신에겐 그럴 권한이 없어요."

"그래요, 당신 뜻대로 하세요. 법인카드를 줄 테니 마음껏 실력을 발휘해 보세요!" 그들이 이렇게 말할 리는 만무했다.

머시쉽 측은 전시 장소, 사진, 표시 체계, 후원사에 대해 일일이 허락을 받으라고 했다. 또 예산은 빡빡하게, 계약은 변호사들에 의해 기밀로 이루어지기를 원했다. 모든 일이 느릿느릿 진행됐다. 하지만 나는 계획을 신속하게 추진하고 싶었다. 나는 클럽 생활의 속도밖에 몰랐다. 어쩌면 이 세상의 모든 자선단체들은 '아프리카 타임'에 따라 움직이는지도 몰랐다.

언젠가 게리 박사가 내게 '아프리카 타임'에 대해 이야기해 주었다. 서양 사람들은 과거, 현재, 미래로 시간이 직선적으로 흐른다는 관념을 가지고 있어서 끊임없이 다음 할 일을 계획한다. 내가 그렇듯 강박적으로! 그러나 아프리카 사람들에게 시간은 구름처럼 모호한 개념이다. 그들은 현재만을 생각한다. 과거는 마을 최고령자의 기억 속에 존재하며 미래는 알 수 없다. 그러므로 그들은 하루하루를 그저 다가오는 대로 받아들인다.

게리 박사는 아프리카 타임이야말로 환자들이 그에게 준 최고의 선물이라고 말했다. 아이들 대학 등록금이나 직장 승진 문제나 더 잘살고 싶은 욕구와 싸우고 집착하는 대신 그는 지금 이 순간을 가장 소중하게 생각하는 법을 배웠다고 했다.

"그날그날에 감사하게 되고, 무더운 오후에 나무 밑에 앉아서 망고를 나눠 먹을 친구가 있다는 것에 행복해 하게 되었죠. 아프리카 타임은 내 인생에 많은 도움이 되었어요."

나는 그의 인내심과 침착성을 존경했지만 그렇다고 그런 점까지 본받을 수는 없었다. 나는 빨리-빨리-빨리 가고, 많이-많이-많이 하기를 원했다. 아프리카 타임은 내게는 '복장 터질 일'이었다. 머시쉽 법인사무소에서 경험한 것뿐 아니라 라이베리아에서 경험한 일들도 그랬다.

나는 제시간에 도착하는 법이 없는 버스와 정해진 시간에 문을 열지 않는 상점, 미팅에 나타나지 않는 정부 공무원을 수없이 기다렸다. 모든 사람들과 모든 일들이 서로 짜고 연합하여 나를 골탕 먹이는 느낌이었다. 사실 레이프의 경우와 비교하면 내 문제는 문제랄 것도 없었다. 그의 일이 아프리카 타임으로 지연되는 동안은 사람들의 생명이 위태로웠으니까.

두 번째 봉사활동을 하던 8개월 동안 나는 그가 작업하는 마을에 4~5차례 함께 나갔다. 그는 마을의 작은 공동체에게 우물을 파도록 도운 뒤 매주 20명의 주민에게 수인성 질병과 보건위생에 대한 교육을 실시했다. 그렇게 해서 그들이 배운 지식을 자신의 이웃에게 전할 수 있도록 했는데, 문제는 교육 대상자들을 한 장소에 모으기가 거의 불가능에 가까웠다는 사실이다. 강의를 나가면 보통 다섯 명 정도밖에 나와 있지 않았다.

어느 날 18kg짜리 물통을 등에 지고 멀리 떨어진 강으로 가는 여인을 목격하고(그 마을은 머시쉽 측이 얼마 전 우물을 파준 곳이었다) 알아보니 우물이 제대로 관리되지 않고 있었다. 5,000달러나 들여서 판 우물이 파손되어 사람들의 외면을 받는 건 드문 일이 아니었다. 심할 때는 50센트짜리 고무 패킹 하나가 없어서 말이다.

레이프는 항상 지역 주민의 주도로 일을 추진해야 한다는 걸 강조했다. 우리는 마을 원로들과 긴밀한 관계를 구축하고 서로 간의 이해를 바탕으로 매 프로젝트에 그들을 참여시켜야 했다. 교육과 훈련을 제공하고, 전체 공동체의 승인을 얻어야 했다. 이러한 해결책이 지속되기 바란다면, 우리가 돕는 사람들이 현재의 문제(우물 관리의 지연)와 미래의 결과(여성들의 질병과 아이들의 척추 손상) 사이의 연관성을 인식하게 노력할 필요가 있었다.

그런데 남자들과는 이런 일을 해내기가 쉽지 않았다. 반면 여자들에게는 깨끗한 물의 가치와 필요를 납득시킬 필요가 없었다. 그들 자신이 매일 수십 킬로미터를 걸어서 물을 길어오고, 요리와 청소에 물을 사용하는 당사자였기 때문이다. 여자들과의 협력으로 이룬 성과는 가히 놀라울 정도였다. 특히 다들 '마마 빅'이라고 부르는 빅토리아 토머스 같은 여성은 더더욱….

2006년 1월 말, 룸메이트 토니가 몬로비아 외곽에서 한 시간쯤 걸리는 한 고아원으로 나를 데려간 적이 있다. 마마 빅이 운영하는 곳이었다. 그녀는 서른다섯 살쯤 되어 보였는데 촘촘하게 땋은 머리를 하고 있었다. 무릎은 고아들을 다 품을 만큼 넉넉했다. 토니는 지난번 라이베리아에서의 봉사활동기간 중 그녀를 만났다고 했다.

그녀는 1990년에 결혼하여 다섯 자녀를 두고 있었다. 그런데 라이베리아 대통령을 경호하던 남편이 반대 세력의 쿠데타로 사망하고 말았다. 내전은 나라 전역으로 확산되었고, 그녀는 전투 중 희생된 부모들이 남기고 간 고아들을 떠맡았다.

그러다 보니 한때는 그녀가 돌보는 아이들이 150명이나 되었는데, 그녀는 용케도 그 아이들을 다 먹이고 입히고 잘 보호했다. 오빠가 조카들을 학교에 보내라며 준 500달러를 그녀는 고아들을 먹일 음식을 사는 데 썼다. 나중에 그녀는 가진 것을 모두 팔고 저축을 전부 찾아 고아원 자리로 쓸 땅을 구입했다.

토니가 마마 빅에 대한 이야기를 들은 건 몬로비아의 한 국제구호단체로부터였다. 그들은 그녀가 나무막대와 진흙, 적십자사의 방수포로 지은 쉼터에서 어떻게 60명의 아이들과 과부들을 돌보고 있는지 이야기해 주었다.

토니가 지난번 봉사활동기간 중 그곳을 찾았을 때 어린 소년이 그의 차로 걸어와 그림 위의 글자(L-A-N-D. Land)를 한 자 한 자 짚으며 읽는 것이 아닌가! 토니는 깜짝 놀랐다. 10년 넘게 학교가 문을 닫은 나라에서 마마 빅은 아이들에게 글을 가르치고 있었던 것이다.

고아원 안에 들어선 토니는 무너지고 부서진 방들을 보고 자신이 해야 할 일이 무엇인지 깨달았다. 아이들이 지낼 수 있는 방 12개짜리 복합건물을 지을 돈을 모금하는 것이었다. 1년 뒤 우기가 오기 전에 모든 공사를 마쳐야 했다. 그런데 라이베리아에서 이런 일을 하려면 보통 2년은 걸리고 돈은 수만 달러가 들어간다.

그러나 우리가 누구인가! 모금 소식은 빠르게 퍼져갔다. "마마 빅과 아이들을 위해 40달러를 내주실래요?" "20달러 후원해 줄 사람 없을까요?" 하며 토니는 만나는 사람마다 묻고 다녔다. 고국의 교회와 학교에 편지를 보내고, 시멘트를 만들 모래는 해변에서 포대에 담아 가지고 왔다. 지역의 건설 팀이 2만 달러가 넘는 건축자재와 노동력을 기부하고, 몬로비아 내 레바논 재계에서는 2,600달러 정도의 지붕널을 후원해 주었다.

이후 2개월 동안 머시쉽 자원봉사자들과 숙련된 지역 노동자들이 밤낮으로 일해 고아원 시멘트 벽을 세우고 창과 문을 달았다. 또 철제 지붕을 만들고, 전기 배선을 하고, 매트리스가 깔린 이층침대를 구입했다. 공사가 마무리되자 마마 빅의 고아원은 몰라보게 달라졌다. 라이베리아 판 '러브하우스'나 다름없었다.

2차 봉사활동을 위해 라이베리아로 돌아오자마자 토니와 나는 더 해줄 일이 없는지 알아보러 마마 빅을 찾아갔다. 그녀의 아들 윌리는 남은 자금으로 여섯 개의 교실을 지을 자재를 사놓았다. 토니는 거기에 작은 사무실과 현관 지붕을 더하고, 우물과 변소를 만들 계획을 세웠다. 레이프는 물 프로젝트의 기술감독을 맡았고, 나는 그곳에서 고아원의 2단계 변신 과정을 사진으로 기록했다.

가장 가까운 공용우물은 2km 밖에 있어 매일 물을 긷는 일은 아이들에게 큰 고통을 안겨 주었다. 땡볕을 걸어 우물에 도착하면 동네 형들에게 놀림을 당하고, 매를 맞고, 괴롭힘을 당하기 일쑤였다. 아이들이 물통 하나를 채워서 돌아오려면 몇 시간이나 걸렸다.

나는 이러한 상황을 제인 이모님 내외에게 편지로 전했다. 제인 이모는 예전에 드라마 배우로 활동했고, 베네딕트 이모부는 부동산 거물인데 둘은 내가 가장 좋아하는 친척 어른이었다. 내가 재충전할 장소가 필요할 때 그들은 나를 코네티컷의 빨간 방앗간이 있는 농가와 정원으로 데려가 주시곤 했다.

나는 이모님 내외에게 돈 얘기는 꺼내지 않았다. 그저 눈앞의 일들을 열심히 전했을 뿐이다.

"제인 이모, 마마 빅은 정말 대단해요. 그런 환경 속에서도 아이들에게 글을 가르치고 있더라니까요! 그런데 아이들이 마실 물이 없어 고생하고 있어요. 우물이 절실히 필요하답니다.

"저런, 내가 도와줘야지! 우물 파는 데 돈이 얼마나 드니?"

이모님은 1,500달러를 보내주었다. 나는 지역 건설사 사장을 설득해 배관 파이프와 필요한 부품들의 금액을 할인받았다.

깨끗한 수원을 찾는 방법에는 여러 가지가 있다. 가장 저렴한 건 라이베리아에서 우물 한 개당 2,500달러 정도 드는 방식으로 사람들이 직접 우물을 파는 것이다. 남자 여섯 명이 30일 동안 힘들게 곡괭이질을 해서 땅을 파고, 지하수에 도달할 때까지 흙과 육중한 바위를 뚫기 위해 발파 작업을 한다. 그리고 난 후 깊은 구멍, 즉 우물 벽이 무너지지 않도록 콘크리트 배관 파이프를 연결한다. 마지막 단계는 수동 펌프를 설치하는 것이다. 펌프질을 하면 90초마다 깨끗한 물을 19리터씩 얻을 수 있다.

감사하게도 몬로비아의 흙은 부드러운 적토여서 발파 작업까지는 필요 없었다. 마마 빅의 고아원 부지에서 인부들은 땅을 바로 파고들어가 9m 만에 지하수면을 찾아냈다.

고아원의 소년들도 인부들을 도와 열심히 일했다. 그러자 사람들의 시선이 달라졌다. 고아원 공사는 금이 갔던 지역 사람들 사이의 관계를 회복시키는 데도 도움을 주었다.

2006년 4월, 깨끗한 물이 고아원 건물 바로 앞에서 흘러나온 그날은 아이들에게 기적과도 같은 날이었다. 아장아장 걷는 아이들부터 열여덟 살 청소년들까지 기쁨에 겨워 팔짝팔짝 뛰었고, 깨끗한 물이 펌프 주둥이에서 콸콸 쏟아져 나오는 것을 본 아이들의 눈은 휘둥그레졌다. 실로 가슴 벅찬 광경이었다.

그렇게 내 첫 번째 우물 기금 프로젝트가 완료되었다.


두 번째 봉사활동기간이 끝나갈 무렵, 나는 대부분의 주말을 싱커스 비치에서 수영하고, 책 읽고, 야영하고, 앞날을 생각하면서 보냈다. 3월 말, 나는 머시쉽 일등항해사 크레이그 로저스를 싱커스 비치로 초대해 함께 즐거운 시간을 보냈다.

우리는 그날 밤 싱커스 카페에서 신선한 생선을 먹었다. 플라스틱

의자 몇 개와 테이블 몇 개, 전구 하나가 전부인 소박한 카페인데 콘크리트로 지어져 있었다. 그곳 주인인 성실한 라이베리아인은 언젠가 대규모 리조트를 지을 꿈을 품고 있었다. 그는 해변의 전망 좋은 지역을 열심히 지켜 무단 점유자들이 해변을 차지하지 못하도록 했다.

그 자리에는 몬로비아에서 유일한 병원의 자원봉사자 의사 두 명도 합류했다. 한 명은 미국인, 다른 한 명은 영국인이었다. 두 의사 모두 오랫동안 아프리카에서 일해 온 사람들로 안면이 있었다. 그들은 가난 때문에 생기는 질병들에 대해 우리만큼이나 잘 알고 있었다.

우리는 그 지역에서 활동 중인 NGO(비정부기구)에 대해서도 이야기를 나누었다. HIV를 치료해 주는 곳부터 학교 도서관을 지어 주는 곳까지 열심히 활동 중인 NGO들이 많았다. 나는 전문가들의 지혜를 듣는 것이 무엇보다 즐거웠다.

"지금까지 경험하신 바로는 어떤 게 가장 효과가 좋은 것 같아요? 성과가 좋은 일은요?"

"깨끗한 물만 제공해도 이곳 사람들이 걸리는 질병을 절반으로 줄일 수 있어요." 영국인 의사의 말이었다.

나는 그 말에 수긍이 가면서도 조금 의심스러웠다.

"마을 사람들이 어떤 물을 마시는지 저도 봤어요. 정말이지 구역질 나는 물이었어요. 그렇다고 사람들이 잘 걸리는 질병의 절반이 사라질까요?"

영국인 의사는 박테리아로 인해 생기는 문제와 수인성 질병의 목록을 나열했다. 콜레라, 설사, 이질, A형 간염, 장티푸스, 소아마비, 심지어 살을 파먹어 들어가 수술로도 감당하기 힘든 수암까지, 모두가 나쁜 수질과 직접적인 관련이 있다고 했다. 빌하르츠 또는 달팽이열로 알려진 주혈흡충병 감염자가 매년 2억 명에 이른다는 사실은 두말할 필요도 없었다. 주혈흡충증은 기생충이 들끓는 물로 목욕하고, 맨발로 밟고 다니고, 그런 물을 마시는 데서 생기는 끔찍한 병이다.

"이 모든 병들은 물만 바꾸어도 대부분 예방할 수 있습니다."

영국인 의사의 말은 확신에 가득 차 있었다.

"깨끗한 물과 위생만 확보되면 대부분의 질병이 사라질 겁니다. 그러면 다른 중대한 문제들에 집중할 수 있겠지요."

그날 밤 늦게 크레이그와 나는 해변에 모닥불을 피우고 침낭으로 들어갔다. 그러나 잠을 이룰 수 없었다. 오로지 물 생각뿐이었다. 그 말이 정말 사실이라면, 질병의 절반이 나쁜 물 때문에 생기는 거라면 그 문제를 해결하기 위해 무엇을 해야 할까?

고아원의 우물 하나 파는 걸 돕고도 얼마나 행복했던가! 머시쉽의 병원선에서 이루어지는 수술처럼, 우물 역시나 결과가 바로 손에 잡히는 것이었다. 우물을 팜으로써 고아원 아이들 수십 명의 건강을 지켜준 것처럼….

어쩌면 게리 박사의 말처럼 세계적인 물 위기 같은 커다란 문제를 푸는 유일한 길은 아프리카 타임을 수용하고 현재에 집중하는 것인지도 몰랐다. 한 번에 한 마을씩, 한 번에 한 우물씩.

# 10

# 한 가지에 제대로
# 집중하라

10km 상공의 비행기가 대서양을 가로질러 갔다. 창밖으론 층층이 쌓인 구름 아래로 해가 서서히 지며 하늘이 주황, 노랑, 분홍빛으로 바뀌었다.

2주 전 나는 몬로비아 로열그랜드 호텔 내 일식당에서 성대한 파티를 여는 것을 끝으로 머시쉽에서의 봉사활동을 공식적으로 마쳤다. 그 파티에는 환자들과 병동 통역사, 일용직 노동자, UN 지인, 미국 대사관 지인, 배에서 알게 된 사람들이 초대되었다.

게리 박사 내외가 나타났을 때 나는 자랑스러움에 가슴이 벅찼다. 게리 박사의 아내 수잔은 그날 밤 늦게 누군가에게 이렇게 말했단다.

"있잖아요, 여기가 꼭 하나님의 왕국 같네요. 스캇이 파티를 열어 세상 사람들을 다 초대한 것 같아요."

뉴욕으로 돌아가기 전에 나는 런던에 잠깐 들렀다. 애플스토어에서 머시쉽에 관한 발표를 하기 위해서였다. 그때 마신 14달러짜리 칵테일이 어찌나 생각나던지! 그날 나는 친구 두 명과 노팅힐의 북적거리는 식당에서 저녁을 먹었다. 밥값이 336달러나 나와서 얼마나 기겁했는지 모른다. 고맙게도 친구들이 내게 윙크를 보내며 계산서를 챙겼고, 또 다른 술집으로 데려가 14달러짜리 마르가리타를 사주었다.

런던 물가가 비싸다는 건 익히 알고 있었지만, 라이베리아에서 오래 생활하다 보니 까맣게 잊고 있었다. 런던에서 우리가 먹은 저녁밥 값이면 알프레드의 수술비 전액을 낼 수 있었다. 우리가 마신 마르가리타 값이면 비가 새는 집 두 채에 새 지붕을 씌울 수 있었다.

'이런 게 아마 제일 그리울 거야!'

나는 잿빛 어스름이 캄캄한 어둠으로 바뀌어 가는 창밖의 하늘을 바라보았다. 네 식구가 한 달 동안 먹을 수 있는 22달러짜리 쌀 포대를 샀던 일이 그리워지리라. 몬로비아에서 맹아였던 두 아이와 엄마가 난민수용소가 아닌 집에서 살 수 있도록 1년치 임대료 120달러를 내주었던 일이 그리워지리라.

머시쉽에서 생활할 때 나는 사람들이 '문화 충격'이란 말을 자주 쓰는 걸 들었다. 라이베리아 같은 나라에서 8개월을 지내다 집으로 돌아가면 주변 사람들을 보는 눈이 전과는 확연하게 달라지게 된다.

'어떻게 신발 한 켤레에, 저녁 한 끼에, 손목시계에, 자동차에 그렇게 많은 돈을 쓸 수가 있지?' 하는 생각이 드는 것이다. 흡사 화성에서 지구 대기권으로의 '재진입'을 경험하는 듯한 느낌이다. 나는 결코 남을 함부로 재단하거나 남에게 손가락질을 하는 사람이 되고 싶지 않았다. 다만 옳고 그름에 대한 평가를 떠나 사람들로 하여금 그런 돈을 보다 좋은 일에 쓰도록 만들 방법은 없는지 궁금해졌다.

몇 달만 지나면 서른한 살이었다. 몇 년 전에(아마도 코카인 접시를 들고 있을 때) 누군가 내게 서른한 번째 생일에 뭘 할 거냐고 물었다면 나는 "지구를 구하고 있을 것!"이라는 답은 하지 않았을 것이다. 하지만 이제는 그것이 진정 내가 바라는 바가 되었다. 내 작은 행동들로 사람들의 삶이 바뀌는 모습을 목격할 때 기분이 좋았다. 그동안 경험했던 어떤 느낌보다 큰 희열이었고, 다른 사람들도 모두 그런 느낌을 체험할 수 있기를 바랐다.

문제는 내 에너지를 어디에 집중하느냐 하는 일이었다. 머시쉽과 나는 두고 볼수록 썩 잘 맞지 않았다. 서로 어떤 식으로 협력할지에 대해 우리는 합의점에 도달하지 못했다. 간단한 문제부터 내가 찍은 수만 장의 사진 이미지 저작권을 누가 가질 것인가와 같은 문제에 이르기까지 쉽지 않았다.

그럴수록 게리 박사가 생각났다. 한 가지 대의명분을 그토록 오랫동안 추구할 수 있는 그의 뚝심이 존경스러웠다. 내 인생을 나 자신보다 더 큰 무언가를 위해, 수천 명 어쩌면 수백만 명을 도울 수 있는 무언가에 바칠 준비는 되어 있었다. 하지만 처음부터 다시 시작해 함께 일할 자선단체를 찾고, 또 다른 시스템과 충돌하고 싶지 않았다.

'하나님은 당신을 위해 원대한 계획을 갖고 계세요. 하나님은 큰 재능과 능력, 따뜻한 심장을 당신에게 주셨어요. 당신을 통해 커다란 위업을 이루실 겁니다. 하지만 아직 시험을 더 거쳐야 하겠죠? 힘내요.'

게리 박사가 내 봉사기간이 끝난 뒤 이메일을 보내 왔다. 그의 말은 멀리서 들려오는 축복 같았고, 혼자 힘으로 해보겠다는 내 결심을 더 단단히 다지게 해주었다. 그런데 그가 말한 시험은 예상보다 더 일찍 찾아왔다.

2006년 4월 말에 나는 무일푼으로 뉴욕에 돌아왔는데 생각지도 못한 심각한 부채가 나를 기다리고 있었다.

어느 날 밤 브랜틀리와 만나 이야기를 나누던 중, 브랜틀리는 우리의 지난 비즈니스를 마무리하지 않았다는 사실을 털어놓았다.

"폐업을 안 했다고?" 나는 믿기지 않아 재차 확인했다.

"응." "세금은 냈고?" "아니!" 그는 바닥의 상자를 가리켰다.

그 안에는 국세청에서 온 우편물이 가득했다. 안 좋은 소식일 것 같아 아예 뜯어보지도 않은 것들이었다.

고지서를 하나하나 보면서 우리가 한 번도 소득세 신고를 한 적이 없었고, 브랜틀리&스캇 주식회사 명의로 세금을 납부한 적이 한 번도 없다는 사실을 확인했다. 꼼짝없이 세금과 연체료, 벌금까지 합쳐서 약 35,000달러를 내야 할 처지였다. 나는 화가 머리끝까지 치밀었다.

"미안하게 됐어." 브랜틀리는 어깨를 으쓱해 보였다.

"네가 원한다면 정리가 다 될 때까지 여기서 지내."

나는 세계를 바꿀 새 자선단체의 출범을 위해 계획 중이었다. 그런데 세금 납부를 독촉하는 전화벨이 울려댄다면, 체납액이 35,000달러나 되는 주제에 어떻게 사람들에게 기부를 부탁할 수 있겠는가!

하지만 나는 그의 제안을 받아들일 수밖에 없었다. 마땅히 갈 데가 없었기 때문이다. 처음엔 아파트 뒤쪽 다락방에서 잤고 나중엔 벽장 셔츠와 스웨터 걸이 밑에서 잤다.

2006년 7월, 나는 은행계좌를 하나 개설하고 새 자선단체를 위해 내 전 재산 1,100달러를 예치했다. 또 개인 회계사를 고용해 브랜틀리&스캇 주식회사를 폐업하고, 소득세 신고를 하고, 세금 납부 계획을 세웠다.

라이베리아 싱커스 비치에서 많은 시간을 보내면서 나는 자선이라는 행위에 대해 곰곰이 생각해 보았다. '채리티(charity, 자선)'라는 말은 '사랑'이라는 뜻의 라틴어 '카리타스(caritas)'에서 유래했으며, '곤궁한 이웃을 돕되 아무것도 돌려받지 않는 것'으로 정의할 수 있다는 건 알고 있었다. 너무 멋지고 단순한 개념이었다. 종교, 정치적 견해, 인종, 사는 지역에 관계없이 카리타스를 베풀 수 있으리라는, 연줄이 아닌 사랑으로 더 많은 행위를 할 수 있으리라는 생각이 들었다.

게리 박사와 이메일을 주고받으며 내가 할 일을 알렸다.

'자선단체를 설립하려고 은행계좌를 개설했어요. 7월 말에 난민수용소를 방문하러 우간다에 갈 거예요. 그런데 수술, 말라리아 예방 모기장, 진료소, 교육, 쉼터, 물 중에서 꼭 선택을 해야 하나요?'

내 머릿속이 온갖 아이디어로 어지럽다는 걸 그는 짐작했을 것이다. 게리 박사는 이번에도 내게 꼭 필요한 이성의 소리를 들려주었다.

'스캇, 그렇게 여러 가지 문제들을 다 해결하려 들기보다 하나님은 당신이 한 가지에 제대로 집중하기를 바라실 거예요. 그 한 가지 문제를 신중하게 골라 보도록 해요.'

한 가지에 제대로 집중하라. 그렇게 해볼까? 우선 한 가지만 골라보는 거다. 그리고 나중에 새로운 문제들을 공략해도 되지 않겠는가?

나는 싱커스 비치에서 크레이그와 의사들과 나누었던 대화를 떠올렸다. 그리고 인간으로서 차마 마시지 못할 물을 마시던 보미 카운티 여자들, 레이프가 우물 파는 법과 유지관리 방법을 주민들에게 알려주던 모습을…. 마마 빅의 고아원에서 내가 처음으로 참여해 완성했던 우물에 대해서도 생각했다. 그럼 물을 선택하면 어떨까?

뉴욕에서의 물은 내가 필요로 할 때마다 늘 쓸 수 있는 것이었다. 수도꼭지와 샤워기에서는 깨끗한 물이 늘 콸콸 쏟아져 나왔다.

그런데 공부를 하고 알면 알수록 오염된 물과 불결한 위생상태가 질병의 절반을 유발한다는 그 의사들의 말이 과장이 아니었음을 알게 되었다. 정확한 수치는 52%였다. 오염된 물은 오랜 세월 동안 전 세계 질병과 사망의 가장 큰 원인이었다. 오염된 물로 인한 사망자 수가 전쟁과 테러, 폭력으로 인한 사망자 수를 모두 합친 것보다 더 많았다.

많은 전문가들이 연구하고 있는 암과 같은 질병과 달리 오염된 물에 대한 해결책은 이미 나와 있다. 그것은 완벽하게 해결가능한 문제였다. 아무리 가난한 나라 작은 마을에도 지하수는 흐르고 있었다.

레이프와 함께 다니다 보니 깨끗한 물을 얻기 위해 많은 나라에서 활동 중인 NGO 등 단체들의 존재를 알게 되었다. 우물은 기본적으로 마마 빅의 고아원처럼 손수 우물을 파는 것에서부터, 기계를 이용한 깊은 우물 파기, 빗물 집수시스템, 단돈 60달러로 만들 수 있는 바이오샌드 필터에 이르기까지 방법은 다양했다. 오염된 물을 퇴치하여 수백만 명의 삶을 개선할 수 있는 방법은 수없이 많았다.

"전 인류에게 가장 큰 효과를 가져다 줄 수 있는 한 가지 일은 누구에게나 안전한 식수를 확보해 주는 것입니다."

어느 연설에서 게리 박사는 이렇게 말했다.

"깨끗한 물이야말로 세상의 그 무엇보다 더 많은 생명에 영향을 미칠 것입니다."

나는 그가 '영향을 미칠 수 있습니다'라는 표현 대신에 '영향을 미칠 것입니다'라고 단정적으로 말한 것이 마음에 들었다. 나는 무슨 일이든 해서 앞으로 사업을 진행할 각오가 되어 있었다. 최대한 많은 사람들에게 깨끗한 물을 먹이고 싶었다. 그러나 우선 나부터 도움이 필요했다.

# 11

# 첫 파트너 래니와
# 비영리법인을 준비하다

라니 포티어가 나서 주었다. 그녀와 나는 내 두 번째 봉사활동기간 중 아는 친구의 소개로 만나게 되었다. 의사들을 보조하고 주방일을 하는 것 외에도 래니는 몬로비아 외곽의 어느 고아원 수리를 돕고, 남는 시간에는 라이베리아 여자 축구팀 선수로 뛰었다.

머시쉽 송별회 당일, 축출된 라이베리아의 전 대통령 테일러가 몬로비아 공항으로 압송되어 전쟁 범죄 혐의로 체포될 것이라는 소문이 돌더니 몬로비아 전역에 느닷없이 통금령이 내렸다. 유엔과 지역의 관리들은 그의 존재로 인해 다시 긴장이 촉발되고 폭동이 일어날까봐 두려워했다. 일몰 후에는 누구도 거리를 돌아다닐 수 없었다.

래니는 먼저 유엔 및 미국 대사관과 협력하여 내가 특별 통행허가를 받을 수 있도록 도와주었다. 그런 뒤에 머시쉽 차량들이 총 100명에 이르는 손님들을 경비의 호위 속에 시차를 두고 파티 장소로 실어 나르도록 조율해 주었다. 라니가 그렇게 일을 해내는 모습을 보고 나는 깊은 감명을 받았다. 그래서 그때 mercy.전시회를 유럽 대도시에서 열어보겠다는 내 아이디어를 이야기했다.

"봉사기간이 끝나면 나랑 같이 일해 보는 게 어때?" 내가 제안했다.

"좋아요, 안 될 거 없죠. 1년 동안 유럽을 두루 돌아다니는 것보다 더 재미있는 일이 어디 있겠어요?" 그녀는 흔쾌히 승낙했다.

라니는 뉴햄프셔에서 자랐고 코네티컷대학을 다녔으며 졸업 후에는 의학대학원에 진학할 계획이었다. 그러나 머시쉽 봉사 중 고아원을 위해 일하면서 자신이 벽돌이나 이층침대 값을 두고 상인들과 흥정을 벌이는 데 소질이 있다는 사실을 발견하게 되었다. 인도적 지원 사업에 마음이 끌리면서 의학공부에 대한 관심은 사라져버렸다.

2006년 6월, 나는 라니에게 이메일로 중대한 소식을 알렸다. 자선단체를 직접 설립하려고 하며 그녀의 도움이 필요하다고 썼다.

'뉴욕으로 와줄 수 있어? 세계에서 가장 크고 흥미진진한 도시야.'

라니는 '알았다'고 바로 대답했다. 스물네 살의 그녀는 전쟁의 상흔을 입은 라이베리아의 배 위에서 생활하고 있었고, 아직 다른 계획은 없었다.

그녀는 아프리카에서 옷과 소지품을 남들에게 줘버리고 작은 여행가방 하나만 들고 뉴욕으로 건너왔다.

7월 말에 그녀는 브랜틀리의 집에서 나와 함께 하루 15시간씩 일하고 있었다. 밤이면 웨스트 빌리지에 있는 친구의 작은 아파트에 가서 신세를 졌다. 가진 돈은 없어도 우리는 에너지가 넘쳤다. 그리고 자선단체 운영 경험이 없는데도 자신감이 넘쳤다.

나는 스타트업을 준비하는 듯한 느낌이었다. 내가 "라니, 우간다에 가서 이야기를 들어봐야겠어. 좋은 카메라를 사게 돈 좀 빌려줄 수 있어?"라고 말하면 그녀는 아무렇지도 않게 자기 신용카드를 내주었다.

"라니, 뉴욕시 전역에서 대규모 물 전시회를 열고 싶어. 열흘 동안 공원 열 군데서! 허가를 받으려면 누구를 만나야 할까?"

그녀는 그 즉시 공원관리사무소와 상공회의소 등에 전화를 돌렸다. 마침내 라니는 그런 종류의 허가를 내주는 담당자를 찾아냈고, 나는 그를 직접 찾아갔다. 담당자가 확실한 답을 주지 않자 나는 이메일을 20통쯤 보내고 같이 점심식사를 하며 그를 굴복시켰다.

더 이상은 미션을 수행함에 있어 나를 지체시킬 장애물이 없는 것 같았다. 라니도 뭔가에 꽂히면 끝까지 해내고 마는 나의 추진력과 기질을 눈치 채고 그런 점에 힘을 얻는 것 같았다.

나는 라니가 거침이 없고 남들의 시선에 개의치 않는 점이 좋았다. 물론 그 대상에는 나도 포함되었다. 그녀는 카고 바지에 슬리퍼를 질질 끌고 미팅 자리에 나와서는 건방지고 짜증스러운 말투로 내 이름을 불렀다. 그리고 전시 기획자나 생수 유통업자, 잠재적 후원자의 맞은편에 나랑 앉아서 내가 큰소리 뻥뻥 치는 모습을 지켜보았다.

"네, 뉴욕 전역의 큰 공원 열 곳에서 대규모 물 전시회를 열 거예요. 2개월 동안 10만 달러를 모금해서 전액 모두 아프리카의 자선단체들과 함께 우물을 파는 데 쓸 거예요."

그러면 다음 미팅 장소로 가는 동안 라니의 질책이 쏟아졌다.

"대체 무슨 소리예요, 스캇? 우리가 뭘 한다고요? 아무 말이나 함부로 하지 말고 지킬 수 있는 약속만 해요!"

처음에 우리는 가진 돈의 대부분을 촬영장비를 구입하고 아프리카 출장을 다니는 데 썼다. 그리고 대부분의 시간을 영상 제작과 스토리 작성에 할애했다. 대개 자선단체를 설립할 때는 콘텐츠 제작부터 신경을 쓰지는 않는다. 그러나 나는 오염된 물을 마시는 사람들에 대해 알릴 수 있는 리얼 스토리가 필요하다고 믿었다. 그런 스토리 없이는 할 말이 없고, 기부자들의 관심을 끌거나 돈을 내도록 하기 어려웠다.

스토리 발굴을 위해 우리는 최고의 파트너들을 찾아야 했다. 우리 같은 신출내기 자선단체를 수혜자들과 연결해 줄 수 있는 경험 많은 NGO들 말이다.

나는 무작정 트렌트 스탬프에게 이메일을 보냈다. 트렌트는 '채리티 네비게이터(Charity Navigator)'의 회장으로, 거기는 자선단체들을 평가하는 기관 중 가장 크고 공신력을 인정받는 곳이었다. 그는 브랜틀리의 아파트로 찾아와 내 설명을 들은 뒤 우선 네 곳을 선정하도록 도움을 주었다. 에티오피아의 '힐링핸즈 인터내셔널(Healing Hands International)', 우간다의 '컨선 월드와이드(Concern Worldwide)', 말라위의 '워터포피플(Water for People)', 중앙아프리카공화국의 '리빙워터 인터내셔널(Living Water International)'이 그곳들로 리빙워터 인터내셔널은 '워터포굿(Water for Good)'이라는 지역단체와 제휴하고 있었다. 아프리카에서 깨끗한 물 프로젝트를 진행하고 있는 자선단체 중 최고로 손꼽히는 곳들이었다.

초창기에 라니와 나는 트렌트에게 소개받은 파트너들에게 이런 약속을 했다.

'저희가 당신들을 위해 모금을 해드리겠습니다. 아무 일도 하실 필요가 없습니다. 다만 우리 안내책자에 여러분의 활동에 대해 설명하고 단체의 이름만 올리면 됩니다. 단체명과 로고를 사용해도 될까요?'

허락을 받아내기까지 우리는 수없이 많은 통화를 하고 직접 그들을 만나 우리 말이 허풍이 아니라는 것을 입증해 보여야 했다.

아직 모금도 하지 않은 돈을 새 파트너들에게 약속하는 동시에 나는 공식적으로 세법 501c3의 적용을 받는 비영리법인의 설립 준비에 들어갔다. 이를 위해 여름 내내 비영리법인을 위한 입문서를 읽었고, 아이디어를 얻기 위해 단체들의 규약을 살펴보았다. 단체의 규약이란 단체의 강령이자 그 단체가 세상에 존재하는 이유로, 세금을 면제받기 위해서는 이 규약이 국세청의 최종 승인을 받아야 했다. 그래야만 기부자들이 기부금에 대한 세액공제 혜택을 받을 수 있다. 나는 우리 규약의 표현을 다듬고, 함께하기로 한 사람들과 라니와 함께 초안을 만드느라 진땀을 뺐다.

일단 상부조직의 명칭은 '채리티 글로벌(Charity Global)'로 정했다. 사업은 '채리티워터(charity: water)'부터 시작하여 교육, 건강, 쉼터로 영역을 확장해 나갈 예정이었다. 세상 모든 문제를 다 해결할 때까지….

하지만 서류상으로 내 조건은 최악이었다. 내 개인사는 마치 미국의 풍자 언론사 〈디 어니언(The Onion)〉에나 실릴 법한 이야기 같았다.

'수천 달러의 빚을 지고 있는 전직 나이트클럽 프로모터가 친구의 은밀한 마약 소굴에서 자선단체를 시작한다.'

국세청의 정신 똑바로 박힌 사람이라면 내 신청서를 읽어본 후 자선단체 허가를 내줄 리 만무했다. 신청서는 절대적으로 완벽해야만 했다. 어떤 실수도 용납되지 않았다. 그래서 나는 자선단체의 업무를 맡아본 경험이 많은 변호사들을 고용했다.

2006년 여름, 그들은 내 거창한 아이디어가 진지하고, 사려 깊고, 합법적으로 느껴지도록 신청서 작성을 도와주었다.

"스캇, 그냥 준비만 하고 계세요. 국세청의 답변이 올 때까지는 최대 2년까지 걸릴 수 있어요." 한 변호사가 말했다.

2년이라고? 내가 제대로 들은 건가?

"그리고 여러 차례 확인 절차도 거쳐야 할 거예요." 그가 덧붙였다.

충격적인 소식이 아닐 수 없었다. 이는 곧 승인이 날 때까지 우리가 기부자들에게 어떤 세액공제 혜택도 줄 수 없다는 말이었다. 하지만 어쩌겠는가? 좀 더 신속한 검토를 바라며 밀어붙이는 수밖에.


8월에 나는 다시 아프리카로 갔다. 이번 목적지는 북우간다였다. 내 임무는 지역 주민들과 NGO들을 만나서 가장 상태가 심각한 지역을 찾는 것이었다. 출장기간 중에 그런 곳을 찾았고, 찾고 나니 일을 더 서둘러야겠다는 생각이 들었다.

8월 4일 아침, 나는 흙냄새와 땀냄새가 짙게 배인 파란색 토요타 랜드크루저 뒷좌석에 탔다. 지역 국제구호원 두 명이 동행했다. 우간다 북서부를 지나는데 중무장한 군인들이 탄 군용트럭이 우리 뒤를 바짝 따라왔다. 악명 높은 반군 사령관 조지프 코니가 아직 붙잡히지 않은 터라 경비가 삼엄했다.

8시간을 달린 끝에 우리는 북우간다 최대의 난민수용소인 보비에 도착했다. 보비는 10년 전 살던 마을을 떠나온 고아와 과부, 결손 가족들로 넘쳐났다. 그들은 반군의 게릴라를 피해 달아난 사람들로, 그들의 집에서 납치당한 수십 명의 아이들은 살인병기가 되도록 강요받

왔다. 보비에 등록된 사람은 무려 31,638명에 달했다. 진흙과 풀로 흙바닥에 지어진 그들의 둥근 오두막은 간격이 빽빽해 간신히 지나다닐 틈밖에 없는 곳이 많았다. 이런 여건에서는 콜레라와 홍역, 설사병이 순식간에 퍼질 수 있었다.

이 모든 고통과 많은 사람들, 부족한 음식에도 불구하고 수용소에는 가족애와 공동체 의식이 살아 있었다. 아이들은 오두막 문 안팎으로 뛰어다니며 술래잡기와 숨바꼭질을 했다. 여인들은 유일하게 가동되는 수동펌프 우물 옆에 노란 물통을 놓고 몇 시간씩 앉아서 오래된 친구인 양 수다를 떨었다.

31,638명의 인원에 우물은 단 하나였다. 유엔의 기준에 의하면 우물 하나당 적정 사용인원은 최대 250명이다. 이 수용소에는 우물이 125개 필요했다.

다른 사람들은 물을 어디서 얻고 있냐는 내 질문에 안내인이 손짓을 했다. 수용소를 지나 언덕을 내려가니 키 큰 야자수들에 둘러싸인 커다란 물웅덩이가 나타났다. 그곳에서 한 무리의 여인이 흙탕물을 긷고 있었다. 그들이 그 진흙탕에 깡통을 담그는 모습을 보면서 브랜틀리의 아파트에서 콸콸 수없이 내린 변기물이 떠올랐다. 보비 사람들에게는 우리의 도움이 절실히 필요했다. 하루빨리 그들에게 깨끗한 물을 확보해 주어야 했다.

미국 정부의 눈에 우리는 아직 공식 자선단체가 아니었다. 나는 돈도 없고 집도 없어서 친구들의 선의에 의지해 살고 있었다. 똑똑하고 이성적인 사람이라면 이런 생각부터 했을 것이다.

'우선 내 인생을 먼저 바로잡아야 해!'

하지만 나 하나를 걱정하며 보내는 그 하루가 보비에서는 더 많은 생명이 사라질 수 있는 절체절명의 시간이었다. 세상 그 무엇보다 내겐 그들의 어려움을 해결하는 게 급선무였다.

그럼에도 불구하고 나는 무일푼이었다. 궁리 끝에 나는 내가 정말로 잘하는 일을 벌이기로 했다. 파티를 열기로 한 것이다.

# 12

# 채리티워터,
# 출범하다

채리티워터의 공식 출범식은 내 서른한 번째 생일 다음 날인 9월 8일, 한 나이트클럽에서 열렸다. 돈은 없어도 전직 나이트클럽 프로모터로서 내 생일쯤은 흥행시킬 방법은 알았다.

생일파티 장소는 미트패킹 디스트릭트에 새로 생긴 아주 핫한 클럽(텐준)이 무료로 제공해 주었다. 우리는 클럽 내부에 우간다 사람들이 더러운 물을 마시고 있는 모습을 찍은 큰 사진들을 붙여 놓았다. 한 후원자가 오픈 바(음료를 무료로 제공하는 바)를 운영할 수 있을 만큼의 충분한 술을 후원해 주었다. 그리고 마크 러팔로, 로렌 부시, 테리 조지(〈호텔 르완다〉 감독) 같은 유명인들이 와서 지원사격을 해주었다.

그날 밤 라니는 벨벳줄 관리를 맡았다.

"이 일 정말 하기 싫어요." 그녀는 초대손님 명부를 들고 울상을 지었다.

"사람들을 돌려보내기 얼마나 힘든지 아세요?"

"알아!" 나는 웃으면서 대답했다.

"내가 10년 동안 그 일을 했거든. 그래서 너한테 시킨 거야!"

클럽에 입장하려면 누구나 입구에 놓인 네모난 아크릴 상자에 20달러씩 후원금을 넣어야 했다. 입장객은 약 700명이었다.

상자에 거금 500달러를 넣으며 이렇게 말하는 사람도 있었다.

"친구, 이건 내가 자선단체에 내는 최초의 기부금이야!"

다음 날 우리는 현금을 몇 번이나 세고 확인한 끝에 기부금 액수를 정확하게 기록했다. 단 하룻밤에 15,000달러가 모였다. 그것은 우간다의 보비 사람들에게 깨끗한 물을 제공하기 위해 쓰일 돈이었다.

"스캇, 이제야 진정한 자선단체가 되었네요!"

라니가 안도의 숨을 내쉬었다. 이제부터 본격적인 사업 개시였다.

진정한 자선단체가 된다는 건 우리가 사람들과 더 많은 미팅을 하고, 더 오랜 시간을 일해야 한다는 뜻이었다. 나는 잠도 안 자고 아이디어를 짜내느라 골몰했다.

어설픈 홈페이지를 하나 만들어 기부금을 받고, 채리티워터 티셔츠와 손목 밴드를 팔기 시작했다. 또 채리티워터 라벨을 붙여 제작한 생수를 한 병에 20달러씩에 팔아 그 수익금으로 우물을 파겠다는 야심찬 계획도 세웠다. 의도적으로 높게 책정한 가격으로 관심을 유발하고, 빈부 격차가 얼마나 큰지 보여주겠다는 생각이었다.

대개의 생수는 시원하게 보이기 위해 파랑이나 청록색 글씨로 디자인을 한다. 하지만 우리는 까만 바탕에 흰 글자로 다음의 문구를 넣어 라벨을 디자인했다.

'10억 명이 넘는 사람들이 매일 3시간씩 걸어서 물을 길으러 다니

고, 4,500명이 넘는 아이들이 매일 오염된 물 때문에 사망합니다.'

그리고 나는 다음과 같은 주장으로 홍보를 펼쳤다.

"20달러로 여러분은 500㎖짜리 생수 한 병을 사지만, 깨끗한 물이 필요한 나라엔 5만 병이 넘는 생수가 제공됩니다. 우물 하나면 1년에 100만 리터의 물을 끌어올릴 수 있으며, 그것으로 한 공동체가 15년 이상 깨끗하고 안전한 식수를 먹을 수 있습니다."

얼핏 들으면 그럴듯한 수치였다. 그러나 당시엔 누구도 한 우물의 사용연한이 얼마나 되는지 제대로 아는 사람이 없었다.

그래도 20달러짜리 생수(우리의 구입가는 개당 41센트였다)는 원가에 비해 48배나 더 높은 수익을 올릴 수 있어 모금에 꽤 도움이 되었다. 나중에 우리는 생수를 대량(24개들이 한 상자)으로 판매하기 시작했고, 라니와 다른 자원봉사자들이 배달을 다니며 수표를 받거나 신용카드를 긁었다. 물은 무거워서 운반하기 힘들었다. 게다가 들여놓은 생수가 어찌나 많았던지 생수 팰릿이 거대한 젠가 블록처럼 브랜틀리의 욕실에 천장까지 쌓여 있었다.

패션위크 기간 중 우리는 로터스 직원들에게 우리 티셔츠를 입고 생수를 팔도록 시켰다. 다행히 유명 인사와 사교계 명사, 기업인들이 생일이나 이벤트를 할 때 행사장에서 채리티워터의 생수를 판매하게 해주어서 여기서 몇백 달러, 저기서 몇천 달러씩 모금이 되었다. 심지어 소호 하우스, 머서 호텔, 런던 클라리지스 호텔의 모든 객실에도 우리 생수가 들어갔다. 우리 단체의 이름이 만방에 알려지기 시작했다.

내 생일 2주 뒤, 열흘간 다섯 개 공원을 돌며 열리는 야외전시회가 유니언스퀘어에서 시작되었다. 뮤직비디오 세트를 디자인했던 클럽

친구 루가 저렴한 비용으로 멋진 전시 세트 제작을 맡았다. 우리는 커다란 검정 패널 설치물에 오염된 물에 대한 이야기를 쓰고, 거기에 끼워진 아크릴 수조에 연못과 강에서 퍼온 초록색 이끼와 거친 때가 낀 물을 담았다. 사람들에게 아프리카의 현실을 직접 보여주고 싶었다.

"이 구역질 나는 물 좀 보세요. 이런 물을 마시면 없던 병도 생길 거예요!"

처음에 나는 중앙에 놓을, 사람들의 감탄과 관심을 불러일으킬 만한 작품이라 할까 무언가에 원대한 비전을 가지고 있었다.

"반짝반짝 윤이 나는 투명한 원통탑을 공원 안에 우뚝 세워 놓는 거야. 그러면 지나가던 사람들이 '저게 뭐지?' 하며 고개를 갸웃거리면서 자세히 볼 때 원통 안에 가득한 채리티워터 생수병을 보게 되는 거지. 그리고 그 원통형 탑에 20달러를 넣으면 생수병 하나가 툭 튀어나오게 만드는 거야!"

루가 고개를 저었다.

"멋진 아이디어이긴 한데 그런 걸 만들려면 10만 달러 넘게 들걸?"

결국 우리는 투명한 원통 대신 주석관을 구해다가 탑의 뼈대로 삼고, 빈 채리티워터 생수병 수백 개를 그 둘레에 테이프로 여러 층 이어 붙여 보기 흉한 금속관을 가렸다. 그리고 아래쪽을 투명한 아크릴로 두른 뒤 사람들이 구입할 우리 생수병을 담았다. 안내판과 인쇄물에는 수익금 전액을 우간다, 에티오피아, 말라위, 중앙아프리카공화국에서 우물을 파는 데 쓸 거라는 약속을 적었다.

100여 명의 가족, 친지, 지인들이 자발적으로 전시장에 나와서 뉴욕 시민들과 관광객들에게 채리티워터의 미션에 대해 설명해 주었다. 유니언스퀘어에서 전시회가 열린 첫날은 1,500명이 넘게 참석했고

3,000달러어치의 생수가 팔렸다. 파손된 우물 하나를 재생시킬 수 있는 돈이었다. 둘째 날에는 2,000명이 넘게 왔고 5,600달러어치의 생수가 팔렸다. 새 우물을 사람 힘으로 팔 수 있는 돈이었다.

주말에는 부모님이 오셔서 함께했다. 정신없이 바쁘게 돌아다니는 와중에도 나는 매연이 심한 거리 한복판에서 어머니가 건강한 모습으로 일하시는 모습을 보며 너무나 감사했다.

셋째 날인 일요일 오후에는 비 예보가 있었다. 자칫하면 사진 패널들이 얼룩지고 우그러질 염려가 있었다. 나는 주위를 둘러보다 일을 돕고 있던 한 아가씨와 눈이 마주쳐 방수포를 좀 사다 달라고 부탁했다. 그녀는 정확하게 내가 원한 방수포를 구해서 나타났다. 비가 개고 전시가 끝났을 때 그녀는 마지막까지 남아 있었다.

"하루 종일 함께해 주셨네요! 이름이 뭐예요? 우리 얘기는 어디서 들은 거죠?" 내가 물었다.

그녀는 20대 초반쯤 되어 보이는 수줍고 귀여운 스타일의 여성인데, 머리를 야무지게 묶고 우리가 자원봉사자들에게 나누어준 채리티 워터 티셔츠를 입고 있었다.

"제 이름은 빅토리아예요. 같은 동네에 사는 루가 알려줬어요. 정말 좋은 일을 하시네요."

"꼭 필요한 방수포를 그렇게 빨리 구해줘서 고마워요. 정말 큰 도움이 되었어요. 시간 괜찮으시면 내일도 와주실래요?"

인사를 마치고 짐을 싸러 가는데 그녀가 나를 불러 세웠다.

"저기요, 도와주는 사람이 많을 것 같긴 하지만 제가 그래픽 디자이너라서 그러는데 혹시 그런 쪽의 도움이 필요하면 말씀하세요. 전시회를 보니 준비를 아주 많이 하셨더라고요."

"너무 반갑네요. 필요하고 말고요! 전시회 끝나고 다음주에 우리 사무실로 와줄 수 있어요?"


그다음 주, 빅토리아 알렉시바가 직장에서 근무를 마치고 우리 사무실을 찾았다. 하이힐을 신고 노트북을 가지고 왔는데 브랜틀리의 아파트를 어리둥절한 표정으로 둘러보며 내게 인사했다.

나는 우리 '사무실'이 실은 푹 꺼진 거실에 괴상한 나무 사우나가 있고, 영화 〈트레인스포팅〉에서처럼 인물들이 돌아가면서 등장하는 독신남의 원룸이라는 얘기를 그녀에게 해준 적이 없었다.

나는 얼른 내 노트북을 열어 어디서부터 이 일이 시작된 것인지 설명하고 그녀에게 머시쉽의 진료소, 알프레드의 종양 사진, 게리 박사, 진흙 웅덩이 물을 마시는 아이들의 사진을 보여주었다.

빅토리아는 잠시 아무 말이 없었다. 그녀의 눈에 눈물이 가득했다.

대화를 마치고 일어서면서 그녀는 물었다.

"언제 다시 오면 될까요?"

"내일 퇴근하고 올 수 있어요?"

그녀가 하는 일에 보수가 없다는 사실을 다시 한번 밝혔다.

"네, 내일 시간 괜찮아요."

모두들 '빅'이라고 부르는 그녀는 스물세 살이고, 작은 디자인 회사에서 일하는 모션 그래픽스 아티스트였다. 아메리칸 익스프레스, 나이키, 혼다 같은 대형 브랜드의 캠페인 작업에 참여한 경력이 있었다. 오염된 식수에 대해서는 전혀 아는 바가 없었다. 아프리카에 가본 적도 없었고, 기부를 많이 하는 집안 출신도 아니었다.

여느 미국인들처럼 다른 나라에 대한 관심은 소설이나 영화에서 비롯되었다. 연초에 그녀는 〈콘스탄트 가드너〉라는, 케냐의 사회운동과 기업 부패를 다룬 영화를 보고 아티스트로서 자신의 재능을 자동차 회사를 위한 광고보다 더 의미 있는 일에 쓸 수 없을까 하는 생각을 하게 되었다. 그러던 중 때마침 우리를 만나게 된 것이다. 좋은 사람을 만나는 것만큼 기쁜 일도 없었다.


열흘간의 야외전시회에서는 거의 2만 달러가 모금되었다. 우리는 그 돈을 네 곳의 파트너들에게 나누어 보내 1,000명 이상의 사람들에게 깨끗한 물을 확보해 주었다. USA투데이, CBS 뉴스, 페이지식스의 기자들이 우리 일에 대해 더 알고 싶다며 전화를 걸어왔다.

티셔츠와 손목 밴드가 동이 났다. 우리는 새로운 행사를 계획했다. 자선단체들이 근사한 장소에서 값비싼 만찬 행사를 열어 거액을 모금한다는 이야기를 듣고 우리도 한 번 해보기로 했다.

그러려면 온갖 부문에서 자질구레한 디자인이 필요했다. 빅은 거의 매일 저녁과 주말마다 브랜틀리의 집에 와서 초대장과 안내책자, 명함, 후원금 영수증, 레터헤드와 이메일 양식과 이미지를 만들어 주었다. 나는 계속해서 그녀에게 일거리를 주었고, 그녀는 재빨리 새로운 기술을 습득하면서 그 일들을 해냈다. 동영상을 편집해 달라고 하자 그녀는 파이널컷 프로를 독학하고, 심지어 채리티워터 동영상을 편집하는 데 일과 후 회사 편집실을 사용해도 좋다는 상사의 허락까지 받아냈다. 홈페이지의 페이지를 추가해 달라고 했더니 HTML과 자바스크립트를 공부하고 코딩도 배웠다. 그녀는 늘 고개를 숙이고 열심히 일했고, 무슨 일이든 더할 준비가 되어 있었다.

얼마 후 라니와 내가 다니는 교회로 빅을 초대했다. 그녀는 응했다.

"11시 예배 때 봅시다. 그리고 오후엔 사무실에서 일하자고요."

그녀가 무신론자일지도 몰랐지만 그때는 미처 물어볼 생각조차 하지 못했다. 그즈음 교회에서 보내는 시간이 너무 즐거워서 빅을 초대했는데, 그렇게 했던 건 일 끝나고 술이나 같이 한잔 하자는 사람들의 제안과 별로 다를 것이 없었다.

예배를 마치고 사무실로 돌아온 우리 세 사람은 밤늦도록 쉬지 않고 식탁에 앉아서 일했다. 키보드를 너무 세게 두드린다든가 전화 통화를 너무 시끄럽게 한다며 라니가 내게 고함을 지를 때마다 빅은 깔깔대며 웃었다.

"스캇, 제발 비상계단에 나가서 해요."

라니는 나에게 밖에 나가서 통화를 끝내도록 종용했다.

저녁 8시쯤이면 나는 아이팟으로 편안한 음악을 틀어놓고 커다란 냄비에 미트소스 파스타를 만들기 시작했다. 내 오랜 친구 맷 올리버가 와서 우리와 자주 어울렸다. 그는 좋은 와인 몇 병을 늘 가지고 왔다. 우리는 밤늦게까지 사무실의 불을 밝히고 세계 최고의 자선단체를 만들겠다는 일념으로 매주 100시간씩 일했다. 그들과 함께하는 시간은 더할 나위 없이 즐거웠다.

10월 말에 나는 다시 아프리카로 떠났다. 이번에는 에티오피아에서 우물 팔 자리를 찾기 위한 12일간의 여정이었다. 우리 물 제휴기관들에 의하면 인구 7,600만의 이 광대한 나라에서 깨끗하고 안전한 식수를 이용하고 있는 사람은 인구의 24%에 불과하다고 했다.

이들에게 우물을 파주려면 얼마나 많은 돈이 필요할까 하는 생각에 더럭 겁이 났지만 나는 다시금 마음을 다잡았다.

'머시쉽이 첫 배를 멕시코에 보냈을 때 엄청난 환자 수에 놀라 치료를 포기해 버렸다면?' '게리 박사가 첫 번째 진료 때 줄을 선 수천 명의 환자들에게 질려 버렸다면?' 상상도 할 수 없는 일이었다.

'현재에 집중하자. 한 번에 한 우물씩!'

이번 출장 중에 나는 아이들이 소중한 물을 찾아 모래땅을 파고 있는 모습을 촬영했다. 또 더러운 물이 담긴 항아리를 등에 지고 구부정한 모습으로 땡볕 속을 걸어다니는 여인들의 모습을 보았다. 마을 한가운데 우물이 생기기 전까지 소똥 천지인 길을 세 시간씩 걸어 물을 길러 다녔다는 여성도 만났다. 10만 명의 인구를 담당하는 진료소에서 환자의 50%가 수인성 질병에 시달리고 있다는 사실을 알았다. 통계는 사실이었다.

마을 사람들은 "마이 히웰 에유(물은 생명이에요)"라는 말을 하고 또 했다.

11월에 뉴욕으로 돌아온 나는 우간다의 제휴기관들로부터 채리티 워터의 첫 번째 프로젝트가 완료되었다는 소식을 들었다. 보비의 난민수용소 주민들에게 새 우물 3개가 생긴 것이다. 수동펌프가 고장난 기존의 우물 3곳도 재건되었다. 보비 사람들에게 필요한 125개까지는 아니지만, 한 걸음 발은 뗀 셈이었다.

또 다른 기쁨도 있었다. 보비 주민들이 깨끗한 물을 마시고 있는 사진과 동영상 링크를 첨부해 내 서른한 번째 생일파티에 참석했던 지인들에게 이메일을 보냈다.

'우간다에 만들어 주신 여섯 개의 우물입니다! 여러분이 직접 수천 명의 사람들에게 깨끗한 물을 선물해 주신 거예요!'

파티에 왔다는 사실 자체를 잊어버린 사람들도 있었을 것이다. 어쩌다 어느 클럽에 가서 상자에 20달러를 넣고 술 몇 잔을 즐겼을 뿐인 사람도 있었다. 그러나 자신들이 낸 작은 후원금으로 어떤 일이 이루어졌는지 직접 확인하게 되자 놀라움을 금치 못하는 사람들의 답장이 쏟아졌다.

'정말 대단해요!'

'반가운 소식 알려줘서 너무 고마워요!'

'다음 모금일은 언제예요?'

우리는 나눔이 즐거운 일이 될 수 있음을 공감하고 입증했다. 멀리 떨어진 세상에 사는 사람들에게 깨끗한 물을 선물하는 기쁨을 모두에게 누리게 해주었다.

'정말 이렇게 간단한 걸까?' 나는 또 궁금해졌다.

# 13

# 채리티워터,
# '세 개의 기둥'을 만들다

자선단체에서 후원을 받거나, 유망한 사업에 대한 투자자를 찾거나, 창업을 위해 은행에서 대출을 받으려 할 때 가장 먼저 듣게 되는 질문은 "당신의 비전은 무엇입니까?"다.

비전은 도표상의 매출액을 올리는 것과 같은 자잘한 목표가 아니라 북극성처럼 거시적으로 바라보는 지표다. 비전은 우리로 하여금 아침에 일찍 일어나서 전날보다 더 열심히 일하도록 만드는 것이자, 지금 하고 있는 일만이 아닌 미래에도 할 일을 규정하는 것이다.

채리티워터 설립 당시 누구도 나에게 비전이 무엇이냐고 물을 필요가 없었다. 앞으로 뭘 하고 싶은지 내가 먼저 떠들어 댔으니까! 채리티워터에 대한 나의 비전은 명확했다. 자선단체의 이미지를 쇄신하고, 기부자들에게 즐거운 경험을 선사하며, 연민과 자비의 행위를 통해 진정한 사랑의 의미가 무엇인지 함께 깨닫는 것이었다.

그러나 머시쉽을 위한 모금에서도 나는 자선단체에 대해 사람들이 보내는 의혹의 눈길을 느꼈다. 후원금이 제대로 쓰여질지, 그런다고 무엇이 달라질지 등 의구심을 나타내는 얘기도 많이 들었다.

미국인은 기부를 잘하기로 유명하지만, 그럼에도 셋 중 한 명은 자선단체에 대한 믿음이 없다고 말한다. 수개월 동안 나는 오염된 식수를 마시는 아이들을 찍은 사진을 보여주며 호소했다.

"아이들이 죽어가고 있어요. 한시가 급해요. 이건 비상상황이라고요. 좀 도와주세요!"

그런데 내가 찍은 그 사진들을 보고도 사람들은 이렇게 말했다.

"제가 낸 돈 중 얼마나 흙탕물을 먹는 가족에게 가게 되나요?"

사람들이 의심을 품는 것도 당연했다. 뉴스만 틀었다 하면 연일 새로운 비리가 터져 나왔으니까. 엔론 간부들은 법원의 유죄판결이 나왔음에도 끝까지 자신들의 무죄를 주장했다. 타이코의 CEO는 1억 5,000만 달러를 횡령해 6,000달러짜리 샤워 커튼과 2,200달러나 하는 쓰레기통 등 개인 사치품을 사는 데 허비했다.

자선업계도 별반 다르지 않았다. 허리케인 카트리나의 피해 구호활동을 한다며 20억 달러를 모금해 놓고는 이동식 주택을 설치하지도 잔해 제거작업을 하지도 않았으며, 심지어는 성금을 전달하겠다던 아이들조차 존재하지 않았던 사례도 있었다.

더러운 물 문제는 전 세계 10억의 사람들이 안고 있는 문제여서 이를 해결하려면 막대한 자금이 필요하다. 의심 많은 사람들로 하여금 지갑을 열어 기부하게 하려면 채리티워터가 다른 자선단체들과는 다르다는 사실을 보여주어야 한다. 그런데 그들이 낸 돈이 전부 좋은 일과 생명을 구하는 데 쓰인다는 사실을 어떻게 입증할 수 있을까?

얼마 전 나는 헤지펀드 대부인 폴 튜더 존스에 대한 글을 읽은 적이 있었다. 그는 로빈후드재단을 설립해 뉴욕시의 가난퇴치 프로그램을 지원하고 있었다. 그는 재단 이사회와 함께 해당 프로그램을 시행하는 자선단체에 운영비의 영구적 지원을 약속했고, 덕분에 그 단체는 들어온 기부금을 100% 자선사업에 사용할 수 있었다.

입이 떡 벌어질 만큼 통 큰 약속이었다. 그것으로 자선단체에 대해 사람들이 품는 가장 큰 의심 – 내 돈 중 얼마큼이나 정말로 도움이 필요한 곳에 쓰이나? – 이 간단히 해소되었다. 나는 존스에게 편지로 조언을 구하며 그와 협력하고 싶다는 바람을 표시했다. 그러나 답장을 받진 못했다.

하지만 아무래도 상관없었다. 그의 아이디어만 차용해도 되니까!

나는 채리티워터에 들어오는 후원금을 한푼도 빠짐없이 수혜국의 현지 파트너들이 시행하는 깨끗한 물 프로젝트에 쓰기로 맹세했다. 후원금 전액을 현장에 바로 보낸다는 뜻으로 우리는 이를 '100% 모델'이라 명명했다.

나는 두 번째 은행계좌를 개설해 이 계좌는 운영비용으로, 기존 계좌는 물 프로젝트 용으로 지정했다. 운영비 계좌에 자금을 어떻게 댈지 막막했지만, 그래도 '100% 모델'이 자선단체의 재창조라는 우리의 비전에, 신뢰를 재확립하는 데 반드시 필요하다고 생각했다.

100% 모델의 투명성을 위해 나는 신용카드 수수료마저 환불해 주기로 약속했다. 누군가 아메리칸 익스프레스 카드로 100달러를 기부하면 실제로 우리에게 들어오는 금액은 96달러다. 이 카드사의 수수료가 4%이기 때문이다. 그러나 우리가 현장으로 기부금을 보낼 때는 그 차액만큼 운영비 계좌에서 보충하여 100달러 전액을 보내는 것이

다. 처음엔 변호사들과 기부자들도 만류하고 나섰다. 사실 '만류'는 아주 점잖게 표현한 말이다.

"스캇, 잘 모르나 본데 넌 폴 튜더 존스도 억만장자도 아니야."

"직원들 월급은 어떻게 주려고요? 사무실 운영비는요?"

친구와 직원들의 지적은 타당했지만 내 결심이 확고해진 이상 다른 방법은 떠오르지 않았다. 더 열심히 개인 기부자들을 찾아 직원 급여와 사무용품, 잉크 카트리지 같은 재미없는 비용을 후원하는 데 관심을 가지도록 하는 수밖에 없었다. 이 '100% 모델'이 채리티워터의 첫 번째 기둥이었다.

두 번째 기둥은 '증거'였다. 우리는 공적 기부금을 모두 현장으로 보내겠다는 약속을 말로만 그치지 않고 기부자들에게 그들의 돈이 어디에 어떻게 쓰이는지 보여주었다. 누군가 기부를 하면 우리는 그 기부금에 '어느 지역의 우물' 또는 '수질정화시스템' 등으로 특정 프로젝트 이름을 달았다. 그런 다음 프로젝트가 완료되면 기부자들에게 현장 사진과 GPS 위성 이미지는 물론, 필요하면 동영상까지 증거로 보내주었다. 그리고 계속해서 증거를 전달할 새로운 방법을 탐색했다.

우리는 막 떠오르던 구글어스(Google Earth)의 매핑 기술을 최초로 사용한 비영리기관 중 하나였다. 구글 덕분에 지도상에 식수 공급 지점들을 표시하여 기부자들에게 기부금이 어디에 쓰였는지 무료로 보여줄 수 있었다. 우리는 100달러짜리 휴대용 GPS 장비들을 다수 구입해 현지 제휴기관들에게 보내고, 그들에게 우물의 GPS 좌표 측정법을 교육시켰다. 그런 뒤엔 그 데이터를 수동으로 구글어스에 입력하고 사진과 기부자 이름, 좌표 지점의 마을 정보를 추가했다.

세 번째 기둥이자 가장 핵심적인 부분은 우리 '브랜드' 자체로 사람들을 감화시킬 수 있어야 한다는 것이었다. 다른 단체들의 경우를 살펴보니 대부분 부끄러움과 죄의식을 자극하여 기부를 유도하는 듯했다. 샐리 스트러더스를 내세웠던 1970년대 TV 광고의 모습 그대로였다. 굶주린 아프리카 아이들이 멍한 눈으로 카메라 렌즈를 바라보고 있고 파리가 슬로모션으로 그들의 얼굴에 내려앉으면, 미국의 유명한 여배우가 나와서 화면 아래의 전화번호를 가리키며 후원을 호소하는….

그런 광고가 효과가 있다 하더라도 나는 다르게 하고 싶었다. 죄책감 때문이 아니라 기부가 주는 즐거움과 보람을 느끼게 해주고 싶었다. 기부의 긍정적이고 창의적이며 희망적인 점에 나는 주목했다.

나이키가 자사 러닝화를 이런 식으로 광고한다고 상상해 보라.

"넌 너무 뚱뚱하고 게을러. TV를 끄고 정크푸드를 그만 먹고 나가서 뛰어."

하지만 나이키는 절대 그런 식으로 광고하지 않는다.

"넌 상상 이상으로 멀리까지 달릴 수 있어. 다리가 없다고? 상관없어. 그래도 마라톤을 완주할 수 있어. 팔이 없다고? 마찬가지야. 그래도 농구를 하고, 권투를 할 수 있어. 너라는 위대함을 믿어!"

애플은 나에게는 또 다른 영감의 원천이었다. 그간 컴퓨터 회사들은 디자인과 저장용량과 속도와 첨단 기능을 자랑하는 광고에 수백만 달러를 쏟아부었다. 우리가 모르는 용어들과 숫자들의 나열을 제대로 이해하는 사람은 별로 없었다. 애플은 광고에서 아예 상품 자체를 보여주지 않았다. 대신 그들은 "다르게 생각하라"고 말하며 자사의 브랜드를 피카소, 아인슈타인, 밥 딜런, 아멜리아 에어하트 같은 전설적 인물들과 연결 지었다. 애플은 영감을 판매했고, 그 전략은 소비자들에게 제대로 먹혀들었다.

자선단체들은 그런 시도를 전혀 하지 않았다. 사람들의 죄책감만 자꾸 건드릴 뿐이었다. 기부자들에 대한 진심 어린 감사와 배려도 부족했다. 어쩌면 대부분의 자선단체들은 기부자들과 직접 상대할 일이 없기를 바라는 것 같다. 보조금을 뭉텅이로 받아 사업을 진행하는 편이 훨씬 더 쉬우니까.

나는 우리 기부자들이 너무 좋았다. 그들을 행사장으로 불러 서로 인사하고 친해지게 하는 게 좋았다. 타인을 구원하고 삶을 변화시키는 작업에 참여시키고, 자신의 기부가 어떤 영향을 미쳤는지 보여주고 싶었다. 브랜드 구축 작업을 하면서 나는 기부자들의 경험 하나하나에 감동했다.

그런데 이런 일도 있었다. 언젠가 어떤 행사 준비로 몇 주간 작업한 끝에 빅과 나는 예쁜 초대장 도안을 만들었다. 자원봉사자들이 우편 발송을 위한 봉투 작업을 맡았다. 그런데 일이 잘되고 있는지 확인하러 갔더니 라벨과 우표의 절반이 바르지 않고 봉투에 비뚤게 붙어 있는 게 아닌가!

"어떻게 일을 이런 식으로 할 수 있죠? 이 예쁜 초대장을 다 망쳤잖아요! 우표 좀 보세요!"

"하지만 저들은 모두 자원봉사자예요. 그렇게 완벽하게⋯."

담당직원은 난감한 표정이었다.

"자원봉사자라서 우표를 똑바로 붙일 수 없다고 말하는 거예요?"

나는 굳은 얼굴로 봉투 작업을 다시 하도록 지시했다.

"완벽하게 해야 돼요. 그냥 파티 초대장을 보내는 게 아니라고요.

생명을 구해 줄 소중한 이들을 초대하는 거예요! 아시겠어요?"

그때 내가 다소 과민한 반응을 보였던 건 완벽함을 추구하기 위한 것이 아니었다. 기부자들에게 우리들의 정성과 사랑을 전달하고 싶었다. 우리를 믿어달라고 진심어린 부탁을 하고 싶었다.

언젠가 니콜라스 크리스토프 기자가 이런 기사를 쓴 적이 있다.

'구호단체의 인명구조 작업보다 치약이 훨씬 더 설득력 있게 홍보된다.'

무척이나 공감 가는 이야기였다. 정크푸드 회사와 담배 회사들은 사람 몸에 좋지도 않은 상품 광고에 수십억 달러를 쓴다. 그런데 '사랑과 나눔'이라는 세상에서 가장 중요한 대의를 추구하는 자선단체들은 홍보에 큰돈을 쓸 수 없다. 빈약한 마케팅 예산으로는 할 수 있는 일도 별로 없다. 그래서 내가 우표와 라벨이 비뚤게 붙여진 초대장에 그렇게 화를 낸 것이다. 우표라도 똑바로 붙여야지!

4,500명에 이르는 아이들이 매일 오염된 물 때문에 죽는다. 4,500명! 아이들을 가득 태운 비행기 11대가 추락해서 전원 사망하는 것과 같다. 그것도 매일같이. 그런데 이 사실에 충격을 받고 분노하는 모습을 어디서 찾아볼 수 있는가? 누가 이 문제로 워싱턴에서 행진을 벌이는가? 스타나 유명인들이 이 문제에 관심을 갖고 자선 콘서트를 여는가?

아무도 그런 일엔 신경 쓰지 않는다. 문제를 제대로 아는 사람이 없기 때문이다. 사람들의 마음을 움직이지도 못하면서 어떻게 세상을 바꿀 수 있겠는가? 그래서 나는 자신들의 일을 잘 홍보하는, 자선단체의 새로운 모델을 만들고 싶었다.

생각해 보면 상근 디자이너도 필요하고, 필요한 게 너무 많았다.

# 14

## 빅토리아의 정식 합류

⭕ 2007년 5월, 라이베리아 몬로비아

2007년 봄, 채리티워터는 순항 중이었다. 2006년 12월에 열렸던 제1회 자선파티 '채리티 볼(charity: ball)'에는 800명이 넘는 사람들이 참석했다. 경험 많은 사람이 없어서 우리는 그때그때 배워 가면서 준비했다. 그런데 하룻밤 만에 25만 달러가 모금되었다.

변호사들은 이 행사 직전 우리의 '501c3' 신청서를 정부에 제출했는데, 정확히 48일 뒤 변호사로부터 음성 메시지가 왔다. 그의 목소리에는 스스로도 믿지 못하겠다는 듯 놀라워하는 기색이 역력했다.

"스캇, 국세청에서 채리티워터의 비영리법인 신청서가 승인되었어요. 추가 질의도 없어요. 축하해요!"

그 소식에 길을 걷던 내가 "야호!" 하고 탄성을 지르는 바람에 지나가던 사람들이 깜짝 놀랐다. 기록적인 짧은 시간의 승인이었다. 이

제 우리는 미국 정부와 국세청으로부터 정식 승인을 받은 501c3 세액 공제 기관이었다! 마약소굴의 세금체납자가 세상을 바꿀 기회를 얻은 것이다.

그보다 더 기쁜 점은 우리가 6개월 만에 물 프로젝트 성금을 50만 달러나 모금했다는 사실이다. 당시 우물 하나를 짓는 데 5,000달러가 들었다는 점을 고려하면 실로 어마어마한 액수였다. 우리는 우간다에서 6개의 우물 공사를 마치고 아프리카의 네 파트너들에게 자금을 지원해 우물 65개를 더 짓거나 재건하도록 했다. 아프리카 단체들의 현지 공사착공 속도보다 우리의 성금모금 속도가 더 빨랐다.

그러나 다른 장부의 사정은 달랐다. 아무리 애를 써도 운영비 계좌는 여기서 300달러, 저기서 1,500달러 식으로 찔끔찔끔 채워졌다. 매달 우리는 나와 라니의 월급 2,600달러를 포함한 기본적인 경비를 가까스로 충당하며 근근이 사업을 꾸렸다.

홈페이지에는 접속자의 수가 나날이 늘어갔다. 홈페이지 디자인은 검은 바탕에 조그만 흰색 글씨, 콩알만 한 사진들과 동영상 몇 편, 그리고 사람들이 성금을 보낼 수 있는 우편주소로만 이루어진 가장 초보적인 수준이었다. 《초보자를 위한 HTML》 책을 읽고 만들어 올린 것이라서, 비뚤게 붙인 우표의 온라인 버전이나 다름없었다.

훌륭한 디자이너 없이 세계적인 브랜드를 만들 수는 없는 노릇이어서 이사진에 운영비 인상을 부탁했다. 빅은 다니는 직장에서 48,000달러의 연봉을 받고 있었다. 함께 일하려면 그에 상응한 연봉을 제시해야 했다.

3월에 한 이사의 부모님이 운영자금 9만 달러를 지원해 주었다. 라니와 내 급여에 대해 이사회에서 급여 인상을 승인해 주었고, 빅에게도 함께 일하자고 제안할 수 있었다.

"우리가 줄 수 있는 연봉은 46,000달러예요. 다른 혜택은 없어요."

"좋아요! 2주 뒤부터 일할 수 있어요." 빅이 웃으며 말했다.

직책이나 따로 정해진 직무도 없었다. 디자인이 빅의 주업이었고, 7개월간의 봉사활동을 통해 필요한 일이면 무엇이든 해야 한다는 걸 빅도 잘 알고 있었다. 그녀는 이직 기념으로 검정 퓨마 운동화 한 켤레를 샀는데 시내로 생수 배달을 나갈 때 요긴하게 쓰였다.

라니에게도 지원이 필요했다. 9개월간 라니는 사무실 관리, 경리, 프로그램 감독, 자원봉사자 교육, 개인비서 역할을 도맡아 했다. 내가 아프리카로 새로 제휴할 NGO들을 찾으러 다니고, 잠재 기부자와 밥을 먹고, 언론 인터뷰를 하고, 사무실 자리를 알아보러 다닐 때 그녀는 나를 대신해 자리를 지켰다. 이사회의 제안에 따라 그녀의 회계업무 부담을 덜어 줄 시간제 경리를 고용하고, 추가 일손을 구하기 위한 인턴십 프로그램을 개설했다. 그래도 할 일은 늘 넘쳐났고 라니는 녹초가 되도록 일했다.

나는 라니가 어떤 심정으로 일하고 있는지 잘 몰랐다. 사람 관리란 걸 해본 적이 없었기 때문이다. 업무 평가, 문화 조성, 피드백 유도 같은 건 전혀 알지 못했고 솔직히 월급만 꼬박꼬박 주면 일에 대한 가치를 인정해 주는 것이라고 생각했다.

2007년 3월, 빅이 본격적으로 합류한 직후 라니가 말을 꺼냈다.

"나, 아프리카가 그리워요. 당신이 앤더슨 쿠퍼(재난현장 취재 전문기자 - 옮긴이)처럼 몇 달마다 나가서 찍어온 영상을 보는 것도 좋지만, 나도 직접 나가보고 싶어요."

빅도 마찬가지였다.

"스캇, 봉사 대상자들을 직접 만나거나 현장에 가보지도 않고 어떻게 진정성 있는 디자인을 하겠어요? 나도 라니랑 같이 가고 싶어요."

"나도 정말 그랬으면 좋겠어요. 그런데 당신들까지 아프리카에 갈 돈이 없어요."

"알았어요. 방법을 찾아보죠."

빅은 MTV에서 심야에 방영되는 한심한 광고의 애니메이션 작업을 부업으로 했다("당신의 진정한 사랑이 누구인지 알고 싶나요? 1-888…로 전화하세요"). 그녀는 금세 2,500달러를 벌었다. 아프리카행 비행기표와 한 달치 말라리아 약값, 식사 몇 끼를 할 수 있는 액수였다.

5월에 라니와 빅은 라이베리아로 떠났다. 라니가 머시쉽 봉사활동을 할 때 알게 된 사람들이 있어서 2주를 그곳에서 보내며 우물 공사 예정지를 방문하고, 라니가 수리를 도왔던 고아원을 점검하고, 채리티워터와 제휴 가능성이 있는 NGO 관계자들을 만났다.

몬로비아에서 보낸 첫날, 그들이 택시를 타고 혼잡한 교차로를 지나는데 한 남자가 부서진 자전거 옆 인도에 미동도 없이 누워 있었다. 자동차에 치였는지 머리에서 피가 흐르는데 차들은 쌩쌩 달리고 사람들은 그의 옆을 피해 지나다니고 있었다.

"우리가 내려서 도와줘야 하지 않을까요?"

빅과 라니 둘 다 같은 생각이었는데, 택시 운전사가 그들을 말렸다.

"신경 쓸 것 없어요. 벌써 죽은 것 같으니."

그곳을 지나가는 사람들에게 그 남자의 생명은 아무런 의미가 없어 보여 너무 심란했다고 빅은 나중에 털어놓았다. 가난과 병고와 전쟁

등으로 14년이나 고초에 시달리다 보면 감정도 메마르고 사람들의 가치관도 달라지는 것일까?

한편 뉴욕에 남은 나는 쌈박한 영상 제작 아이디어를 가진 사람을 찾고 있었다. TV와 온라인으로 방영할 수 있는 공익광고 영상이었다. 자선단체들의 광고를 몇 편 찾아보고 나니 우리는 더 잘할 수 있다는 생각이 들었다.

마침내 나는 테리 조지 감독을 낙점했다. 그는 극작가이자 영화감독으로, 〈호텔 르완다〉로 오스카상 후보에 오른 적이 있으며 이제 막 제니퍼 코넬리 주연의 영화 〈레저베이션 로드〉의 촬영을 마친 터였다. 텐준에서 열린 우리 파티에 오긴 했지만, 개인적인 친분으로 초대한 건 아니어서 서로 잘 아는 사이는 아니었다. 한 지인이 테리와 저녁을 같이 먹을 예정이라는 정보를 주었다. 나는 그 식당에 가서 그들이 식사를 하고 있는 테이블로 다가갔다.

"스캇, 이렇게 다시 보게 되다니 반갑네요."

나를 발견한 테리가 반가워하며 아일랜드식 억양으로 인사했다.

"저도요." 당장이라도 본론으로 들어가고 싶은 마음이 굴뚝같았지만 인사부터 했다.

"테리, 제게 기막힌 아이디어가 하나 있어요. 제가 공익광고를 한 편 만들려고 하는데요. 트라이베카 아파트에 사는 부유한 부부가 연못에서 구정물을 길어다 자기 집 아이들에게 먹이는 내용이에요."

테리는 들고 있던 칵테일 잔을 내려놓았다.

"재미난 아이디어네요. 예산은 얼마죠?"

"그게, 예산은 없어요."

"알았어요. 누구를 출연시킬 생각인가요?"

"모르겠어요. 영화 감독은 당신이잖아요."

우리는 함께 웃음을 터뜨렸다. 나는 그가 편히 식사를 마칠 수 있도록 그곳을 나왔다. 다음 날 바로 통화하기로 했다.

나는 좀 충동적이고 당장에 일을 추진하지 않으면 견디지 못하는 스타일이었다. 게다가 깨끗한 물을 제공해 주지 않으면 지금 이 순간에도 죽음을 맞이할 아이들이 널려 있었다.

내 고집을 힘들어하는 사람들도 있다는 걸 잘 안다. 그래도 여기까지 오는 동안 운 좋게도 게리 박사나 라니, 빅처럼 내 조급함을 이해해 주는 사람들과 내 관심사를 높이 평가해 주는 비슷한 몽상가들을 만날 수 있었다.

나는 바로 다음 날 테리에게 전화를 걸었고, 그는 첼시에 있는 자신의 아파트로 오라고 했다.

"상상해 보세요. 뉴욕의 수도가 다 단수되어 모두들 빈 통을 챙겨들고 매일 10블록, 20블록, 50블록 떨어진 센트럴파크까지 가서 커다란 연못의 더러운 물을 떠와야 한다면 어떨까요?"

"계속해 봐요." 테리가 재촉했다.

"그 통을 집으로 날라다가 그 역겨운 초록색 물을 유리잔에 따라서 아이들에게 주는 거예요."

"재밌네요."

"테리, 그런 영상을 보면 사람들이 충격을 받겠죠? 그래서 오염된 물을 마시는 세상의 아이들을 위한 행동에 나서게 되지 않을까요?"

"맘에 드네요! 엄마와 아이들이 보도를 지나가는 모습을 따라가며 찍고, 뉴요커들 두세 무리가 걸어가는 컷도 따고요."

오염된 식수 문제에 대해서는 테리도 익히 알고 있었다. 영화촬영 중 르완다에서 많은 시간을 보내며 현실을 목격했기 때문이다.

테리가 동참을 선언했다. 유명한 영화제 수상 경력이 있는 감독이 채리티워터의 첫 번째 공익광고를 만들어 주기로 하다니!

사람들은 우리가 초창기부터 어떻게 그렇게 좋은 성과를 거둬 왔는지, 'No'를 'Yes'로 바꾸는 비결이 무엇인지 궁금해 하며 묻는다. 사실 'No'는 대부분 여전히 'No'로 남는다. 다만 내가 일을 진행할 수 있을 만큼 충분한 'Yes'를 받았던 건 그만큼 많은 사람들에게 묻고 또 물었기 때문이다.

기본적으로 그건 숫자 게임이었다. 타고난 전략가가 아닌지라 나는 남들보다 더 열심히 홍보하고 더 열심히 일해야 한다고 생각했다. 아무 준비 없이 무수히 많은 사람을 만났다. 얼마 전에도 중요한 기부자와 만나게 되었을 때 문득 이런 생각이 들었다. 이렇게 소중하고 대단한 사람을 난 어떻게 제대로 알지도 못하고 만날 생각을 했을까?

당시에 나는 부족한 인맥관리 기술을 넘치는 에너지와 투지로 메우고 있었다. 내 하루 일정은 아침식사, 점심식사, 저녁식사, 술자리에서의 미팅 약속으로 꽉 차 있었다. 딴 데 정신이 팔리지 않도록 모든 일정을 분 단위까지 기록했다. 이메일을 보낼 때도 예외는 아니었다. 새로운 봉사자나 봉사단체를 찾고자, 기부를 부탁하고자 사람들에게 보낸 이메일이 어떤 날은 300통이 넘었다.

지인들은 이런 나를 '열정적'이라고 치켜세웠지만 실은 '집착이 심하다'를 좋게 표현한 말일 것이다. 그래도 그런 열정이 홍보 대상자들의 마음을 움직이는 데 효과가 있었다. 나는 확고한 믿음으로 그들에게 약속했다. 우리와 힘을 합친다면 기적을 일으킬 수 있다고….

빅과 라니는 5월 중순, 새로운 영감을 안고 라이베리아에서 돌아왔다. 그 어느 때보다 깨끗한 물에 대한 사명감에 부풀어 있었다. 그사이 나는 혼자 모든 일을 할 수가 없어서 유니세프에서 인턴으로 일한 경험이 있는 베키 스트로를 자원봉사자로 영입했다. 베키는 콜럼비아대학의 사회적기업경영 및 국제사회복지 석사과정을 이수하고, 유니세프에서 물과 청결 및 위생과 관련된 데이터를 처리하는 업무를 담당했다. 한마디로 이쪽 분야에 대한 전문지식이 풍부했다.

처음 만난 자리에서 나는 그녀가 큰 자선단체에서 일한 경험이 있는 것에 우려를 표시했다. 어쩌면 그것이 독립성과 창의성을 가로막는 요소가 될 수도 있다고 생각했기 때문이다.

베키는 아무런 동요 없이, 자신의 전공은 그래픽 디자인이고 채리티워터의 홈페이지를 보는 순간, '바로 저거다, 저들과 함께 일해야겠다!'는 생각을 하게 됐다고 고백했다.

"누구도 물에 관해서 그토록 생생하고 감동적으로 이야기하지 않거든요."

"그런데 어쩌죠? 지금 우리가 경제적인 여유가 없어서…."

베키가 적극적으로 나왔다. "지원서는 내놓은 걸로 하고, 당분간은 제가 자원봉사를 하는 거예요. 필요한 건 뭐든지 도와드릴게요."

브랜틀리의 집 작은 식탁에는 네 명이 모두 앉을 자리가 없어 베키는 노트북을 가지고 거실로 내려가는 카펫 깔린 계단에 앉아 일해야 했다. 빅처럼 그녀도 누군가 집에 가라고 할 때까지 밤늦게 일했다.

유니세프에서 베키는 여러 나라의 물 소비량을 분석하고, 진행되는 프로젝트들에 대해 면밀히 조사하여 정책의 효과가 있는지 없는지 판단하는 중요한 일을 담당했다.

내 생각에 우리가 사진과 스토리로 사람들의 심장을 울렸다면, 베키가 제시하는 정확한 자료와 수치로는 분석적인 좌뇌형 사람들을 더잘 설득할 수 있을 것 같았다.

고맙게도 초창기에는 의지할 수 있는 마음씨 좋은 후원자들이 많았다. 스티브라는 이름의 괴짜 세무사도 있었는데, 어퍼이스트사이드에 있는 그의 사무실 책상은 지저분하기 짝이 없었다. 고객들이 세금 문제를 상의하거나 소득세 신고서를 가지러 사무실로 찾아오면 고객에게 환급될 금액이 있는지 확인하고 그 돈의 일부를 채리티워터에 기부하도록 권했다. 그리고 기부금 500달러마다 우리 생수를 한 상자씩사서 기부자에게 선물했다. 스티브는 끊임없이 생수를 주문했다.

어느 날 베키가 그의 전화를 받고 나서 당황한 표정으로 말했다.

"스티브가 물 두 상자랑 파스트라미 샌드위치를 보내 달래요."

이유를 물었더니 배가 고프다고 했다는 것이다.

"가는 길에 하나 사다 줘요. 우수 기부자잖아요."

잠시 침묵이 흘렀다.

"베키, 그가 모금해 준 돈만 수십만 달러예요. 깨끗한 물을 엄청나게 공급해 주는 사람이라고요."

베키는 인턴 한 명과 함께 밖으로 나갔다. 그들은 그 무거운 물 두 상자를 업타운행 전철역으로 날랐다. 그리고 가는 길에 샌드위치 가게에 들러 파스트라미 샌드위치를 하나 샀다.

# 15

# 채리티워터의
# 공익광고를 만든다

라이베리아에서 돌아온 뒤 어쩐지 빅의 행동이 심상치 않았다. 아침에 지각을 하지 않나, 근무 중 하품을 해대지 않나, 업무에 집중하지 못하는 모습이었다. 급기야 사무실에 나타나지도 않았다.

타이밍이 좋지 않았다. 공익광고 촬영이 얼마 남지 않아 다들 분주히 뛰어다니고 있었다. 라니가 빅에게 여러 번 전화를 걸었지만 받지 않았다.

빅은 다음 날 늦게 무거운 몸을 이끌고 나와 소파에 주저앉았다.

"미안해요. 어떻게 된 일인지 저도 잘 모르겠어요. 정신을 잃고 24시간 동안 잠만 잤어요."

빅은 창백하고 허약해 보였고, 여전히 졸린 눈을 하고 있었다. 라니와 나는 걱정스러운 눈길을 주고받았다.

"빅, 혹시 말라리아에 걸린 거 아니에요?"

빅은 웃으며 극구 부인하더니 잠시 후 탈진해 버리고 말았다.

말라리아는 독감과 증상이 비슷하다. 속이 울렁거리고 뼈마디가 쑤신다. 한기가 들면서 손가락 하나 들어올릴 힘이 없어진다.

"빅, 당장 병원에 가야겠어요. 말라리아 약은 먹었어요?"

그 순간 라니가 움찔하는 것이 느껴졌다.

라니는 평소 자기는 모기에 물려도 끄떡없다고 장담했다. 의사들이 그럴 리 없다고 만류하는데도 막무가내였다. 약을 먹지 않아도 바이러스성 질환에 감염된 적이 없다며 우쭐댔다. 빅은 그녀의 말을 믿고 아프리카에 있는 동안은 약을 먹고 집에 돌아와서는 약을 끊었다. 말라리아 약은 그렇게 먹어서는 안 된다. 예방약이어서 말라리아 출몰 지역을 떠난 뒤에도 약을 계속 복용해야 한다. 여행지에서 마지막 날 감염된 모기에 물렸다면, 정량을 다 섭취해야 바이러스를 사멸시킬 수 있다.

마침 레녹스힐 병원에 그녀가 아는 감염병 전문의가 있었다. 나는 인턴 한 명을 딸려 그녀를 보냈다. 돈을 절약하기 위해 그들은 업타운 행 지하철을 탔다. 돌이켜보면 말라리아에 걸린 사람을 지하철을 타고 가게 한 것은 잘한 일이 아니었다. 최소한 내가 나가서 택시라도 잡아줬어야 했는데….

빅은 말라리아 양성 판정을 받고, 레녹스힐 병원에 나흘간 입원했다. 병원에서는 그녀에게 키니네를 처방했고, 그 약은 부작용으로 일시적인 청력 상실이 나타날 수 있었다. 그런 사실을 몰랐던 빅은 한밤 중에 잠에서 깨어 갑자기 아무 소리도 들리지 않자 겁에 질려 기도를 했다.

빅이 입원한 지 사흘째 되는 날 라니와 나는 DVD 몇 개와 책을 챙겨 병문안을 갔다. 단돈 2,000달러를 가지고 공산주의 체제를 탈출했던 빅의 부모님이 매일 딸을 보러 왔다. 그들은 빅이 안정된 직장을 그만두고 봉사단체에서 일하고 있는 걸 애석해했다.

빅은 병이 낫자마자 달려왔다. 공익광고 촬영 준비에 늦지 않게….

테리는 직접 촬영에 나서기로 했으며, 제니퍼 코넬리까지 섭외했다. 그러나 두 사람 다 영화 촬영 중에 잠깐 짬을 내는 것이어서 우리 일은 하루 만에 마쳐야 했다. 빅과 라니는 트럭을 몰고 사람들과 소품을 촬영지로 나르는 등 테리의 촬영 팀을 지원하기로 했다. 나는 식사 준비, 외부 촬영을 위한 70명의 보조출연자 섭외, 스타 배우가 오염된 흙탕물을 아이들에게 주는 장면을 찍기 위해 호화 아파트를 빌려줄 사람을 맡았다. 모든 일이 착착 진행되어 갔다.

그런데 6월 중순, 촬영을 일주일쯤 앞두고 빅이 와락 울음을 터뜨리며 4만 달러짜리 병원비 청구서를 내게 보여줬다.

"어떻게 해야 할지 모르겠어요. 청구서가 날아오고 액수가 점점 불어나고 있어요."

그토록 연약하고 겁에 질린 빅의 모습은 처음이었다.

나는 낙관주의자에 우리 아버지 같은 문제해결사였지만, 잠시 어안이 벙벙했다. 이렇게 재능 많은 여성을 좋은 직장에서 꾀어내어 말라리아에 걸리게 하고, 엄청난 병원비까지 어깨에 지우다니!

"빅, 무슨 방법이 있겠지요. 우리 함께 고민해 봅시다."

그렇게 말은 했지만 뾰족한 수가 생각나지 않았다. 사실 우리의 재정상태는 생각보다 더 심각했다. 운영비 계좌의 잔액은 정확하게 141

달려왔고, 약속된 후원금이 빨리 들어와 주기를 바라며 내 급여도 못 받고 있던 상황이었다. 머리가 핑핑 돌았다.

"기도합시다." 그때 내가 생각할 수 있는 건 기도뿐이었다.

빅이 눈을 감았다.

"하나님, 당신의 도움을 속히 내려 주소서."

우리는 그 어느 때보다 간절히 기도했다.


일주일 뒤, 나는 센트럴파크에 설치된 카메라들 뒤에서 제니퍼 코넬리의 모습을 바라보고 있었다. 그녀는 노란 물통에 탁한 연못물을 받기 위해 길게 줄지어 선 세련된 뉴요커들(보조출연자들) 뒤에서 자기 차례가 오기를 기다리고 있었다.

테리가 데려온 실력 있는 촬영기사가 파나비전 쪽으로 몸을 기울였다. 이 사람도 재능기부였다. 전설적인 뉴욕 맛집 발타자르(우리 인턴 한 명의 아버지가 그곳 주인이었다)는 음식을 제공해 주었다. 뭐니 뭐니 해도 최고는 제니퍼 코넬리가 자기 아이들과 함께 무료로 출연한 것이다.

촬영이 마무리되면 우리는 최고의 팀이 제작한 25만 달러짜리 공익 광고를 단돈 5,000달러에 확보하게 되는 셈이었다.

하지만 그건 '잘 됐을 경우'의 얘기였다. 촬영은 예정보다 늦게 시작되었다. 금방이라도 비가 뿌릴 듯 하늘에는 먹구름이 잔뜩 끼어 있었다. 뉴욕시에서 센트럴파크의 연못물을 조금도 축내면 안 된다고 경고하는 바람에 중요한 장면을 촬영하기 힘들었다. 테리는 촬영을 마치기 전 어두워질까 봐 염려했다.

한편 빅과 라니는 하루 종일 승합차를 가지고 시내를 돌며 촬영 팀을 실어 날랐다. 그들과는 얼굴을 제대로 볼 시간도 이야기를 나눌 시간도 없었다. 그런데 오후에 내 휴대전화 벨이 울렸다.

"믿지 못할 일이 생겼어요." 빅의 음성이 전화선을 타고 들려왔다.

"무슨 일인데요?"

차를 주차하고 있는데 어떤 생각이 떠올랐다는 것이다. '전에 다니던 직장에 연락해 보라!'는.

빅은 전에 일하던 디자인 회사에 전화를 걸어 얼굴 한 번 본 적 없는 지국 사무실의 인사부 여직원과 통화했다. 빅은 자선단체 출장, 말라리아, 병원비 등 자신이 처하게 된 딱한 처지를 설명하고 뭔가 방법이 없겠느냐고 물었다. 그곳을 그만둔 지 4개월째였지만 혹시 자신이 모르는 의료서비스 유예기간이 있을지도 모른다고 생각했다.

"그쪽에서 제 건강보험을 아직 해지하지 않았대요. 뭔가 착오가 생겼는데 아무도 그걸 몰랐던 거예요."

"잠깐만요, 뭐라고 했어요?"

"제가 보험 혜택을 받을 수 있다는 거죠! 너무 좋아서 믿기지가 않아요. 서류를 자기한테 보내주면 병원비 청구서를 처리해 주겠대요. 나중에 보험료가 나온 다음에 제 보험을 해지하고요."

최고의 날이었다! 우리 기도가 바로 응답받은 것 같았다.

"하나님, 감사합니다." 나도 모르게 감사기도를 올렸다.

물론 언제나 이런 행운이 찾아오는 건 아니다. 내 기도가 전부 응답을 받은 것도 아니다. 지금껏 지내오면서 기도의 신비를 받아들이게 되었기에 나는 최선을 다해 일하는 한편, 기도를 드리는 것이 내가 할 일이라고 생각한다. 어려운 일에 돌파구가 마련되면 뭔가 더 원대한 일이 진행 중이라는 증거라 여기고 나는 그 일에 더욱 매진한다.

비는 하루 종일 꾸물대다가 우리가 촬영을 마치는 순간 뉴욕 거리에 쏟아져 내렸다. 이후 몇 주에 걸쳐 우리는 공익광고 영상을 편집하여 온라인에 올리고 TV에도 방영하려고 애썼다. 몇 개월 후 아직 밤세계에 몸을 담고 있는 친구가 LA에 있는 〈아메리칸 아이돌〉 PD에게 나를 소개했고, 그는 이듬해 봄 60초짜리 우리 광고를 100만 달러짜리 시간대에 공짜로 내보내주기로 약속했다. 드디어 5,400만 명의 사람들이 우리 광고를 보게 된 것이다.

다시 뉴욕 이야기로 돌아가자. 촬영을 마친 뒤 나는 빅과 대면했다.

"당신이 해냈네요!"

"우리가 해낸 거죠." 빅의 말에 내가 대꾸했다.

든든한 지지자인 빅과 포옹을 나누었다. 빅은 내 터무니없는 아이디어를 한 번도 의심하지 않았고 나에게 눈을 부라린 적도 없었다. 그녀보다 더 열심히 일하는 사람도, 그녀보다 더 일을 잘하는 사람도 없었다. 내가 매일같이 그녀의 미소를 얼마나 보고 싶어 했던가 하는 생각이 비로소 들었다. 그녀는 늘 내 마음속에 있었다.

채리티: 워터 공익광고 동영상

**16**

# 새로운 기부캠페인,
# '9월 생일자'

내 서른한 번째 생일파티에는 700명이 참석해 수천 명의 인생을 바꾸어 주었다. 서른두 번째 생일이 다가오자 나는 판을 더 크게 키우고 싶은 생각이 들었다. 나이트클럽에서 파티를 열면 시공간의 제약으로 규모를 키우기가 힘들었다. 벽이 없는 가상의 공간에서 생일파티를 열어 하나의 공통된 목표를 위해 전 세계 사람들이 모이게 하면 어떨까?

팀원들과 아이디어를 짜던 중 우리는 생일이란 것이 얼마나 물질적으로 변질되었는지 깨달았다.

"생일엔 사람들이 자기만 위해 주기를 원해요. '나를 축하해 줘, 나에게 선물을 줘!' 하는 식으로요." 베키가 말했다.

"맞아요, 하지만 우리에게 진짜로 더 필요한 물건이 있긴 한가요?" 라니가 덧붙였다.

"100% 동감! 양말, 지갑, 상품권… 별로 필요 없는 것들이지."

대화 중에 좋은 아이디어가 떠올랐다. 생일에 대한 사람들의 사고방식을 전환시키면 어떨까? 생일을 '받는 날' 대신 '주는 날'로 바꾸면 어떨까?

우리는 새롭게 추진할 캠페인 명칭을 '9월에 생일을 맞은 사람들'이란 뜻의 '9월 생일자'로 정했다. 채리티워터가 1주년을 맞는 9월에 태어난 사람들에게 그들의 생일에 얻게 될 것들을 기부해 달라고, 사람들에게 깨끗한 물을 선물해 달라고 부탁할 계획이었다. 이 발상이 먹히면 1년 전보다 열 배는 더 많은 금액을 모금해 열 배 더 많은 일을 할 수 있었다. 꼭 성공해야만 했다.

2007년 8월에 나는 케냐 모고티오의 한 진료소에 다녀왔는데, 그곳 수도꼭지에서 흙탕물이 나왔다. 가까운 몰로강에서 끌어온 물이었는데 진료소 직원들은 그 물로 침대 시트를 빨고, 음식을 조리하고, 환자들은 목을 축였다. 오염도가 어찌나 심한지 세탁을 마친 하얀 침대 시트들에 흙물이 들어 있었다.

진료소 원장은 우리를 수원인 강으로 직접 데려갔다. 강가에는 세 살쯤 되어 보이는 꼬마 여자아이가 서 있었다. 커다란 갈색 눈에 검은 곱슬머리의 아이는 너무 커서 어깨 쪽이 흘러내린 지저분한 티셔츠를 입고 있었다. 아이는 플라스틱 병에

담긴 강물을 한 모금 마시더니 그 자리에서 바로 토해 버렸다. 놀라운 광경이 아닐 수 없었다.

나는 그 물의 시료를 미국으로 가져와 록펠러대학의 연구원에게 고성능 현미경으로 관찰하게 했다. 그가 보낸 24초짜리 흑백 영상을 보니, 조그맣고 구불구불한 생명체들이 활발하게 움직이는 것이 아닌가! 기생충과 박테리아 천지였다.

'누구도 이런 걸 마시면 안 돼, 특히 아이들은!'

모고티오 진료소 직원들은 출산 병동과 에이즈 상담센터, 실험실, 치과까지 갖추고 있는 자기네 병원에 대한 자부심이 대단했다. 그러나 건강의 가장 기본 요소인 안전한 물이 없다는 게 문제였다.

진료소에 깨끗한 물을 제공하려면 땅을 얼마만큼 깊이 파야 하는지 알아보았다. 수리학자들은 제세동기의 전기충격판처럼 생긴 장비를 가져왔는데, 땅속으로 전류를 흘려보내 지하수가 있는지 탐지하고 수질을 측정하는 용도였다. 그런데 땅을 무려 300m나 파야 한다는 결과가 나왔다. 건물 100층 높이와 맞먹는 깊이에 있는 물을 끌어올려 진료소의 수도꼭지 3개로 보내려면 고가의 수중펌프가 필요했다.

우리는 인근의 학교 지구와 관내 다른 병원 두 곳에도 물을 공급해주고 싶었다. 그러려면 총 4군데에 각각 4만 달러가 필요했다. 케냐에서 이 정도 프로젝트면 역대 최대 규모였고, 그만큼 어마어마한 노력이 필요했다.

'9월 생일자' 캠페인을 하루빨리 시행해야 했다. 8월 8일, 나는 지인들에게 이메일을 보내 첫 4만 달러의 모금을 도와달라고 부탁했다.

지금부터 한 달 뒤인 9월 7일, 채리티워터가 탄생 1주년을 맞습니다. 저는 또 서른두 번째 생일을 맞이하게 됩니다. 작년에 뉴욕에서 열렸던 파티가 이번에는 우간다의 난민수용소에서 열립니다.

올해는 뭔가 다른 일을 할 계획이라고 나는 사람들에게 알렸다. 그리고 모고티오 진료소의 흙물이 든 시트들, 사람들이 먹는 강물, 병이 난 어린아이의 사진과 이야기를 전했다.

부탁드리는데, 올해는 제 생일파티에 참석하지 말아 주세요. 파티장에 오거나 술값으로 돈을 쓰지 말아 주세요.

그 대신 내 나이 서른둘만큼의 액수인 32달러를 기부하여 케냐 모고티아 진료소에 깨끗한 물을 공급할 수 있도록 도와달라고 부탁했다. 내 지인들 중 대다수는 깨끗한 물을 제공하기 위해 32달러쯤은 충분히 낼 것이었다.

3주 동안 우리는 4만 달러 정도의 금액을 모금하려고 합니다. 모금에 성공하면 저는 9월 7일에 그 돈을 가지고 케냐로 건너가 모고티오에 신선한 물을 공급하기 위한 시추작업에 들어갈 겁니다. 이것이야말로 저의 서른두 번째 생일과 채리티워터의 출범 365일째 되는 날을 축하하는 뜻깊은 선물이 될 겁니다.

겉으로는 그렇게 말했어도 실제로 우리는 9월 캠페인에 대담한 목표를 설정했다. 바로, 한 달 만에 15만 달러를 모금하겠다는 것이었다.

1년 전 첫 파티 때 모금한 액수의 10배였다. 이 아이디어에 성공 가능성이 있는지 알아보기 위해 나는 9월에 태어난 사람들에게 그들의 생일선물을 기부하는 데 동참할 의향이 있는지 물었다.

"등록한 다음 이름이랑 나이, 사진을 보내 주시면 개인 홈페이지를 만들어 드릴 거예요."

그 페이지는 생일을 맞은 사람이 지인과 가족에게 선물로 자기 나이만큼의 돈을 기부해 달라고 부탁할 수 있는 공간이었다.

혹시 알아? 이 아이디어가 널리 확산될 수 있을지!

예상은 적중했다. 한 달 동안 총 생일 기부자 수는 94명에 이르렀다. 텍사스에 사는 일곱 살 맥스는 집집마다 다니면서 7달러씩 기부를 부탁해서 22,000달러를 모금했다. 여든아홉의 노나 할머니는 아프리카 사람들이 할머니만큼 오래도록 생일을 축하할 수 있도록 돕고 싶다며 지인들에게 89달러씩 내달라고 부탁했다. 이 캠페인으로 4주도 안 되어 159,000달러가 모였다. 캠페인은 대성공이었고, 우리가 할 일은 더 많아졌다.


이제 채리티워터의 공식 크리에이티브 디렉터가 된 빅이 94개의 맞춤 홈페이지를 제작하여 일일이 개인 프로필 사진과 사명선언문, 온라인 결제 버튼을 넣어주어야 했다. 그러다 보니 빅은 브랜틀리의 집에서 새벽까지 일하고 녹초가 되어 소파에 쓰러져 자기 일쑤였다.

다행히 그달, 채리티워터 최초의 사무실이 생길 예정이었다. 소호에서 서쪽으로 6블럭 떨어진 인쇄창고 안의 150㎡ 정도 되는 공간이었다. 천장에는 전기선이 늘어져 있고, 바닥엔 기름때가 절어 있어 걸으면 신발이 쩍쩍 들러붙었다. 창문이라곤 달랑 하나고 어둡고 지저분했지만 그래도 우리만의 사무실이었고 월세도 저렴했다.

8월은 2007년 한 해 중 가장 힘든 달이었다. 케냐 출장에, 9월 생일자 캠페인 진행에, 새 사무실 이전까지…. 그런데 그 와중에 최고의 자원봉사자를 잃게 될지도 몰랐다.

베키 스트로는 매우 창의적이었고 헌신적으로 일했다. 하지만 자원봉사자 생활을 3개월 하는 동안 월세 낼 돈이 부족했다. 신발 모형 제작 아르바이트를 하고 아이 돌보는 일까지 했지만 모자랐다.

어느 날 그녀는 내게 다른 비영리재단에서 일자리를 제안 받았다며 "여기서 계속 일하고 싶은데 방법이 없을까요?"라고 물었다.

"베키, 라니가 곧 떠날 텐데 몇 주만 기다려주면 안 될까? 그러면 방법이 생길 거야."

라니는 브랜다이스대학의 석사과정에 합격했다. 세상에서 마음껏 활개를 펴고 싶은 바람과 달리 그녀는 내가 아프리카를 누비고 다니고 기부자들을 만나는 동안 사무실에 남아 소처럼 묵묵히 일했다. 지

하철로 무거운 물 상자를 나르는 것도 중요한 일이었다.

라니는 방학 때마다 돌아와 행사와 특별 프로젝트를 돕겠노라고 약속했다. 그러나 그녀의 빈자리를 누가 채워줄 수 있겠는가!

"라니가 떠나면 베키에게 연봉 42,000달러를 줄 수 있어."

"네, 좋아요!"

베키가 수락했다. 그리고 이제 우리도 건강보험 가입을 알아보기로 했다. 빅과 같은 일이 언제 다시 생길지 모르니까 베키에게 그것부터 알아보라고 했다.

그런데 '9월 생일자' 캠페인에 한 가지 문제가 있었다. 더 이상 빅혼자서는 그 일을 감당할 수 없었다. 앞으로를 생각하면 공정을 자동화하고 홈페이지를 대폭 개편해야만 했다.


어쨌거나 빅의 노고가 고마워서 나는 케냐 모고티오의 시추 현장에 그녀를 데리고 갔다. 현지 파트너가 수원을 찾아 땅을 300m나 파고 들어가는 장면을 촬영하면서 나는 카메라에 대고 진행상황을 설명했다. 이렇게 몇 시간 동안 촬영한 영상을 우리는 30초 분량으로 편집, 한 인터넷 카페에서 전송했다. 전송에 소요되는 시간이 6시간이라고 했다.

새벽 3시, 오랜 시도와 기다림 그리고 카페에 추가 비용까지 지불한 끝에 영상 전송이 완료되었다. 뉴욕 시간으로는 오전 8시, 사람들이 출근할 시각이었다. 녹초가 되어 있는데 답장이 쏟아져 들어왔다.

'와, 당신들이 정말로 해냈군요!'

'사람들이 깨끗한 물을 마시게 된다는 사실이 너무 기뻐요.'

한 달 뒤인 10월, 우리는 다시 모고티오로 가서 진료소의 우물 개통식을 촬영했다. 개통식에는 100여 명의 주민과 진료소 직원들이 참석했다. 커다란 시멘트 펌프실이 깨끗하고 흰 천으로 덮여 있었다. 맨 처음 보았던 흙물 든 시트와 극명하게 대비되었다. 우리는 현지 화가를 고용해 후원자 700명의 이름을 펌프실 벽에 아주 밝은 파란색으로 썼다. 한 인부가 천을 걷어내자 700개의 파란색 이름이 눈에 확 들어왔다. 빅과 나는 울음을 참았다.

이 벽이 어쩌면 좀 거창해 보일 수도 있겠지만 우리는 진료소의 우물을 파는 데 도움을 준 한 사람 한 사람을 모두 기리고 싶었다. 32달러를 냈든 3달러를 냈든 상관없었다. 그들은 모고티오의 아이들과 진료소의 환자들이 깨끗한 물을 마실 수 있게 도움을 준 이들이었다.

# 17

# 빅토리아와
# 공식 연인이 되다

2007년 말까지 우리는 9개국의 378개 물 프로젝트를 지원했다. 커다란 경사가 아닐 수 없었다. 12월에 있을 '채리티 볼' 행사 날짜가 다가오고 있었고, 우리는 전보다 더 초청장과 전시회를 아름답고 감동적으로 꾸미고 싶었다. 다시 밤샘 업무에 들어갔다.

우리가 일하는 곳에는 늘 활기가 넘쳤다. 화물 승강기 문이 삐걱거리며 열리는 소리로 우리는 새벽 2시가 된 것을 알았다. 관리인이 쓰레기통을 비우러 오는 시간이었다.

어느 날 밤 11시경이었다. 나는 조금 더 남아 일하겠다는 빅과 베키에게 인사하고 사무실을 나섰다. 그 순간 이상한 기분이 들었다.

빅은 정말 대단했다. 다른 사람보다 더 오래 일하고 너무 많은 일에 신경을 썼다. 그녀와 웃으며 헤어질 때마다 뭔가 허전하면서 상실감

마저 들었다. 알 수 없는 감정이었다.

스프링가를 따라 집으로 가는 길에 맷과 만나 한 식품점에 들렀다.

"아무래도 내가 빅을 좋아하는 것 같아." 속마음을 털어놓았다.

"응, 알아." 맷이 웃으며 대꾸했다. 나는 깜짝 놀랐다. 내 감정을 나만 까맣게 모르고 있었단 말인가!

빅을 안 지 1년이 넘었고, 그녀 곁에 있는 게 좋았다. 같이 교회에 가고, 휴일엔 영감을 얻기 위해 미술관에도 가고, 함께 볼일을 보러 다니는 게 좋았다. 내 인생의 가장 중요한 일들을 그녀와 공유하는 게 좋았다. 그러나 우리는 직장 동료였다. 그러니 갑자기 든 이 이상한 감정을 어떻게 고백하겠는가? 빅이 나와 같은 감정이 아니라면? 사귀다가 헤어지게 된다면? 나는 친구로서 빅을 잃고 싶지 않았다. 채리티워터의 크리에이티브 디렉터 빅은 더더욱 잃고 싶지 않았다.

"어떻게 해야 하지?" 내가 물었다.

"스캇, 빅은 좋은 여자야. 하나님을 사랑하고, 자기 인생을 가난한 이들에게 바칠 각오가 되어 있어. 너랑 관심사도 잘 맞고. 그런데 뭐가 문제야?"

"맞아, 내 말이 그 말이야. 빅은 너무 훌륭한 여자야."

"지금 당장 그녀에게로 가!"

15분 뒤 나는 우리 건물 로비에 서 있었다. 가슴이 몹시 두근거렸다. 엘리베이터를 타고 마음을 진정시켰다. 나는 최대한 천천히 사무실로 들어갔다.

베키가 나를 먼저 발견했다. 그녀는 바쁜 일이 생긴 것처럼 중얼거리며 사무실을 나섰다. 베키는 오래 전부터 나와 빅 사이의 스파크를 눈치 채고 있었다. 나는 빅의 책상으로 다가갔다. 그녀는 놀란 눈길로 나를 바라보았다.

"뭐 놓고 갔어요?"

나는 용기를 냈다.

"빅, 혹시 당신은 나에 대해 진지하게 생각해 본 적 있어요?"

"네, 아주 많이요."

의외의 대답이 그녀의 입에서 흘러나왔다.

더 이상 나의 감정을 숨길 수 없었다. 나는 그녀에게 다가가 입을 맞췄다. 신성한 우리의 사무실에서!

"당신과 사귀고 싶어요."

빅이 고개를 끄덕였다. 더 이상 말이 필요 없었다.

우리는 재킷을 걸치고 자정이 다 된 시각에 사무실을 나와 스프링가를 걸었다. 그녀가 두 걸음도 더 앞서가기 전에, 그녀의 손이 더 멀어지기 전에 얼른 그녀의 손을 낚아챘다. 그녀와 손을 잡고 걸으니 바닥에서 15cm는 붕 떠있는 듯한 느낌이었다.


월요일에 나는 베키와 이사회에 빅과 내가 사귄다는 사실을 알렸다. 바뀌는 건 전혀 없을 거라고 했더니 사람들은 선선하게 받아들이고 축하해 주었다. 일이 너무 간단해서 어리둥절할 정도였다.

빅과 사귀게 되니 일을 할 때 더 힘이 났다. 사랑과 일만큼 인생에서 중요한 건 없을 터였다.

빅은 자기의 개인사를 자세히 들려주었다. 빅의 부모님이 빅을 낳은 건 겨우 열일곱 살 때로 임신 사실을 알게 되자 그들은 상트페테르부르크에 있는 빅의 외할머니 집으로 갔다.

철의 장막이 걷히고 국경이 개방되자, 빅의 아버지는 기다렸다는 듯 형에게 2,000달러를 빌려 먼저 뉴욕으로 건너왔다. 가족의 새 보금자리를 마련한 지 얼마 안 되어 아내와 딸, 그들이 키우던 샴고양이 마티도 뒤따라왔다.

"여기 다 있으니까 아무것도 가져오지 마."

빅의 아버지는 아내에게 신신당부했다. 그런데 당시 아홉 살이었고 영어를 몰랐던 빅은 이 말을 '자유의(free) 땅에서는 모든 게 다 공짜(free)'라는 뜻으로 받아들였다. 미국으로 건너와 브루클린의 슈퍼마켓에 처음 들어갔을 때 빅은 너무 좋아 기절할 뻔했다. 러시아의 가게 선반들은 늘 텅텅 비어 있고, 우유나 닭고기 같은 기본 식료품을 살 때도 길게 줄을 서야 했다. 그런데 미국에는 빨간 사과가 산더미처럼 쌓여 있고, 냉장고 안에는 두툼하게 썰린 고기가 가득했다.

이야기를 들어보니 빅과 나는 자란 환경이 너무나 달랐다. 우리 부모님은 술을 거의 하지 않았고 미성년자 관람불가 영화를 못 보게 했다. 반면에 빅의 부모님은 담배연기 자욱한 술집에 빅을 데리고 가서 딸에게는 크랜베리 주스를 시켜주고 맥주를 마시며 록 음악에 맞춰 춤을 추었다.

빅의 부모님은 빅이 열두 살 때 이혼했다. 둘 다 자유로운 영혼의 소유자여서 어쩌면 그건 당연한 결과였다. 빅의 할머니는 하나밖에 없는 손녀가 정신이 똑바로 박힌 어른에게 사랑과 보살핌을 받아야 한다는 일념으로 러시아의 삶을 정리하고 미국으로 건너왔다.

빅은 수줍음이 많으면서도 강단 있는 소녀로 잘 자랐다. 그녀는 부드러우면서도 강인했다. 나는 그녀의 그런 면에 반한 것 같았다. 빅은 자신이 누군가에게 푹 빠지는 스타일이 아닌데, 나를 오랫동안 좋아해 왔다고 고백했다. 처음 유니언스퀘어 전시장에서 자원봉사를 했던 그날부터! 빅은 일하는 데 혹여 방해가 될까 봐 그동안 자신의 감정을 숨겼다고 털어놓았다. 그녀는 하나님께 우리의 앞길을 인도해 달라고 기도했다.

아나스타시스호에서 나는 누구와도 사귄 적이 없었다. 클럽을 떠난 뒤에는 어떤 여성도 진지하게 생각해 본 적이 없었다. 그런 만큼 빅과는 어떤 행동도 가볍게 하고 싶지 않았다.

그로부터 한 달 뒤, 나는 하고 싶었던 말을 어렵게 꺼냈다. 나는 고린도서, 에베소서, 데살로니가전서 등 성경의 여러 구절을 인용하며 빅에게 이메일을 썼다.

'우리의 과거를 돌아볼 때 우리는 하나님에게 영광을 돌릴 놀라운 기회가 있고, 그의 뜻대로 모범적인 관계를….'

횡설수설의 요점은, 결혼 전까지는 잠자리를 하지 말자는 것이었다. 그 얘기가 얼마나 황당하게 들릴지 잘 알았지만, 나는 과거 연애들의 잔재와 그 쓰디쓴 결말을, 그리고 여자를 꼬시려 자선단체를 시작했을 거라는, 혹여라도 있을지 모를 사람들의 오해를 떨쳐내고 싶었다.

내 장황한 설명이 끝나자 빅은 심플하게 동의했다.


12월 초의 어느 날 저녁, 사무실로 돌아와 보니 빅과 베키가 2m짜리 소나무에 크리스마스 장식을 하고 있었다. 매년 겨울이면 도시 곳곳의 가판대에서 80달러쯤에 파는 흔한 것이었다. 그런데 그걸 공짜로 얻었다는 것이다.

"그냥 부탁했어요!" 빅이 말했다.

"당신이 늘 하는 것처럼요."

자기 자신을 위해서는 어떤 부탁도 하는 법이 없는 빅이 거리에서 플란넬 셔츠를 입고 크리스마스 트리를 파는 남자들에게 다가가 채리 티워터 이야기를 꺼내며, 그 나무를 보면서 일하면 참 좋겠다고 말한 것이다.

남자들은 빅에게 나무 한 그루를 공짜로 주었고, 그것은 크리스마스 트리가 되어 연말의 우리 사무실을 환하게 밝혔다.

그들의 선물에 놀란 빅은 감사인사를 전했다. 그러나 오히려 선물을 받은 건 그들이었으리라. 아름다운 여인의 눈부신 미소를 바라볼 수 있는 행운을 누렸으니….

# 18

## '100% 모델'과
## 100만 달러의 후원

안녕하세요? 일이 돌아가는 상황을 알려드릴게요. 아주 활발히
잘 진행되고 있답니다.

내 신년사 이메일에는 이사회에 고지하는 14가지 항목이 들어 있었
다. 얼핏 보기에는 좋은 소식만 줄줄이 이어지는 것 같았다. 신규 마케
팅 파트너십, 새로운 강연 계약, 언론사 방문 일정, 물 프로젝트를 위
한 모금액이 곧 300억 달러를 돌파할 것이라는 소식 등.

이 모든 일에는 돈이 필요합니다. 여러분께서 각자 올해 운영비
명목으로 5만 달러씩 약속해 주신 줄 압니다. 모두 합치면 25만 달
러지요. 저는 그것만 믿고 있습니다. 그런데 지금까지 들어온 돈이
2,000달러밖에 안 되네요.

내 낙관적인 전언 뒤에는 우리 운영비 계좌에 잔고가 얼마 없다는 진실이 숨어 있었다. 그리고 불행히도 1년 반 동안 이런 불안한 상태가 계속되고 있었다.

채리티워터가 성장할수록 우리 운영비도 꾸준히 증가해 갔다. 경리 직원도 충원되어 매달 고정급여를 받는 사람이 네 명이 되었다. 다음 번 '9월 생일자' 캠페인에 총력을 기울이려면 웹 프로그래머도 고용해야 했다. 빅과 베키와 내가 받는 급여가 뉴욕의 다른 비영리법인들의 평균 급여보다 적은지라 조금은 인상했으면 싶었다. 그러나 현금이 들어오지 않으면 이 모든 계획은 말짱 도루묵이었다.

기부금 전액을 봉사 현장에 사용하는 '100% 모델'이 사람들의 호응을 얻기 좋았던 만큼, 실무진의 급여와 월세 쪽에는 사람들의 관심을 끌기가 어려웠다. 겉으로 보기에 채리티워터는 매끈하게 잘 빠진 스포츠카처럼 팬들의 응원을 받으며 두 번째 해의 트랙을 씽씽 달려가고 있었다. 급여, 사무실 임대료, 신용카드 수수료, 보험금 및 기초 비용으로 한 달에 나가는 돈이 10만 달러 정도로, 봉사 현장에 수백만 달러씩 보내는 단체치고는 운영이 꽤 효율적으로 이루어져 온 편이었다. 그래도 적자를 면하고자 남몰래 내 급여를 미룬 적이 여러 번, 직원들에게 월급을 못 주어 난처했던 적도 있었다. 다행히 이런 위태로운 상황에도 이직을 생각하는 사람은 없었다.

운영비 문제를 고민했더니 지인들은 이렇게 조언했다.

"그냥 물 계좌에서 돈을 빌리고 차용증서를 써요. 사무실 임대료도 내고 월급도 줘야 하잖아요."

그러나 내 사전에 그런 일은 절대 있을 수 없었다. 진실성의 문제는 흑과 백처럼 명확한 것이다. 우리 급여 때문에 물 계좌의 돈을 한 푼이라도 축냈다간 우리 단체의 가장 중요한 기둥을 무너뜨리고 기부자들의 신뢰를 저버리게 될 수 있었다.

2008년 6월, 결국 나는 자금에 문제가 생겼음을 이사회에 알렸다. 물계좌에는 881,000달러(약 10억 원)가 있었지만, 운영비는 바닥을 보이고 있었다. 방법을 찾지 못하면 채리티워터를 접어야 할지도 몰랐다. 괴로운 일이었다. 은행에 881,000달러를 두고 파산을 해야 하다니!

이사회에 이메일을 보낸 뒤 빅과 함께 무릎을 꿇고 기도했다.

"하나님, 채리티워터가 이렇게 끝나지 않도록 해주십시오. 기적이 필요합니다. 천국에서 돈을 내려주세요. 하나님, 천사를 보내주세요."

채리티워터 사업을 지키려고 분투하는 와중에도 나는 다음번 대규모 9월 생일자 캠페인에 대한 소문을 퍼뜨려 줄 SNS 파트너를 물색했다. 앞선 2월에는 페이스북의 마크 저커버그와 마이스페이스의 톰 앤더슨, 영국 기반의 소셜네트워크 사이트인 비보의 마이클 버치에게 이메일을 보냈다.

안녕하세요. 저는 뉴욕에서 1년 반쯤 전에 깨끗한 물을 공급하는 자선단체를 설립한 서른두 살 된 스캇입니다. 아프리카에서 봉사를 하다 사람들이 오염된 식수로 인해 죽어가는 모습을 보고 안타까운 마음에 제가 할 수 있는 일을 하려고 마음 먹었….

나는 머시쉽 봉사활동, 채리티워터 설립, 열정 가득한 주 100시간의 노동, 159,000달러를 모금했던 첫 번째 생일 캠페인에 대한 이야기 등을 늘어놓았다.

올해 저는 더 큰 비전을 품고 있습니다. 에티오피아에서 돌아온 지 얼마 안 됐는데, 그곳에 깨끗한 물이 시급히 필요하더군요… 올해 저는 작년보다 규모를 더 키워서 1만 명의 등록을 받고자 합니다. 목표는 한 달에 120만 달러를 모금하여 333개의 우물을 파고 166,000명에게 깨끗한 물을 공급하는 것입니다. 당신의 도움을 받고 싶습니다. 당신 커뮤니티 사람들의 1/12(9월 생일자)을 대상으로 하는 프로젝트입니다. 또 나머지 11/12의 사람들이 33달러, 16달러, 1달러씩 내고 싶어 할 만한 내용입니다.

위의 이메일에서도 알 수 있지만 사실 초창기의 내 홍보방식은 지나치게 솔직하고 공격적인 면이 있었다.

그래도 나는 내 홍보방식(CEO들에게 다짜고짜 이메일을 보내는)이 괜찮다고 생각했다. 목소리를 내고 싶어도 내지 못하는 사람들의 삶을 위해 내가 대신해서 싸우고 있는 거니까!

내가 받은 답장은 딱 한 통뿐이었다.

안녕하세요, 스캇.

그래요, 대단하신 분이네요. 감동적이에요!

지금까지 많은 일을 이루어 오신 것을 축하드립니다. 당신의 홍보 내용, 홈페이지 디자인, 사진, 그리고 무엇보다 대의명분이 마음에 듭니다.

그런데 지금은 저희가 여러 가지 일을 진행 중이라 타이밍이 좋지 않네요. 다음번에 제가 뉴욕에 갈 때 직접 만나서 더 이야기를 나눠 보도록 하죠.

마이클 버치

마이클 버치는 아내 소치와 함께 샌프란시스코에 살았다. 그들 부부는 함께 비보를 창립하여 영국 최대의 SNS로 성장시켰다. 내 메일을 받았을 때 그들은 비보의 매각과 관련하여 물밑 대화를 진행 중이었다. 한 달 뒤 마이클은 회사를 AOL에 8억 5,000만 달러에 팔았다.

마이클과 소치는 30대 후반의 나이, 셋째아이의 출산을 앞두고 있는 가운데 어마어마하게 부유한 실직자가 되었다. 홀가분하기도 했지만 갑자기 일이 없어지니 당황스럽기도 했다고 한다. 20대 초반에 결혼해서 여태까지 손에서 일을 놓은 적이 없었기 때문이다.

운영비가 없어서 채리티워터를 접어야 하나 어쩌나 고민하던 그때, 마이클이 뉴욕에 오겠다는 이메일을 보내왔다. 그가 나를 만나러 온다고?

마이클은 키가 크고 호리호리한 체형이었다. 그가 사무실 문을 열고 들어오는데, 바이킹처럼 가운데 가르마를 타고 어깨까지 기른 옅은 갈색 머리가 찰랑거렸다.

우리는 커피 테이블을 사이에 두고 마주앉았다. 나는 노트북을 열어 더러운 물을 마시는 아이들과 소똥으로 오염된 오물투성이 강물에 무릎을 담그고 있는 여인들의 사진을 보여주었다. 마이클은 신중하고 조용한 타입이었다. 표정에 변화가 없었다. 대화 중에 그가 한마디했다.

"난 자선단체를 믿지 않아요." 비수처럼 꽂히는 말이었다.

'그냥 우리의 비전만 알리자. 어쩌면 그건 통할지도 모르잖아.'

"당신처럼 자선단체를 신뢰하지 않는 사람들이 많아요. 저도 알고 있어요. 하지만 우리는 달라요! 특히 이 100% 모델은 많은 사람들을 사로잡았어요. 효과 만점이죠. 이것 때문에 처음 기부를 하게 됐다는 사람도 많아요. 우리는 기부나 자선단체에 대한 사람들의 신뢰를 회복시키고 있어요. 그런데 솔직히 말하면 지금 운영비 문제로 큰 어려움을 겪고 있어요."

마이클과 약속한 45분이 금방 지나갔다. 나는 조금 후 어떤 후원자를 만나야 했고, 마이클은 장염으로 씨름 중인 아내의 상태를 확인하러 호텔로 되돌아가야 했다. 우리는 택시에 동승하여 업타운으로 향했다. 나는 다음 날 또 차나 한잔하러 오라고 그를 초대했다.

토요일의 두 번째 만남도 첫 번째 만남과 크게 다를 바 없었다. 우리는 생일 이벤트와 관련하여 아이디어를 서로 나누었는데, 알고 보니 비보 창업 전에 버치 부부가 창업한 또 다른 회사가 있었다. 사람들에게 생일을 잊지 않도록 알려주는 웹사이트(birthdayalarm.com)였다. 마이클은 즉석에서 우리 아이디어를 홍보하는 이메일을 자기 회원들에게 보내라고 제안했다.

'좋아, 어차피 9월이면 사업을 이미 접었을지도 모르지만…'

나는 속으로 생각했다.

마이클은 자리를 뜨면서 우리 자금 사정이 어떤지 물었다. 나는 잘하면 1만 달러쯤 후원받아 우물을 2개쯤 팔 수 있을지도 모른다고 기대를 품었다.

사흘 뒤 오전 12시 30분, 이메일 한 통이 날아왔다.


안녕하세요, 스캇.

오늘 100만 달러가 계좌로 들어갔을 거예요. 혹시 무슨 문제 있으면 알려주세요.

그리고 이 돈은 채리티워터의 가장 도움될 곳에 마음대로 쓰세요.

계속 열심히 하시길!

마이클 버치


'말도 안 돼! 오타 아냐?'

나는 커머스뱅크에 접속해 우리 계좌를 확인해 보았다. 정말로 1,000,000이라는 숫자가 찍혀 있었다.

나는 빅에게 제일 먼저 이 기쁜 소식을 알렸다. 그리고 늦은 시각임에도 베키와 이사들에게 전화를 걸어 이 소식을 전했다.

그날 밤 잠자리에 들며 나는 지난 1년간 내가 얼마나 많은 스트레스에 시달렸는지 깨달았다. 직원들 앞에서 늘 밝은 모습으로 희망만을 얘기했지만 시간이 흐를수록 난 지쳐갔다. 바로 그때, 마이클 버치 부부가 내 앞에 나타난 것이다. 그들은 화끈한 자선으로 단박에 우리 상황을 급반전시켰다. 운영비가 없어 몇 주밖에 더 지탱할 수 없는 상황에서 앞으로 13개월은 더 지탱할 수 있는 연료를 주입받았다. 그들의 선물 덕분에 우리는 깨끗한 물을 공급하는 사명에 집중할 수 있게 되었고, 나 역시 그 사명을 보다 창의적인 방식으로 추구할 정신적 여유가 생겼다. 황당한 100% 모델이 황당한 것이 아닌 게 증명된 만큼 새로운 방법을 모색할 수 있는 1년의 기간이 주어졌다.

고맙게도 마이클 부부는 우리를 찾아와 채리티워터에 기술 지원을 해주고 싶다고 했다. 그들은 생일 캠페인을 위한 우리의 온라인 플랫폼 제작을 성심성의껏 돕고, 다른 기술과 사람들을 소개해 주었다. 그들의 관심과 호응, 그리고 통 큰 기부가 우리의 사명을 추구하는 데 얼

마나 큰 도움이 됐는지 모른다. 마이클 부부는 채리티워터의 가장 크고 오랜 후원자이자 나와 빅의 절친이 되었다.

마이클과 만나기 전, 나는 그의 사진을 온라인으로 찾아보다가 어느 해 할로윈 때 예수 분장을 한 그의 모습을 발견했다. 마이클은 자신이 하나님을 믿지 않는다는 사실을 공공연히 이야기했고, 그때만 하더라도 나는 마이클이 이렇듯 채리티워터의 구원자가 되리라고는 전혀 상상하지 못했다.

그런데 그가 바로 우리의 구원자였다. 마이클 부부는 그들이 공감한 우리의 대의명분에 생명을 불어넣어 주었다. 돌아보니 천사를 보내달라는 나의 기도에 하나님이 - 대단한 유머 감각을 발휘하여 - 독실한 무신론자의 모습으로 그를 보내주신 것이다.

**Part 3** | # 깨끗한 물이 필요한
# 곳이라면 어디든

# 01

## '절대적 투명성'은 채리티워터의 약속

○ 2010년 9월, 중앙아프리카공화국 모알레

짐 호킹이 시추를 하던 장비에서 물러나 검정 카우보이 모자를 고쳐 쓰며 무거운 발걸음으로 다가왔다.

"스캇, 거의 100m나 파들어 갔는데 우물 벽이 무너져 내렸어요. 모래가 드릴 날에 끼어 날을 망치면 그걸로 끝이에요."

나는 궁금해서 견딜 수 없었다.

"어떻게 생각하세요? 성공 확률이 얼마나 될까요?"

"글쎄요. 해는 얼마 안 남았지만 저들은 계속 시도하길 원해요. 그러니 끝까지 해봐야죠."

짐은 중앙아프리카공화국(이하 '중아공')의 우리 현지 파트너인 워터포굿의 창립자로, 2010년 9월 모금 캠페인의 수혜자였다.

우리는 이틀 전 중아공 밀림 깊숙이 있는 조그만 촌락 모알레에 도착해 짐과 작업반을 만나 바야카족 전체에 깨끗한 물을 공급하겠다는 약속을 이행하고 있었다. 그런데 아직까지 물은 구경도 하지 못했다.

3주 전 우리는 중아공 바야카족을 위한 캠페인에 들어갔다. 그리고 기부자들에게 우리의 창립 4주년인 9월 7일에 모알레로 가서 200번째 프로젝트의 시추 장면을 실시간으로 촬영해 보내겠다고 했다. 그 대상이 바로 이 우물이었다.

빅과 나는 뉴욕에서부터 사흘간 거의 3,000km를 이동했다. 수정같이 맑은 물이 하늘 높이 치솟았다가 아이들의 손으로 떨어지는 모습을 촬영하게 되리라는 부푼 기대를 안고서….

우물을 팔 때 대개는 모래나 점토질 땅을 손쉽게 파고 들어가다 보면 바위나 자갈층에 도달한다. 적게는 15m, 많게는 300m 정도 파면 물이 나온다. 땅속 깊숙이 빨대를 꽂았는데 갑자기 마실 물이 나오는 것과 같다. 일이 순조롭게 진행되어 앞으로 마을에 물이 공급되리라는 걸 알게 되는 때는 정말이지 마법의 순간이다. 하지만 실망스럽게도 모알레에서는 마법이 자꾸만 우리를 피해 가고 있었다.

짐에게는 특히 더 가슴 아픈 일이었다. 세 번째 시도였기 때문이다. 첫 번째 시도는 16년 전이었고, 그때는 시추장비 같은 것도 없었다. 그저 삽과 곡괭이를 든 여섯 명의 작업반뿐이었다. 두 번째 시도는 2005년이었다. 이번엔 시추장비를 가지고 90m 정도를 팠지만 역시 소용없었다.

보기 드문 일이었다. 중아공은 지하수가 풍부한 편이었고, 주로 땅속 약 45m에서 흘렀다. 그래서 2010년에 우리가 짐을 찾았을 때 그는 전문가 그룹에 의뢰하여 위성 이미지와 모알레의 지도를 연구하도록 했다. 그들은 모알레 땅속 210m쯤에 물이 있을 거라고 판단했다(엘리

베이터를 타고 지하 70층 깊이로 곧장 내려간다고 상상하면 된다).

짐은 다시 한번 시도해 보기로 결심하고 240m까지 시추가 가능한 장비를 새로 구입했다. 그 장비를 가동하는 데도 돈이 많이 들었다. 그때 채리티워터와 연결이 된 것이다.

"저희가 도울게요." 나는 전화상으로 짐에게 말했다. "실은, 우리 기념일 캠페인을 모알레 시추 현장 라이브 영상으로 시작할까 해요."

"쉽지는 않겠지만 새 장비를 사용하면 물을 찾을 수 있을 거예요. 정말이지 이 마을 사람들에겐 물이 절실히 필요해요." 짐의 말이었다.

매년 UN에서 188개국 국민의 전반적인 생활환경을 평가하여 인간 개발지수를 발표할 때마다 중아공은 항상 꼴찌였다. 그래서일까? 어떤 일을 계획하고 추진하기에 쉽지 않은 곳이었다. 자동차 타이어나 와이퍼에서부터 우물용 패킹 고무와 강관에 이르기까지 짐의 작업반이 부품을 구하려면 오랜 시간을 기다려야 했다.

포장된 도로가 전체 도로의 7% 미만이었다. 몇 개월 전에는 목조 다리가 작업반 캐러밴 위로 무너져 짐은 차와 운전사를 잃을 뻔했다.

내 생각에 중아공의 작업은 리스크가 있는 만큼 보람도 큰 케이스였다. 오랜 세월을 두고 짐이 두 번이나 도전했다 실패한 곳에 덤비는 것이니 나의 전의도 활활 불타올랐다.

먼저 우리는 바야카족이 직면한 고난에 대한 동영상을 제작했다. ABC 뉴스, 20/20, 허핑턴포스트가 그 이야기를 수백만 독자에게 전했다. 지난 3주간 우리 기부자들이 중아공을 위해 낸 금액은 29만 달러가 넘었다. 내일 아침이면 수천 명의 사람들이 우리 홈페이지로 찾아와 자기 돈이 모알레 현장에서 어떻게 쓰이는지 보게 될 터였다. 우리는 사람들이 그 영상을 보고 감동해 다른 프로젝트에도 계속 후원하게 되기를 바랐다.

해가 기울어 가는 동안 빅과 나는 질척한 땅에서 비를 맞으며 짐의 장비가 땅과 씨름하는 모습을 지켜보았다. 카메라맨 폴 프라이어를 흘낏 돌아보니, 방수포 밑에 몸을 웅크린 채 카메라 장비가 물에 젖지 않게 하려고 안간힘을 쓰고 있었다.

지난 2년간 나는 현장에 나가 글을 쓰고 사진 촬영을 하기보다 채러티워터의 사업을 개발하는 데 더 많은 시간을 할애했다. 폴도 좋은 사진을 얻기 위해서라면 물불을 가리지 않았다. 최고의 앵글을 위해 높은 나무에 오르기도 하고, 덜컹거리는 차에 죽어라고 매달려 울창한 밀림을 촬영하기도 했다.

영상의 중요성은 말할 것도 없다. 우리가 SNS에서 성공을 거두는 데도 우리가 찍은 영상은 큰 몫을 차지했다. 2008년 초 우리 트위터 팔로워 수는 100만을 돌파했고, 이번 여정에 우리는 20편의 영상을 찍어 페이스북에 올릴 계획이었다.

짐의 아이스박스를 습격했더니 스팸과 앤초비 피클밖에 못 찾은 경우처럼 가볍고 재미있는 영상이 있는가 하면, 중아공과 콩고 사이에 벌어진 국경전쟁에 대한 역사 수업 영상도 있었다. 우리는 바야카족에게 깨끗한 물을 공급하는 것이 우리의 주된 목표라는 사실에 유념하면서 가능한 한 이야기를 흥미롭게 풀어가려고 애썼다.

하지만 모알레의 해가 넘어가면서 우리 목표의 달성 가능성은 점점 희박해 보였다. 짐이 시추작업반 반장 마르셀랭 낭세네와 이야기를 나누었다. 우리와 마찬가지로 짐은 중아공의 작업이 현지인들에 의해 이루어져야 한다고 믿었다. 마르셀랭은 물론이고 시추작업반, 기계공, 운전사들 모두 중아공에서 나고 자란 사람들이었다.

"오늘은 이만 하는 게 어때요? 일꾼들 잠은 재워야죠. 아침에 다시
해봅시다." 짐이 말했다.

마르셀랭은 잠시 고민하는가 싶더니 장비를 돌아보며 고개를 저었
다.

"안 돼요. 밤새 작업을 할 겁니다. 조명과 발전기를 가져와서요."

할 수 없다는 듯 짐도 고개를 끄덕였다.

미국 선교사의 아들로 태어난 짐은 1957년, 그의 나이 세 살 때 가
족과 함께 처음 중아공으로 건너왔다. 영어보다 상고어를 먼저 배웠
으며, 3형제는 텔레비전과 비디오 게임은 구경도 못하고 자랐다.

짐은 우리에게 바야카족에 대해 간단히 설명했다. 그들은 열대우림
깊숙한 곳에 사는 세계 마지막 수렵채집 유목민들로 숲이 만든 지붕
아래 조그만 벌집 모양의 오두막을 지어 놓고 생활했다. 그들은 먹을
수 있는 나무뿌리나 풀, 어디에 가면 야생벌꿀을 찾을 수 있는지 귀신

채리티: 워터 |

같이 다 알았다. 그러나 외부 세계에는 관심이 없었다. 외부 세계가 그들의 생활환경을 점점 더 침해하는데도 불구하고….

바야카족은 노래하고 춤추기를 즐기며, 그들의 조화로운 선율은 세계적으로도 인정받아 음반과 영화, 책에 두루 그 기록이 남아 있다.

그런데 이렇게 소중한 바야카족이 키 큰 중아공 사람들에게 천덕꾸러기 신세가 된 것이다. 주민들은 그들을 '숲사람'이라 부르며 짐승 취급을 했다. 중아공 사람들은 바야카족을 노예처럼 부리며 착취했고, 그들이 아끼는 우물에는 접근하지 못하게 했다. 모알레에서 바야카족은 연못의 흙탕물을 긷기 위해 왕복 80분을 걸어다니는 형편이었다.

짐은 캘리포니아에서 고등학교를 다니고 인디애나에서 신학대학을 나온 뒤 1977년에 다시 중아공으로 돌아왔다. 그는 무분별한 벌목과 삼림 벌채로 인해 바야카족이 파멸로 내몰리고 있음을 알게 되었다. 짐은 우물을 파는 등 자신이 좋아하는 바야카족을 위해 할 수 있는 모든 일을 다하려고 애썼다.

바야카족이 처한 현실은 내 안의 공명심에 불을 지폈다. 그들에게 깨끗한 물을 제공한다고 그들이 하루아침에 달라지지는 않겠지만 최소한 인간으로서의 존엄성을 회복하는 데 도움이 되기를 바랐다.


저녁식사 후 빅과 나는 텐트로 돌아와 반갑지 않은 손님들을 쫓았다. 거미와 애벌레들이었다. 우리는 침낭 위에 누워 마르셀랭과 그의 작업반을 위해 기도하고, 휴식을 취했다.

새벽 4시 30분경, 천사 같은 노랫소리에 잠에서 깨어났다. 우리는 비옷을 입고 손전등을 챙겨 소리가 나는 쪽으로 걸음을 옮겼다. 카메라를 들고 노랫소리를 찾아가는 폴의 모습이 보였다.

어둠 속을 걸어가니 공터가 나왔다. 바야카족 수백 명이 공터로 몰려오고 있었다. 그곳은 그들의 교회였다. 400명쯤 되는 성인 남녀와 맨발의 아이들까지 나와 빗속에서 노래를 부르며 물을 달라고 기도하는 장소였다. 멀리서 작업장의 불빛이 희미하게 보였다. 마르셀랭과 작업반원들은 쉬지 않고 일을 하고 있었다. 믿을 수 없는 새벽 풍경이었다!

"스캇, 너무 아름다워요." 빅이 나를 꼭 끌어안으며 말했다.

지난 3년 동안 빅과 나는 지구상에서 가장 외진 곳들을 찾아다녔다. 그녀는 낯선 여행지에서 거친 음식도 마다하지 않았고 샤워를 못해도 불평하지 않았다. 그녀는 용감했고 인정이 많았다.

몇 주 뒤면 우리의 결혼 1주년이었다.


2009년 9월, 나와 빅은 지인과 가족, 친지 150여 명이 보는 앞에서 결혼식을 올렸다. 결혼식 경비는 총 1만 달러! 제인 이모님이 코네티컷 자신의 농장에서 결혼식을 하도록 해주고, 꽃값까지 부담했다. 친구들이 음식 서빙과 사진 촬영, 디제잉을 도맡았다. 나는 천막, 의자부터 식기, 와인에 이르기까지 모든 품목에 대해 가격을 꼼꼼히 따졌다. 드레스를 고를 때 빅은 데이비드 브라이덜의 할인매장에 들어가서 몇 개 입어보더니 그 중 하나를 손가락으로 가리켰다.

피로연이 시작되고 몇 시간 뒤 우리는 함께 숙소로 갔다. 그날 밤은 우리가 온전히 처음 함께 맞는 밤이어서 모든 것이 좋았다.


모알레의 믿을 수 없는 새벽 풍경 속에서 빅은 눈물을 흘리며 내게 말했다.

"생일 축하해요, 여보."

그날은 9월 7일이었고, 내 서른다섯 번째 생일이었다. 모알레 주민들의 합창을 들으며 나는 생일을 맞아 한 가지 소원이 꼭 이루어지길 빌었다.

오전 11시에 마르셀랭이 우리에게 작업 진행상황을 알려주었다. 밤새도록 작업했지만 시추공이 또다시 무너졌다는 얘기였다.

"물을 찾아서 저들을 기쁘게 해주고 싶은데 그럴 수 없어서 가슴이 아프네요." 짐이 마르셀랭의 어깨에 손을 얹었다.

"당신들은 최선을 다했어요. 걱정 말아요. 우리가 다시 돌아올게요."

괴롭지만 우리는 패배를 인정해야 했다. 아무것도 틈입을 허락하지 않은, 아프리카 땅의 승리였다. 짐은 바야카족 목사와 공동체에 슬픈 소식을 알리러 갔다. 바야카족 목사는 짐을 위로했다.

"오늘 물을 찾는 게 신의 뜻이 아닌 게죠. 당신이 다시 오면 그때는 하나님이 인도해 주실 거예요."

마을 주민들은 실망스런 소식에도 아무런 내색도 하지 않고 우리들의 손을 잡고 위로해 주었다. 속이 너무 상했다. 삶이 불공평하게 느껴졌다. 반가운 소식을 기다리는 우리 기부자들은 또 얼마나 실망할까!

그동안 그토록 많은 우물을 팠건만, 16년을 기다린 모알레 사람들은 아직도 더 기다려야 했다.

"이번 작업은 실패야. 사람들에게 이 소식을 알려야 해."

내 말에 빅이 고개를 내저었다.

"작업이 실패로 끝났다고 곧이곧대로 보고할 필요는 없어요."

광고계에서 일했던 경험 때문인지 빅은 누구에게도 약한 모습을 보이지 않으려 했다. 조금은 감추고 듣기 좋게 이야기하는 화법도 필요하다는 것이다.

"스캇, 꼭 영상을 보낼 필요는 없어요. 대신 이메일을 보낼 수도 있잖아요? 두루뭉술하게 긍정적인 분위기를 유지하면서 기술적인 문제가 좀 있었다고 설명하는 건 어때요?"

"하지만 우리가 약속한 건 영상이야, 이메일이 아니야."

설령 기부자들이 나쁜 소식에 실망하여 등을 돌리더라도 진실을 말하고 그들과의 약속을 지켜야 한다는 내 생각은 변함없었다.

2년 전 한 기부자와 오해가 생겨 관계를 회복하기 위해 여간 애를 먹은 게 아니었다. 2008년에 한 액세서리 판매점에서 74만 달러를 모금해 주고 우리 기금으로 50만 달러를 보태어 케냐의 깨끗한 물 프로젝트를 시작하기로 했다. 그런데 부족 간에 분쟁이 발생하는 바람에 우물 공사가 지연되었다. 마침내 시추가 시작되었지만 이번에는 수질 문제와 장비 고장으로 문제가 발생했다. 우리가 이런 문제들을 기부자에게 전달하자 그들은 실망하고 분노했다. 내 잘못이었다. 애초에 일이 잘못될 수 있다는 점을 미리 고지하지 않았기 때문이다.

지금 이곳 모알레에서의 현 상황도 마찬가지였다.

"세상에서 가장 외진 땅에 깨끗한 물을 공급하려면 어떤 일이 생기는지 기부자들도 알아야 해. 늘 성공하는 건 아니라는 것도…."

내 결정이 옳기를 바란다며 빅은 한 발 물러섰다.

오후 3시 11분, 녹초가 되었지만 나는 밝은 표정으로 폴의 카메라 앞에 섰다. 카메라가 돌아가기 시작했다.

"유감스럽지만 좋은 소식을 전해드리지 못하게 됐습니다." 나는 침착하게 말을 이었다.

"이곳에 물이 있는 건 확실합니다. 문제는 시간과 기술, 의지겠죠. 우리는 투명성을 늘 강조해 왔기에 솔직하게 상황을 알려드리고자 합니다. 이 나라에서 팠던 우물의 95%에서는 물이 발견되었고, 5%에서는 그렇지 않았습니다. 오늘은 그 5%에 속한 날입니다. 많은 분들이 실망하셨을 겁니다. 그런데 이 점만 알아주세요. 이게 여러분께서 들으시는 모알레의 마지막 소식이 되지는 않을 거라는 걸. 우리는 앞으로도 싸울 각오가 되어 있으며, 이 마을뿐 아니라 이 나라의 모든 바야카족에게 반드시 깨끗한 물을 공급할 것입니다."

5분짜리 영상을 편집하는 데 3시간이 걸렸다. 짐이 공사과정을 설명하는 장면과 마르셀랭의 작업반이 밤새도록 일하는 장면, 바야카족 사람들이 시추작업을 지켜보고 있는 장면을 이어서 붙였다. 그 영상을 휴대용 위성기기로 우리 홈페이지에 올리는 데 또 4시간이 걸렸다. 제목은 〈기념일에 물을 찾지 못하다〉로 정했다.

그날 밤엔 비가 세차게 내렸다. 나는 잠을 이루지 못했다. 영상을 본 사람들이 뭐라고 할지 궁금했다.

우리가 '실패 영상'이라 명명한 이 영상은 채리티워터의 역사상 중대한 전환점을 만들어 주었다. 자선단체에 대한 대중의 신뢰를 회복할 수 있는 유일한 길이 실수를 솔직하게 고백하는 데 있다는 걸 나는 다시 한번 깨달았다. 그 영상은 절대적 투명성을 보장하는 채리티워터의 약속을 더욱 공고히 해주었다.

〈기념일에 물을 찾지 못하다〉가 올려진 지 24시간 만에 수만 명의 사람이 영상을 보고 댓글을 달았다.

'어쩌면 성공 소식을 알리는 것보다 이런 게 더 중요한 것 같아요.'

'최선의 계획과 과학적 데이터, 완벽한 장비를 갖추고도 온갖 문제에 부딪칠 수 있습니다. 문제를 인정해 줘서 고마워요.'

'실수는 기회입니다. 중요한 건 어떻게 대처하느냐죠. 당신들은 정말 잘 대처해 주었습니다.' 시애틀의 목사 라이언 미크스의 전언이다.

〈기념일에 물을 찾지 못하다〉는 그해에 채리티워터에서 가장 조회 수가 높은 영상이 되었다. 9월 한 달에만 페이스북 팬이 23% 늘었고, 채리티워터 홈페이지 방문자 수는 160% 증가했으며, 총 영상조회 수는 277,770뷰를 기록했다. 그것은 현실에도 지대한 영양을 미쳐 9월 캠페인에서 모금액 최고 기록인 170만 달러로 마감되었다.

대중 앞에서 실수를 솔직하게 인정하기란 쉬운 일이 아니다. 그러나 모알레에서의 실수를 그냥 덮기에는 내가 우리 기부자들을 너무나 신뢰하고 존경했던 것 같다. 기부자들 중 상당수는 채리티워터가 그들 최초로 접한 자선단체였다. 그러니 책임이 더 막중할 수밖에….

우리는 다음에 다시 돌아오겠다는 약속을 남기고 무거운 마음으로 모알레를 떠났다. 짐과 마르셀랭은 우리의 마음이 진심이라는 증거로 고가의 강관더미를 남겨두었다.

솔직히 앞으로 모알레 땅에서 물을 언제 어떻게 얻게 될지는 알 수 없었다. 하지만 바야카족을 또다시 실망시킬 경우 심각한 내상이 남을 것이다. 그대로 둘 수는 없었다.

## 02

# 오바마 대통령이
# 채리티워터를 소개하다

2011년에 채리티워터는 5주년을 맞았다. 당시의 언론기사를 본 사람이라면 우리가 기존의 자선단체 모델을 타파한, 떠오르는 신생 자선단체라고 생각했을 것이다. USA투데이는 우리를 '기술에 정통한' 자선단체라 칭했고, Inc.매거진은 우리가 '자선사업을 재창조'해 나가고 있다고 치켜세웠다. 월스트리트저널, 패스트컴퍼니, CNN 같은 매체들도 마찬가지였다. 하지만 우리는 일을 해나가며 방법을 찾는 근면성실한 신참일 뿐이었다. 나는 끊임없이 길을 인도해 달라고 기도하는 부족함 많은 창립자였다. 여전히 우린 사람들의 관심을 끌려고 애썼고, 모금액을 늘리려 분투했으며, 발등에 떨어진 불을 끄는 중이었다.

백악관까지 어떻게 이야기가 전해진 것인지 2011년, 우리 부부는 국가조찬기도회에 초청을 받게 되었다. 매섭게 추운 2월의 어느 아침,

우리는 워싱턴D.C. 힐튼호텔 대연회장에서 약 10m 정도 떨어진 자리에 앉아 오바마 대통령의 삶의 이야기를 듣고 있었다.

"다들 그렇겠지만 제 신앙의 길에는 우여곡절이 많았습니다. 항상 쭉 뻗은 고속도로는 아니었죠."

나도 우여곡절이 많았는데… 생각하다가 문득 7년 전 그날 밤 일이 떠올랐다. 클럽 프로모터를 그만두고 떠돌던 중 어느 숙박업소 TV에서 오바마를 보고는 언젠가 그가 미국 대통령이 되리라 확신했던 순간이…. 그런데 그가 정말 대통령으로서 내 앞에 서 있었다. 첫 임기의 절반이 지난 시점이었다.

"수차례 실패와 절망을 거듭하며 하나님이 저를 위해 준비하신 것이 무엇인지 질문했고, 우리를 위한 하나님의 계획이 우리의 근시안적 소망과 늘 일치하지 않을 수도 있음을 되새겼습니다."

실패와 절망, 우리도 그랬다. 목표를 달성하지 못했던 모금 캠페인, 망가진 우물, 우리와 잘 맞지 않았던 새 직원 등. 하지만 이런 경험이 우리를 다잡고 단련시켰다.

무대 위의 오바마 대통령의 말이 계속해서 이어졌다.

"믿음은 제가 아주 불완전한 사람이지만 그래도 언제 어디서든 힘 닿는 데까지 누군가를 도울 수 있다는 걸, 그리고 어떻게든 하나님이 이런 노력을 지지해 주실 것임을 상기시킵니다."

대통령의 이야기를 듣고 있노라니 채리티워터가 불완전한 단체로서, 훨씬 더 불완전한 창립자의 지휘 아래 얼마나 먼 길을 걸어왔는가 하는 생각이 들었다. 우리는 달랑 세 명(나, 빅, 라니)이 브랜틀리의 집에 빌붙어 사업을 시작했다. 이제는 30명의 직원들이 맞춤형 디자인의 소호 사무실에서 일하고 있었다. 마음씨 좋은 후원자가 한 달에

5,000달러만 받고 임대해 준 사무실이었다.

오바마 대통령이 이야기하는 동안 나는 빅을 돌아보며 그녀가 그 많은 생일 캠페인 홈페이지를 만들고 시내를 돌며 물상자를 날랐던 시간들을 떠올렸다(매년 380억 개의 빈 생수병이 쓰레기 매립지로 가게 된다는 걸 알고 난 뒤 우리는 생수 판매를 중단했다. 우리가 폐기물을 발생시키는 주체가 될 수는 없었다).

《초보자를 위한 HTML》책으로 코딩을 배운 지 5년이 지나자 빅은 자신감 넘치는 크리에이티브 디렉터이자 세계적 수준의 브랜드 제작자로 성장했다. 각종 컨퍼런스에서 그녀에게 강연 요청이 쇄도할 정도였다. 패스트컴퍼니 같은 잡지에선 그녀의 독창적 디자인을 대서특필하는 프로필이 실리기도 했다.

"얼마 전 저는 채리티워터라는 단체를 알게 되었습니다. 해외의 깨끗한 물 프로젝트를 후원하는 곳이죠."

대통령의 말에 나는 깜짝 놀랐다.

'잠깐만, 뭐라고?' 나는 자세를 고쳐 앉으며 빅을 돌아보았다.

'방금 우리 이름이 대통령의 입에서 나왔어?'

"이 프로젝트는 전직 나이트클럽 프로모터였던 스캇 해리슨이라는 분이 시작한 것입니다. 자기 자신만을 위한 삶에 지치고 예수님을 제대로 따르고 있지 않다는 느낌을 받았을 때였죠."

빅이 내 손을 잡았고 우리는 숨을 죽였다.

"스캇이 그동안 열심히 노력한 덕분에 채리티워터는 170만 명의 사람들에게 깨끗한 물을 선물하게 되었습니다. 그리고 앞으로 10년 뒤에는 1억 명이 넘는 사람들이 깨끗한 물을 마실 수 있도록 도울 계획입니다. 이런 일이야말로 우리의 홍보가 더 필요합니다. 이런 믿음이야말로 산을 옮길 믿음입니다."

그 뒤로 그가 무슨 말을 했는지 기억이 잘 나지 않는다. 한꺼번에 온갖 감정이 밀어닥쳤다. 당혹감, 뿌듯함, 짜릿함, 겸손함. 대통령의 이너서클에 든 사람이 그의 연설을 듣던 중 스스로 중요한 사람이라는 느낌을 받은 데서 오는 단순한 충격이 아니었다. 그 말은 우리 사명의 틀을 재정립하는 계기가 되었다.

'산을 옮길 믿음.'

아침마다 나를 일으켜 세우는 원동력이 되는 '믿음의 실천'을 미국의 대통령이 다시금 각인시켜 주고 있었다. 종교로만, 교회로만, 말로만, 이웃을 심판하는 믿음으로만 그치지 않는, 행동이 따르는 믿음 말이다. 세상의 많은 사람들이 힘을 합쳐 이 엄청난 문제에 대해 뭔가 해보겠다고 결심했기에 우리가 1억 명의 사람들에게 깨끗한 물을 공급하겠노라고 선언할 수 있는 믿음.

'뭐든 해보려는 자세'는 아버지로부터 배운 것이다. 아버지는 어머니의 병 치료를 포기하지 않고 도움이 될 만한 것이라면 힘닿는 데까지 했다. 게리 박사도 마찬가지였다. 그는 평생을 바쳐 가난한 사람들에게 최고의 의료서비스를 제공해 주었다. 포기하지 않고 모알레로 우물을 파러 가는 짐과 마르셀랭에게서도 그런 모습이 보였다.

물론 신앙이 내 개인적 삶의 원동력이기는 하지만, 예나 지금이나 채리티워터가 종교단체였던 적은 없다. 나는 모든 수단을 동원해 모든 사람에게 가장 효과적인 방식으로 깨끗한 물을 얻게 해주는 게 우리의 일이라고 믿는다.

다시 2009년으로 돌아가 보자. 빅과 나는 샌프란시스코에 있는 마이클과 소치의 5층 집 둥근 식탁에 앉아 소셜 모금 웹사이트 〈마이채리티워터(mycharity: water)〉의 작업에 착수했다. 면이 고르지 않은 나무식탁이어서 꽉 눌러 쓰면 연필에 종이가 뚫렸다.

우리는 몇 시간이고 이야기를 나누면서 웹사이트를 어떤 식으로 꾸밀지 의논했다. 빅은 각 페이지와 흐름을 어떤 식으로 구성할지 여러 가지 시나리오를 간단히 그렸고, 마이클은 그걸 자기 서재로 가지고 가서 곧바로 코딩에 들어갔다.

뉴욕으로 돌아온 뒤에 마이클은 소프트웨어 기술자를 보내 전일제로 우리와 일하면서 자신의 작업을 더욱 발전시키도록 했다. 이후 6개월 동안 우리는 기부자들이 한정된 시간 – 생일, 휴일, 또는 그냥 영감을 받은 날 – 동안 모금활동을 벌일 수 있는 새로운 플랫폼을 구상했다. 사람들은 거기다 사진을 올리고, 사명선언서를 작성하고, 목표를 설정하고, 지인들을 불러서 의견을 남기게 하고, 또 어떤 사람이 기부를 하는지 찾아볼 수 있었다.

2009년 9월, 〈마이채리티워터〉의 베타 버전이 출시되자 수개월 만에 수만 명이 모금활동에 뛰어들었다. 그들은 다른 이들에게 자신들을 위해 기부해 달라고 부탁했고, 나중에는 부탁을 받았던 사람들이 관심이 생겨서 똑같이 따라했다. 4개월 만에 마이채리티워터의 모금액은 120만 달러가 넘었다. 1년 반 뒤에는 그 액수가 1,300만 달러로 뛰었다.

내 생각에 마이채리티워터의 최대 장점은 이를 통해 기부의 민주화가 이루어진 점이 아닌가 싶다. 한 푼 한 푼이 소중하고, 누구나 참여할 수 있었다. 5달러를 기부하든 5,000달러를 기부하든 기부자는 자기 돈이 전액 정확히 어디로 갔는지 알려주는 보고서를 받았다.

'이것이 당신이 이 중학교에 후원해 준 우물이에요. 이건 구글어스의 위성이미지예요. 이것은 당신이 준 5달러로 도움을 받은 사람들의 사진이랍니다.'

기부금 액수가 적어도 누구나 나눔에서 오는 전율을 경험하기를 바랐다. 사람들에게 어려운 이에게 돈을 주는 것과 자기가 그냥 가지고 있는 것 중 선택을 하도록 했을 때 그냥 가지고 있는 사람보다 주는 사람의 행복지수가 훨씬 더 높다는 것을 보여주는 연구결과가 많다.

5년 만에 총 98,000명이 개별적으로 모금활동을 벌였다. 캐나다의 기부자 제나 하산은 2011년에 아버지와 함께 킬리만자로 등반을 하면서 70명의 지인으로부터 6,526달러를 모금했다. 그 돈은 에티오피아 시구아 마을의 주민 700명을 위해 얕은 시추공 우물을 파는 데 쓰였다. 같은 우물에 남부 캘리포니아의 일곱 살 난 아이 라일리 굿펠로도 도움을 주었다. 라일리와 그 친구들은 스스로를 '콩밥꾸러기'라고 불렀다. 깨끗한 물 프로젝트를 위해 5,500달러를 모금하느라 25일을 내리 콩밥만 먹었기 때문이다.

마이채리티워터는 또 우리가 기부자들과 더 활발히 교류할 수 있는 수단이 되기도 했다. 우리는 기부자들에 대한 동영상을 제작하고, 개인적으로 감사장을 보내고, 행사에 초청한다. 지금도 우리는 독특한 방식으로 기부자들을 예우한다. 그리고 우리 직원들도 정기적으로 자기 지갑을 털어 얼굴 한 번 본 적 없는 사람들이 시작한 모금활동에 기부를 해오고 있다. 우리 역시 기부자들의 황당하면서도 창의적인 아이디어에 늘 영감을 받는다.

한 예로, 렐러번트지의 팟캐스터 제시 캐리는 '인간 인내심에 대한 극한 실험'이라고 명명한 실험을 수행하느라 캐나다 밴드 니켈백의 노래를 계속해서 총 168시간 동안 들었다. 제시의 캠페인은 말리에서 진행될 8개의 물 프로젝트를 위한 기금 36,390달러를 모금하며 마감되었다.

샌디에이고의 한 아이의 아빠 브래디 펠프스는 반죽과 식용색소를 이용해 아이들이 좋아하는 만화 캐릭터 모양의 팬케이크를 자주 만들었다. 어느 날 그는 자기 캠페인에 100달러를 기부하면 기부자가 고르는 팬케이크를 만들어 그 사진을 자신의 인스타그램 계정 @ThePancakeDad에 게시했다. 1,000달러를 기부한 사람에게는 그 팬케이크를 포장하여 보냈다. '팬케이크 아빠'는 순식간에 유명해졌다. 언론이 앞다투어 이 이야기를 전했고, 브래디는 팬케이크를 구우면서 53,440달러의 기부금을 모았다. 우리는 그 돈을 에티오피아의 일곱 마을에 쓸 기금으로 배정했다.

"이 바보 같은 팬케이크 덕분에 사람들의 삶이 바뀌게 될 겁니다."

브래디가 한 기자에게 한 말이다.

"제가 아이들을 웃겨 주려고 시작했던 멍청한 짓이 이제는 온 세상 사람들을 웃게 했으면 합니다. 이게 아니었다면 불가능했을 그런 삶을 살 수 있게 되어서 말입니다."

브래디의 팬케이크, 라일리의 콩밥, 제시의 초인적 인내심, 이 모든 노력들이 전 세계 사람들의 삶을 변화시키는 결과를 낳았다. 출범 5년 만에 채리티워터는 5,900만 달러를 모금했으며, 기부자들은 우리가 19개국 230만 명의 삶에 지대한 영향을 미친 6,000건에 달하는 물 프로젝트를 후원할 수 있게 해주었다.

230만 명을 물 빈곤에서 구하면 그들에게 건강만 보장되는 것이 아니라 경제적으로도 더 나은 기회가 제공된다. 유럽연합에 의하면 깨끗한 물에 1달러를 투자하면 4~8달러의 경제적 효과가 발생한다고 한다. 예컨대 말라위의 한 마을에 우물이 생기면 여자들이 장사를 하고, 집을 고치고, 자신들의 미래를 돌볼 시간적 여유가 생긴다. 방글라데시나 콩고민주공화국의 한 학교에 물과 변소가 생기면, 여학생들이 생리 중에 학교를 빼먹지 않아도 된다.

깨끗한 물이 가져다 주는 막대한 경제적 효과와 건강증진 효과는 데이터로 입증이 되는, 부인할 수 없는 사실이다. 그러나 존엄성 회복, 양성평등, 사회적 발전 같이 결코 정량화할 수 없는 이익도 있다.

예를 들어 2010년에 우리는 북동부 인도의 한 제휴단체와 함께 우물 기술자 21명의 교육 및 실습을 도운 적이 있는데, 남자들의 일로 알려진 이 직종에 여성들을 모집했다.

"어느 마을에 갔더니 남자들이 '당신 같은 여자들은 우물을 더 망가뜨릴 뿐이야. 썩 꺼져!'라고 하더라고요."

2011년에 인도의 우타 프라데시를 방문했더니 실라 싱이라는 여성 기술자가 말했다. 실라와 동료 여성 기술자가 우물 수리를 성공적으로 마치자, 예순 살 먹은 주민이 그녀의 어깨를 두드리며 말했다.

"오늘 당신이 제대로 입증해 보였소. 당신이 제 밥벌이를 스스로 하는 사람이라는 걸."

내가 가장 좋아하는 이야기는 북우간다의 헬렌 아피오의 이야기다. 헬렌은 아내이자 두 아이의 엄마로, 매일 아침 동이 트기 전에 일어나 2.4km를 걸어 물을 길으러 갔다. 몇 시간 뒤 18kg짜리 물통을 등에 지고 집으로 돌아올 때 그녀는 늘 고민에 빠졌다.

'오늘은 이 물을 어디에 쓸까? 아이들 교복을 빨까? 가족을 위해 요

리를 할까? 정원에? 목욕물로? 우리가 마실 수 있는 물은 얼마나 될까?'

물이라곤 고작 38리터뿐이었다. 우리가 5분 동안 샤워하면서 써버리는 양이다. 헬렌은 그 물을 자기 자신을 위해서는 거의 쓰지 못했다. 그러나 2009년, 마을에 우물이 생기면서 헬렌의 삶이 달라졌다.

"이제 식사할 시간이 생겼고, 아이들은 학교에 갈 수 있게 되었어요. 샤워도 할 수 있고, 옷도 깨끗하고요!"

헬렌의 머리에는 꽃도 꽂혀 있었다.

"이제는 제가 예뻐 보여요." 그녀가 활짝 웃었다.

물의 효용이 아름다움과 자신감 회복까지 닿으니 나는 절로 입이 벌어졌다.


헬렌이나 실라, 짐, 마르셀랭, 브래디, 라일리 같은 보통 사람들의 이야기가 하나씩 알려지고 있었다. 채리티워터는 이제 직접 행동하는 데 고무된 전 세계 수십만 명의, 그리고 팬케이크를 뒤집어서 산을 옮길 수 있다고 믿는 사람들의 이야기였다.

자선사업 부문이 위축되어 가고 있을 때 채리티워터는 확장 일로에 있었다. 2008~2010년까지 미국의 자선단체에 들어온 총 기부금은 10% 하락했다. 반면에 우리 채리티워터의 기부금은 같은 기간에 395%나 증가했다. 나는 그런 추세가 지속되리라고 오판했다. 책임자의 위치에서는 정말 위험한 생각이었다.

# 03

## 채리티워터는
## 스타트업인가?

우리의 초창기 시절을 돌아보면 나는 늘 채리티워터를 스타트업으로 생각했던 것 같다. 그 전까지 나는 제대로 된 직장생활을 해본 적이 없었다. CEO가 하루 종일 어떤 일을 해야 하는지도 몰랐다. 그러다가 로스 가버를 만나고 많은 것이 달라졌다.

로스는 텍사스주 오스틴의 기업가로, 테크 스타트업을 운영한 경험이 있었다. 그는 스물여덟 살에 비네트(Vignette)라는 인터넷 소프트웨어 회사를 공동창업, 3년 만에 직원 수 150명의 기업으로 키웠다. 1999년, 서른두 살의 나이로 로스는 경영권을 '전문 CEO'에게 넘기고 자리에서 물러났다. 1년 뒤 이 회사는 직원 2,000명 이상의 회사로 도약했으며 자산가치는 150억 달러를 넘어섰다.

나와 로스를 따로 알고 있던 친구가 우리를 이메일로 소개해 주었고, 로스와 나는 2008년 말에 처음 전화 통화를 했다.

"교회를 하루 동안 통째로 빌렸으면 해요."

그는 어리둥절하여 어느 교회를 말하는 거냐고 물었다.

"제 말은 '전 세계 교회'를 뜻하는 거예요. 하루에 10억 달러를 모금해 전액 물 프로젝트에 쓰고 싶어요."

내 아이디어에 스스로 도취되어 목소리가 높아졌다.

"어느 일요일 아침에 세상 모든 교회의 교인들에게 바구니를 돌리는 거예요. 바구니가 터질 만큼, 세계의 물 위기를 영원히 종식시킬 만큼 충분한 돈이 모일 때까지요!"

세계 전역의 시추장비를 가져다가 수천 개 마을에서 동시에 깨끗한 물이 솟아오르게 하고, 온 세상 사람들이 바이럴 모금활동을 통해 이전보다 나은 존재가 되게 하고 싶다는 포부를 로스에게 밝혔다.

"그리고 이 일의 백미는 교회가 그 돈을 비종교단체인 채리티워터에 준다는 거예요. 얼마나 뜻깊은 일입니까! 전 세계 교인들이 가난한 사람들에 대해 깊은 관심을 갖고 10억 달러를 모금해 주다니! 아무런 연고도 없는 사람들에게, 아무런 조건 없이!"

"좋아요, 좋아. 아주 큰 뜻을 품고 있군요." 로스가 감탄했다.

그 꿈은 아직까지 실현되지 않았지만 그날부터 로스는 나의 멘토가 되었다. 그는 수백만 명의 사람들이 깨끗한 물에 관심을 가지도록 하기에 앞서 먼저 내가 우리 단체를 돌보는 법부터 배워야 한다고 했다.

나는 여전히 직원들의 업무를 세세하게 챙겼고 이메일 문구부터 우리 홈페이지의 시간별 트래픽에 이르기까지 많은 것에 신경을 썼다.

2009년 12월에는 스티브 사도브의 아이디어를 접하게 되었다. 그는 삭스5번가의 CEO이자 나의 또 다른 멘토이다.

"스티브, 뉴욕 사람 100명에게 매달 1,000달러씩 후원하도록 할 수 있다면 얼마나 좋을까요? 그러면 저희 운영비가 충당될 텐데…."

"바보 같은 소리 집어치워요."

후원자 중 누군가가 돈을 늦게 보내거나 다음해에 후원을 끊으면 당장 이듬해 파산하여 채리티워터가 더 이상 존속하지 못할 수도 있다고 그는 말했다.

"스캇, 후원자들에게 3년 약정을 해달라고 하세요. 그렇게 하면 사업계획을 세울 수 있어요. 현금흐름을 계획할 수 있다고요."

기막힌 아이디어였다.

"그리고 후원 등급을 차등화할 필요가 있어요. 나도 앞으로 3년간 매달 2,000달러씩 후원할 생각이거든요."

그렇게 그는 '더웰(The Well)' 프로그램의 창립 멤버가 되었다. 더웰은 채리티워터의 기본적인 운영에 필요한 경비를 지원하는 프로그램이다. 더웰은 마음씨 좋은 후원자 몇 명에서 시작해 멤버 수가 전 세계 129명의 개인과 가족으로 늘었고, 이들이 후원하는 금액은 연 6~100만 달러까지 다양하다.

초창기 후원자들과 지인들은 처음에 이 아이디어에 부정적이었다.

"거액 기부자들에게 직원들의 건강보험료를 내달라고 설득하겠다고? 그래서 그들이 얻는 게 뭔데?"

맞는 말이었다. 더웰의 멤버가 된다는 건 고귀하면서도 가장 이타적인 형태의 기부자가 되는 일이었다. 병원의 병동이나 음악당, 아니면 우물에 자신의 이름을 남기고 그 사진을 지인들에게 보여주면서 "이거 내가 한 거야!"라고 말할 수 있는 게 아니라 대신에 그들은 임대료, 급여, 신용카드 수수료 등의 내역이 적힌 지출 보고서를 받았다.

스티브가 채리티워터 직원들의 급여 걱정을 덜어 주었다면, 로스는 직원들을 행복하게 해주는 방법을 가르쳐 주었다.

2009년 12월, 로스와 통화를 하던 중 나는 그에게 멘토가 절실히 필요하다고 말했다. 그는 바로 비행기를 타고 우리 사무실로 날아와 며칠 동안 채리티워터의 직원들과 면담하고 우리가 팀을 어떻게 꾸려 가는지 지켜보았다.

"제 비전은 2020년까지 깨끗한 물 프로젝트를 위해 20억 달러를 모금하고 싶다는 겁니다!"

로스는 야심찬 내 비전을 듣고 사무실을 한 바퀴 둘러보았다. 한 남자직원이 구석에서 헤드폰을 끼고 웹코드를 작성하고 있는 모습을 발견했다(과중한 업무에 그는 신경쇠약 직전이었다). 우리는 아직 회계 프로그램 퀵북으로 회계를 처리하고 있었다. 이미 퀵북으로 처리할 수 있는 수준을 넘어선 지 오래였는데 말이다.

물 프로그램 데이터는 스프레드시트에 묻혀 있었고, 모금 정보는 전부 내 머릿속에 들어 있었다. 내 사무실 문 앞에는 빨간 벨벳줄까지 쳐져 있었다. 직원 중 누군가가 수납장에서 발견하고 거기다 갖다 놓으면 재미있겠다고 생각한 것이다. 나는 그것이 나와 면담을 원하는 직원들에게 잘못된 메시지를 전달할 수 있다는 생각을 하지 못했다.

돌아가는 비행기에서 로스는 나에게 11페이지짜리 뼈아픈 비밀 보고서를 보냈다. 그는 '2020년까지 20억 달러를 모금'하겠다는 내 비전을 '통계적으로 불가능하고 터무니없는' 생각이라 지적하며 리더로서 내 약점들을 나열했다.

'채리티워터의 구성원은 15명인데 팀은 딱 하나예요. 당신이 모든 걸 통제하죠. 운영도 혼자 다 해요. 당신은 상품 디자이너이며 영업사

원이고 모금활동에 메시지까지 만들어 전달하죠. 아마 금전출납도 할 테죠. 당신이 아직 클럽에서 일하고 있다고 가정하면, 당신은 바텐더나 쇼 준비 중 하나만 할 수 있어요. 칵테일을 만들며 클럽 운영까지 도맡아 할 수는 없어요.'

로스는 내가 CEO식 사고를 할 필요가 있다고 했다. 하루하루의 세부사항들보다 큰 그림과 앞날의 목표에 집중해야 한다는 뜻이었다.

'역사가 당신을 성공한 사람으로 기록할 것이냐 실패한 사람으로 기록할 것이냐는 오늘을 사는 데서 내일을 사는 사고방식으로 전환할 수 있느냐의 여부에 달렸어요.'

여태껏 내가 들어본 최고의 조언이었다.

로스는 목표를 세우고, 우선순위를 재설정하고, 기존에 내가 해오던 방식을 탈피하도록 했다. 그는 나에게 중요한 질문을 던졌다. 우리의 비즈니스 모델은 정확히 무엇인가? 기부 상품은 무엇인가? 규모 확장 계획을 얼마나 구체적으로 세우고 있는가?

그는 우리 조직의 정상화를 돕기 위해 임원코치 린다 포드를 영입하게 했다. 린다는 건강한 직장문화 조성을 위해 스타트업 창업자와 CEO들에게 리더십 기술을 가르치는 전문가였다.

오스틴 출신의 린다는 2010년에 처음 우리 경영진의 외부 미팅에 참석했다. 자기주장이 강한 사람이었다. 몇 시간 동안 우리 팀과 이야기를 나눈 뒤 그녀는 로스를 조용한 복도로 따로 불러냈다.

"왜 나를 여기로 부른 거예요?" 그녀가 목소리를 낮췄다.

"이 사람들은 내가 만나본 중에 가능성이 가장 낮은 사람들이에요. 구제불능이라고요!"

우리 20~30대의 직원들은 열정은 넘쳤지만 업무 경력을 다 합쳐도 중역 한 명에도 채 미치지 못했다. 우리는 모두 자원봉사자로 일을 시작한 사람들이었고, 나는 경영에 대한 이해가 없었다.

나는 5,000명의 청중 앞에서 그들을 설득하고 감동시켜 깨끗한 물을 위한 기부를 하게 하는 데는 자신이 있었다. 그러나 사무실로 돌아오면 형편없는 관리자에 불과했다.

린다는 채리티워터가 경영진을 꾸리도록 도왔다. 우리는 각 분야의 경험이 풍부한 사람들을 모셔다가 직원들을 위해 적절한 업무문화를 조성하는 역할을 맡도록 했다. 2010년에는 최초의 관리자이자 회계 담당자로 마이클 레타를 고용했다. 그는 톰슨 로이터와 딜로이트 같은 회사에서 일하다가 자신의 능력으로 보다 의미 있는 일을 하고 싶어 이직을 결심했다. 마이클은 오자마자 퀵북을 없애고 채리티워터 최초의 재무팀을 꾸렸다.

또 마이클의 당시 여자친구(지금은 아내)였던 로런 밀러를 마케팅 및 홍보 컨설턴트로 고용했다. 차분하고 성실한 리더인 로런은 처음엔 일회성 계약으로 2010년 12월에 열린 '채리티 볼'의 개최를 도왔다. 행사 6일 전에 티켓이 모두 매진되었다. 그리고 행사 당일에는 하룻밤 만에 100만 달러가 넘는 금액이 모금되었다. 우리는 로런을 2011년 1월, 제작책임자로 채리티워터에 정식 합류시켰다. 말 그대로 모든 책임을 총괄하는 직책이었다.

이후 4년간 나는 로스와 끊임없이 통화하고 하루에도 20번씩 이메일을 주고받았다. 그는 너무하다 싶을 만큼 나의 말과 행동에 직언을 해댔다. 한 번은 더웰의 신규 멤버를 모집하고 신이 나서 이메일을 보냈더니, 로스는 나를 나무랐다.

"당신은 지금 벌써 자축하고 있군요. 그건 다른 사람들이 할 일이에요. CEO인 당신은 지금보다 내일을 신경써야 해요."

로스가 가장 못마땅해했던 부분 중 하나는 내가 미팅을 주재하는 방식이었다. 팀원들도 그것 때문에 괴로워했다. 그는 내 나쁜 습관들을 지적했다. 회의를 할 때 진득하니 참지 못하고, 걸핏하면 삼천포로 빠지고, 조바심에 손톱을 깨물었다. 또 남들이 알아듣지 못하게 말하고, 더 논의할 가치가 있는 아이디어를 묵살해버렸다.

"회의 내용에만 관심을 쏟아서는 안 되요. 회의실 안에서 무슨 일이 일어나고 있는지 관찰하고, 사람들의 말과 행동을 이해하고, 그들이 진짜 어떻게 생각하는지 파악해야 해요."

나로서는 알다가도 모를 일이었다. 그런 게 왜 중요한 건지 확신도 없었다. 린다가 로스의 지적을 부연설명해 주기 전까지는 말이다.

"프레젠테이션 중 당신이 하품을 하거나, 끝날 시간을 기다리며 시계를 보거나, 다른 사람이 말하는 중에 끼어들면, 직원들은 그 모습을 보고 모두 그렇게 행동해도 된다고 생각하죠."

그때까지 나는 내가 다른 사람들에게 어떻게 인식되는지 의식하지 못하고 있었다. 그런데 로스에게서 CEO가 지니는 확성기 효과 하나는 제대로 배웠다.

"아무 생각 없이 업무를 지시하는 적이 있죠? 그런데 누군가는 CEO인 당신이 진심으로 원하지도 않았던 그 일을 하느라 시간을 낭비할 거예요. 당신이 확성기를 잡은 사람이고, 상석에 앉았으니까요."

로스의 설명이었다.

실제로 나는 어느 날 아침 불쑥 사무실에서 "뉴욕에 있는 모든 급수탑에 채리티워터의 배너를 두르고 싶어요"라고 말하며 직원들이 행동에 나서기를 기대했던 적이 있다. 로스는 내 충동적인 모습을 '다람쥐 쫓는 스캇'이라고 비유적으로 표현했다. 눈에 보이는 다람쥐마다 쫓아다니는 개처럼 굴지 말라는 뜻이었다. 그때는 나도 발끈해서 한마디 했다.

"아니, 이건 다람쥐가 아니에요. 정말 중요한 일이라고요."

그러나 대부분의 경우 내가 물러섰고, 그러면 우리 팀은 깊은 안도의 숨을 내쉬었다.

로스는 내가 늘 최고속도로 달려 나가고 있다는 걸, 늘 사다리의 다음 칸으로 오르려 한다는 걸 알고 있었다. 매일매일의 성취에 흥분한다고 나를 나무라면서도 정말로 큰 성공을 거두었을 때는 – 중요한 제휴를 성사하거나 기부금 기록을 경신했을 때 – 잠시 멈추어서 긴장을 풀고 마음껏 기뻐하라고 권했다.

"모든 걸 그대로 다 받아들이세요. 당신의 인생에서 이런 순간이 다시는 없을 수도 있어요. 이런 기회를 가진 걸 훗날 기뻐하게 될 거예요. 동작을 멈추고 이 순간을 음미하고 잘 기억하세요."

로스가 내게 가르쳐준 것들은 아주 기본적인 것들이었다. 리더가 되라. 주의력을 길러라. 감성지수(EQ)를 높여라. 그러나 당시의 내게는 너무나 생소했다.

지금은 '다람쥐'를 잘 안 쫓아다니지만, 여전히 가끔씩은 다람쥐를 쫓는다. 아프리카 출장에서 돌아와 갑자기 에티오피아의 한 학교에 도서관을 지을 거라고 발표하는 식이다. 왜냐고? 필요하니까!

현장에서 눈에 띄는 많은 일들을 보면 내 옛 멘토들(아버지와 게리 박사)이 나를 부추기는 소리가 들리는 듯하다. 크게 생각하라고, 절대 행동을 멈추지 말라고, 'No'로 가득한 세상에서 'Yes'라고 말할 방법을 계속 찾으라고….

　5주년을 맞은 2011년에 채리티워터는 더욱 강대하고 건강한 조직이 되었다. 그러나 그해 여름, 걱정스러운 문제가 닥쳤다. 우리 단체의 신뢰도와 관계된 중요한 문제였다. 경종은 우리가 가장 'Yes'에 도달하기 힘들었던 곳으로 돌아갔을 때 울렸다. 그곳은 중앙아프리카공화국의 모알레 마을이었다.

# 04

## 절대 고장나지 않는 우물을 만들어 보자

● 2011년 7월, 중앙아프리카공화국 모알레

친애하는 더웰 멤버님들, 저는 오늘밤 바야카족과 한 약속을 지키기 위해 중앙아프리카공화국으로 돌아갑니다. 덤불 속에 파묻히기 전에 여러분께 소식 전하려고요.

나는 소파에 앉아 75명의 더웰 멤버들에게 이메일을 쓰고 있었다. 물 프로그램의 팀원 충원, 에티오피아 파트너들이 쓸 시추장비 구입을 위한 모금활동 예정, 올해 채리티 볼을 열 새 장소 등. 그러는 중 '짐 싸기'라는 일정 알림이 컴퓨터 화면에 떴다. 시계를 보니 오후 7시였다.

"여보, 차가 몇 시에 와?" 컴퓨터 작업 중인 빅에게 물었다.

"8시요. 어머나, 금방 오겠네. 얼른 짐 싸요!"

런던으로 가는 밤 비행기는 4시간 뒤 JFK 공항을 출발했다. 거기서 파리로 이동해 기부자를 만나고 다시 중아공까지 8시간을 비행할 예정이었다. 모알레의 바야카족을 떠난 게 1년 전이었다. 이번에도 깨끗한 물을 선물할 수 없다면 중아공을 떠나지 않겠노라 다짐했다.

나는 이메일을 마무리하고 아프리카에서 입을 옷가지(등산화, 비옷, 가벼운 카고 바지)를 챙겼다. 내 여행가방은 항상 짐이 반쯤만 풀린 상태였다. 파트너를 만나고, 기부자를 프로젝트 현장에 데려가고, 강연을 다니느라 1년이면 평균 65번쯤 비행기를 타기 때문이다.

"내 여권 어디 있는지 알아요?" 빅이 물었다.

"나한테 있어. 내 배낭에."

빅과 나는 둘 다 물건 찾는 데는 젬병이다. 빅은 열쇠나 휴대전화기를 찾아다니고, 나는 노트북이나 아이패드를 여기저기 흘리고 다닌다. 우리 머릿속엔 언제나 채리티워터의 사업계획과 모금활동뿐이다.

예전 클럽에서 놀던 당시의 나였다면 36E번 좌석에 앉아 미모사 칵테일을 요구했겠지만, 요즘은 물 한 병과 담요 하나면 족하다. 채리티워터는 일등급이나 비즈니스 좌석을 한 번도 끊어 본 적이 없다. 그렇게 돈을 쓰면 더웰 멤버들의 눈을 똑바로 볼 수 없을 것 같아서. 초창기엔 늘 제일 싼 표를 끊었다. 이럴 경우 중간 좌석을 받게 되는 경우가 많은데 나는 수면제를 삼킨 후 기절한 듯 다리를 오므리고 잤다. 지금 무릎이 안 좋은 건 비행기 중간 좌석에서의 몸을 구부린 긴 비행이 너무 잦았던 게 아닌가 싶다.

저녁 8시 15분, 우리는 마침내 바야카족과 한 약속을 이행하기 위한 여정에 나섰다. 좋은 친구들도 함께 동행할 예정이었다.

"아내가 중아공에 가서 바야카족을 무척 만나고 싶어해요."

마이클과 소치 부부였다. 그들은 1년에 한 번씩 우리와 함께 완료된 물 프로젝트 현장을 방문했다.

위싱턴주 시애틀의 이스트레이크 커뮤니티 교회 목사 맷 월과 라이언 미크스도 초대했다. 지난해 이 교회 신도들이 중아공에 35만 달러가 넘는 돈을 모금해 주었다. 맷과 라이언은 이 여정을 단편영화로 제작해 교인들에게 보여줄 계획이었다.

　7월 13일 수요일 오후 4시 30분, 우리가 탄 비행기가 중아공의 수도에 있는 음포코 국제공항으로 하강하기 시작했다.
　비행기에서 내리자마자 뜨거운 열기가 엄습했다. 우리가 좋아하는 인디애나 출신의 카우보이 짐이 마중 나와 있었다. 짐은 활짝 웃으며 처음 만나는 마이클과 소치, 맷과 라이언에게도 정중하게 인사했다.
　차 안에서 짐의 이야기를 들었다. 우리가 마지막으로 다녀간 후 짐의 작업반은 캠페인에서 모금된 돈으로 근처 마을에 100여 개의 우물을 팠다. 미국의 한 토건회사 소속 베테랑 수리지질학자들을 만났는데 모알레의 우물 공사 정보에 큰 도움이 되었다고 한다. 모알레는 선캄브리아대 지질층 위에 있는데, 융기성 모래가 많아서 가만히 있지 않고 자꾸만 움직여 우물 공사가 힘들다는 것이다.
　수리지질학자들은 사질토 전문 시추장비인 머드펌프를 추천했다. 그래서 짐은 5만 달러짜리 장비를 새로 구입하고, 두 전문가를 모알레로 불러 장비 사용을 감독하게 했다. 막대한 비용이 드는 일이었지만 우리는 바야카족을 위해 모든 노력을 기울였고 필요한 일이라면 뭐든지 할 준비가 되어 있었다.
　어두워진 뒤 모알레에 도착해 텐트를 쳤다. 아침에 일어나 간단한 식사를 하는데 멀리서 바야카족의 하모니가 들려왔다.
　그날의 일정은 인근에 완성된 우물들을 둘러보는 것으로 시작되었다. 눈에 띄는 성과에 기분이 고양된 것도 잠시, 모알레로 돌아가자 불안감에 사로잡혔다. 머드펌프를 썼는데도 우물벽은 여전히 무너져 내렸다. 다음 날 새로운 지점에서 또 시도를 해보았지만 헛수고였다.

시추가 계속되는 동안 나는 기분전환을 위해 사람들과 베이스캠프에 모여 비비탄을 칩 삼아 포커 게임을 하고, 바야카족과 점수를 매기지 않고 축구경기를 했다. 점수를 매기지 않은 건 우리가 매번 졌기 때문이다.

바야카족 남자들이 우리에게 새총 만드는 법을 가르쳐주기도 했다. 우리는 손으로 나무판에 그린 과녁을 걸어 놓고 연습했다. 나는 최고의 명사수가 되고 싶었지만 끝끝내 요령을 터득하지 못했다.

"장난하냐!" 세 번 연속으로 총알이 과녁에서 빗나가 숲으로 빠지자 참지 못하고 소리를 질렀다.

"아이고, 아주 간단한데 왜 그러실까?" 마이클이 묘한 미소를 띠고 눈을 가늘게 뜨더니 또다시 과녁의 한복판을 명중시켰다. 그가 바로 명사수였다.

모알레에서의 닷새째 날 해질녘까지 마르셀랭의 작업반은 땅을 70m 넘게 파들어 갔다. 머드펌프가 굉음을 내며 돌아갔지만, 작업은 어려웠다.

모알레에서의 엿새째 날, 드디어 작업반이 벽을 지탱하고 PVC관을 지하수 깊이 밀어넣었다. 시추공들은 재빨리 파이프들 주변으로 자갈을 채웠다.

"괜찮아 보이네요." 짐이 말했다.

늦은 오후, 작업반은 우물 주변에 콘크리트 기초작업으로 시멘트를 붓기 시작했다. 다음 날엔 펌프와 파이프를 설치한 구멍에 표시한 뒤 밤새 마르도록 내버려두었다.

7월 20일 이른 아침, 모두들 공식적인 우물 개통식에 나섰다. 주민 수백 명이 비와 천둥 속에도 우산을 들고 빽빽하게 모였다.

이 우물은 너무 깊어서 물을 끌어올리려면 100m가 넘는 플라스틱 관과 강한 펌프가 필요했다. 마을에서 남자들이 50명 넘게 나와 축구 장 하나를 채울 만큼의 연성관을 우물 속으로 밀어넣었다. 그런 다음 마르셀랭이 상단에 긴 곡선형 수도꼭지가 달린 헤드펌프를 설치하고 우물 기초의 발페달에 연결했다.

모든 준비가 끝나자 마르셀랭이 우물을 봉한 다음 마을 사람들에게 발페달 사용법을 시연해 보였다. 균형을 잡기 위해 페달 위의 T자 바 를 잡고서 스카이콩콩처럼 뛰었다.

마침내 모알레 땅속 깊은 곳에서 물이 솟구쳐 나왔다. 모두들 덩실 덩실 춤을 추고 노래를 불렀다. 아이들이 달려들어 시원한 물을 얼굴 에 뿌려대고 발페달을 깡충깡충 밟았다.

"당신이 해냈어요, 짐! 오랜 세월 포기하지 않은 덕분이에요."

"우리가 함께 한 거죠." 짐이 흐르는 눈물을 닦았다.


전날의 기쁨을 뒤로하고 다음 날 비행기를 타고 돌아오는데 왠지 기분이 찜찜했다. 물은 너무 깊이 있었고, 우물의 발펌프는 사용하기 가 쉽지 않아 보였다. 건장한 청년 두 명은 있어야 페달을 밟아 파이프 에서 깨끗한 물을 뽑아낼 수 있었다. 빅도 생각이 같았다.

"손펌프보다 누르기가 힘들더라고요. 그걸 쓰려면 아주 힘이 세야 할 텐데…."

"혹시 고장이라도 나면? 만약에 도로가 유실되거나 쓰러진 나무 때문에 막히기라도 하면 어쩌지? 부품을 철물점에 가서 간단히 사오면 되는 상황도 아닌데."

짐은 우리가 후원한 우물들을 지속적으로 점검하며 수리하고 있었고, 그의 단체에는 유지보수를 위한 점검 및 수리 팀이 있었다. 그러나 모알레는 특별한 사례였다. 밀림 깊숙한 곳에 있어서 기술자가 1년에 딱 한 번만 들어갈 수 있었다. 도로 통행이 가능한 건기에만!

"이 프로젝트는 어쩐지 지속가능해 보이지 않아요." 빅이 말했다.

그녀 말이 맞았다. 지속가능성이야말로 자선단체들의 물 프로그램이 직면한 가장 중요한 문제였다. 우리는 케냐에서 골치 아픈 사례들을 겪은 뒤로 그런 문제에 무척이나 민감했다. 3년이 지난 지금까지도 우리는 그 문제를 해결하기 위해 노력 중이었다. 깨진 펌프, 낮은 수량, 높은 불소량 등의 문제를 하나하나 처리해 나가면서….

몇 년 전 발표된 보고서에 의하면 사하라 사막 이남에 건설된 전체 우물 중 40%가 고장이 난 것으로 조사되었다. 채리티워터는 그런 결과를 용납할 수 없었다. 보통은 정부와 대형 NGO들에게서 지원받은 자금으로 하룻밤 새 뚝딱 우물을 파고 마을에 부품 몇 개만 남겨놓고는 금세 다음 작업으로 이동하기 일쑤였다. 그러나 그런 방식으로는 공동체에 자립 기회를 줄 수 없다. 우리는 우물 공사가 주민들에 의해 주도되어야 한다고 믿었다. 작업에 참여하여 그들이 공동체 발전에 기여하도록 하기 위해서였다.

프로젝트의 성공을 위해서는 청결과 위생 교육도 제공해야 한다. 마을에서는 그들이 선출한 사람들로 물위원회를 조직하여 규칙을 정하고 우물의 관리와 보수를 책임질 필요가 있다.

물 분야의 전문가라는 사람들이 나와서 우물의 60%가 가동되는 것만도 놀라운 일이라고 말할 때 나는 절망감을 느낀다. 우물의 40%가 사용불능인 것이 표준이라며 그걸 당연하게 알고 있다니!

망가진 상태로 수리도 하지 않고 방치할 거라면 애초에 우물은 파서 뭐하겠는가?

짐의 팀이 모알레 주민들에게 물을 공급하기까지 얼마나 많은 고생을 했는지 지켜본 만큼, 그 우물이 망가질 수 있다는 생각을 하면 참을 수가 없었다. 그들이 또다시 오염된 물을 사용하도록 내몰린다면, 아예 우리가 오지 않았던 편이 더 나았던 게 아닐까?

"60%의 우물 가동률이 다른 사람들에게는 충분할지 몰라도 우리에게는 어림도 없는 얘기야. 100%를 새로운 표준으로 만들어야 하고 우리가 그 선봉에 서는 거야."

나는 비행기 안에서 옆자리의 빅에게 선언하듯 말하고 스르르 깊은 잠에 빠져들었다.


우리가 탄 비행기는 7월 22일 오후 늦은 시각에 JFK 공항에 착륙했다. 택시가 맨해튼 시내를 지나는데 휴대전화 벨이 울렸다. 라이언이었다. 그와는 같은 비행기를 타고 와 좀 전 공항에서 작별인사를 한 터였다. 그는 시애틀로 가는 연결 항공편을 기다리던 중이었다.

"스캇, 방금 끔찍한 소식을 들었어요."

# 05

# 9살 소녀 레이첼의
# 커다란 선물

 

 

2011년 7월 20일, 모알레 엄마들이 자녀들의
건강을 지켜줄 우물에 환호했던 바로 그날, 이스트레이크 교회의 한
엄마는 시애틀의 응급실에서 비탄에 젖은 채 딸의 생명을 구해달라고
기도하고 있었다.

7월 22일, 공항에서 전화를 해온 라이언은 사만다 폴과 그녀의 딸
레이첼 벡위드의 이야기를 들려주었다.

레이첼은 얼마 전 아홉 번째 생일을 맞아 '마이채리티워터'로 모금
활동을 했던 아이였다.

"레이첼이 이틀 전 심한 교통사고를 당했는데 병원에선 회생 가능
성이 없다고 했나 봐요."

"라이언, 어쩌지요? 우리가 할 수 있는 일이 없을까요?"

"레이첼의 모금 홈페이지를 다시 열어줄 수 있을까요?"

생각지도 못한 제안이었다.

"어쩌면 내년에는 기회가 없을지도 몰라요. 교인들이 소식을 접하면 레이첼을 위해 뭔가 하고 싶어 할 거고요. 우리가 힘이 되어야죠."

그제서야 나는 그의 말을 이해했다.

"물론이죠. 집에 거의 다 왔어요. 홈페이지를 바로 열어 놓을게요."

빅과 나는 레이첼의 소식에 놀라 가슴이 무너졌다. 레이첼이 엄마한테 말하길 자신에게는 두 영웅이 있는데, 나랑 레이디 가가라고 했다는 말도 우리를 웃기고 울렸다.

나는 내 노트북에서 레이첼의 모금 홈페이지를 찾았다. 프로필 사진을 보니 웃는 모습이 귀여운 사랑스러운 소녀였다. 레이첼은 홈페이지에 이렇게 썼다.

2011년 6월 12일이면 제가 아홉 살이 돼요. 수백만 명이나 되는 사람들이 다섯 번째 생일도 채 맞지 못하고 죽는대요. 왜 그럴까요? 깨끗하고 안전한 물을 구하지 못해서래요. 저의 이번 생일은 예전과 다르게 기념하려고 해요. 제가 아는 모든 분들께 제 생일에 선물 대신 모금 홈페이지에 기부를 해주시기를 부탁드려요.

소녀의 글을 읽으니 눈물이 흘러내렸다.

'어린 소녀가 철이 참 일찍 들었네!' 나는 10년이 넘도록 나 하나만 생각하며 지내다가 뒤늦게야 철이 들었는데!

나는 레이첼의 모금 홈페이지를 다시 열고 내 신용카드를 꺼내어 '기부' 버튼을 클릭했다. 300달러 목표액을 채울 수 있도록 80달러를 기부했다.

주변 사람들 말에 의하면 레이첼은 아주 어려서부터 배려심과 공감 능력이 뛰어난 아이였다. 어느 해 크리스마스에는 가난한 가족에게 선물을 하고 싶어 했다는 것이다. 레이첼의 엄마 사만다는 동네 자선 단체를 찾아 어느 가난한 가족이 필요로 하는 물품 목록을 가지고 왔다. 자선단체에서는 목록에 있는 걸 다 살 필요가 없다고 했는데 레이첼은 전부를 선물하고 싶어 했다.

레이첼은 넉넉지 못한 자신의 집 형편을 알고 자신은 선물을 안 받아도 좋다고 했다. 모녀는 양팔 가득 장난감과 재킷, 야구공, 바비인형 등 한 가족이 원하는 물품을 전부 가지고 나타나 자선단체 사람들을 놀라게 했다.

엄마와 아빠는 레이첼이 두 살 때 이혼했고, 레이첼은 아빠를 2주에 한 번 만났다. 사만다는 재혼하여 둘째 딸 시에나를 낳았지만 다시 또 이혼했다.

사만다와 레이첼은 친구 같은 모녀였다. "레이첼, 이 노래 좀 들어

봐. 너무 좋아!" 레이첼이 좋다고 하면 사만다는 "내 그럴 줄 알았어, 저스틴 비버 노래니까! 너 저스틴 비버 무지 좋아하잖아!" 하며 놀렸다. 레이첼은 누구의 팬이라고 말한 적이 한 번도 없는데 엄마는 진작부터 알고 있었던 것이다.

2010년 7월, 레이첼이 여덟 살 때 이스트레이크 주일학교에서 채리티워터의 영상을 보았다. 흥분하여 집에 돌아온 아이는 사만다에게 채리티워터 얘기를 전했다. 1년 뒤 레이첼의 아홉 번째 생일이 가까워지자 사만다는 마이채리티워터 홈페이지를 개설하도록 도와주었다. 부모와 조부모, 친구들의 기부로 모금액은 220달러로 마감되었다. 목표했던 금액에 조금 못 미쳤지만 소녀는 실망하지 않았다.

"내년에 다시 도전하면 돼요. 그리고 그때는 더 많은 사람들에게 말할 거예요!" 사만다는 그런 딸이 너무 대견했다.

7월 20일, 우리가 중아공에서 물을 찾았던 바로 그날 아침 레이첼은 잠에서 깨어 씻고 외출준비를 했다. 엄마는 병원에서 일하는 동안 아이들을 외할아버지 댁에 맡길 예정이었다.

"엄마, 오늘은 그냥 집에 있으면 안 돼요?" 레이첼이 물었다.

사만다도 그러고 싶었지만 해야 할 일이 산더미 같았다. 아이를 달래며 차에 올랐다. i-90번 고속도로에 들어선 뒤 출근길 교통 정체에 합류했다. 레이첼은 엄마 뒤쪽 좌석 어린이용 보조의자에 앉았고, 시에나는 엄마 옆자리의 카시트에 앉았다.

오전 8시경, 차가 밀려 정차 중인데 뒤에서 타이어 끌리는 소리가 들렸다. 백미러를 흘낏 보니, 커다란 세미트레일러가 그녀의 차를 향해 돌진해 오고 있었다. 사만다가 정신이 들었을 땐 낯선 사람이 그녀의 손을 잡고 울고 있었다.

경찰은 트레일러 운전사가 시속 100km의 속도로 달리다가 브레이크를 제대로 밟지 못하여 15종 추돌사고를 일으킨 것으로 결론을 냈다. 시에나는 하나도 다치지 않았다. 사만다의 머리와 얼굴에서는 피가 흘렀다. 응급차가 왔을 때 레이첼은 차체가 가장 심하게 손상된 부분에 몸이 끼인 채 아무 반응이 없었다. 가족은 워싱턴주에서 가장 중증의 외상 환자를 치료하는 하버뷰 병원으로 이송됐다.

레이첼은 척추에 부상을 입었으며 당장 수술이 필요한 상황이었다. 의사들이 자신의 다친 머리를 꿰매는 동안, 사만다는 눈을 감고 레이첼을 위해 기도했다. 2시간 뒤 소아중환자실에서 레이첼을 봤는데 아이는 무의식 상태로 갖가지 기계들에 둘러싸여 호흡관에 의지해 숨을 쉬고 있었다. 소식을 듣고 달려온 레이첼의 아빠와 사만다에게 담당 의사는 레이첼이 심각한 뇌손상을 입었으며 척추도 크게 다쳤다고 설명했다. 그는 아이가 회생할 가능성이 없다고 보았고, 식물인간 상태인 레이첼의 연명치료 중단 여부를 부모가 결정해야 한다고 말했다.

의사는 자기에게도 딸이 있는데 딸이 그런 상태라면 앞으로 다시 말하거나 걸을 수 있을지 그것부터 알아보고 싶을 거라고 했다. 사만다는 레이첼에게 더 이상 소생 가능성이 없다는 걸 알았다.

사만다는 이틀을 꼼짝도 하지 않고 아이 곁을 지켰다. 그녀는 이스트레이크 교인들을 통해 가족의 사고 소식과 레이첼의 채리티워터 모금활동 이야기가 입에서 입으로 전해지고 있다는 걸 알게 되었다. 누군가 병실에 노트북을 가지고 와서 레이첼의 홈페이지 기부금 액수가 올라가고 위로의 메시지가 쏟아져 들어오는 걸 볼 수 있게 해주었다.

라이언과 나도 지켜보고 있었다. 레이첼의 기부금은 몇 시간 만에 300달러에서 수천 달러로 뛰었다.

사고 사흘 뒤인 7월 23일, 레이첼의 가족과 친구들이 마지막 작별인사를 하기 위해 아이의 침대 주위로 모였다. 부모가 침대 양쪽 편에 서서 아이의 손을 잡고 있는 동안 레이첼의 생명을 유지하던 호흡관이 제거되고 기계장치가 꺼졌다.

사만다는 그야말로 햇살 같은 딸이 가장 듣고 싶어 한 엄마의 노래를 불러주었다.

You are my sunshine, my only sunshine.

You make me happy when skies are gray.

You'll never know dear, how much I love you.

Please don't take my sunshine away.

그대는 햇살, 나만의 햇살.

궂은 날에도 눈이 부셔.

그대는 모르죠, 내 사랑을.

언제나 날 환히 비춰줘요.

처음엔 사만다 혼자 조용히 불렀지만, 이내 방 전체가 사람들의 합창으로 가득찼다.

이스트레이크 교회에서 열린 레이첼의 추도식에는 수천 명의 사람들이 참석했다. 교회나 뉴스를 통해 소식을 접하고 작별인사를 하러 온 모르는 사람들도 많았다.

사만다는 며칠간 컴퓨터 앞에서 떠날 줄 몰랐다. 레이첼의 모금 페이지를 들여다보고 또 들여다보았다. 기부자들이 남긴 글을 읽는 동안에는 잠시나마 슬픔을 잊을 수 있었다.

'레이첼, 잠시 하던 일을 멈추고 이 세상에서 진정으로 중요한 게 무엇인지 되새겨 보게 해주어서 고마워. 편히 잠들기를.'

25달러를 낸 기부자 마이클이 남긴 글이다.

'더 주고 싶지만 내가 아직 여덟 살밖에 안 돼서 일주일 용돈이 이거밖에 안 돼.'

5달러를 낸 아이의 이름은 사이먼이었다.

아이의 모금액이 저스틴 비버의 열일곱 번째 생일 때 모금액인 47,000달러를 넘어서자, 사만다는 미소 지었다.

"레이첼, 정말 대단하구나. 저스틴 비버를 넘어서다니!"

마이채리티워터 역사상 가장 큰 모금액인 75만 달러가 모였다. 하지만 아직 모금 마감일까지는 8주가 더 남아 있었다.


"명심하세요, 이건 우리의 성과가 아니라 레이첼의 유산이에요. 아이의 이타심이 이룩해 낸 기적입니다."

직원들 앞에서 나는 이렇게 말했다. 아이의 이야기는 전국으로, 전 세계로 퍼져 나갔다. 니콜라스 크리스토프가 뉴욕타임스 칼럼에 레이첼의 글을 썼고, NBC와 ABC 저녁 뉴스에서도 소식을 다루었다.

레이첼의 사례는 채리티워터의 전 직원에게 큰 울림을 주었다. 금요일 밤 직원들은 오래도록 사무실에 남아 피자로 저녁을 때우며 시시각각 들어오는 기부자들의 댓글을 함께 읽었다. 사람들은 아이가 여전히 살아 있는 것처럼 직접 말을 건넸다.

'레이첼, 너는 사람들이 아흔 살이 되어도 이루지 못할 일을 아홉 살 나이에 이루었구나. 너는 수백만 명을 감동시켰단다.'

90달러를 낸 러셀이라는 기부자의 글이다.

'하루에도 몇 번씩 여기에 와서 이 작은 천사에게 감동받은 또 다른 사람들에게 감동받습니다. 더 주고 싶은 마음에 이번이 세 번째 기부랍니다."

50달러를 낸 셰릴이 남긴 글이다.

싱가포르, 호주, 아프리카를 비롯한 머나먼 타지 사람들도 레이첼의 홈페이지를 찾았다. 시애틀의 한 어린 소녀 덕분에 전 세계 사람들이 깨끗한 물을 오지에 제공하는 일에 앞장서고 있었다.


8월 1일, 사만다가 아침 TV 방송에 출연하기 위해 뉴욕으로 날아왔다. 우리는 방송 후 그녀를 사무실에 데려와 레이첼에게 온 손편지 무더기를 전달할 생각이었다.

그날 아침, TV 출연을 위해 의상을 갈아입고 있는데 빅이 걱정스러운 표정으로 말했다.

"오늘 방송이 걱정되네요. 아이를 잃은 지 얼마 안 된 엄마에게 무슨 말을 하죠?"

솔직히 나도 빅만큼이나 초조했다. 사만다를 처음 만나는 자리였지만, 우리는 그녀를 믿고 따라가기로 했다.

레이첼의 모금액은 에티오피아 현지의 우리 파트너들에게 보내질 예정이었다. 나는 사만다에게 이렇게 말할 생각이었다.

'제가 어머님께 드릴 수 있는 선물은 따님이 세상에 미친 엄청난 영향력을 보여드리는 것입니다. 어머님을 내년에 에티오피아로 모시고 가서 레이첼이 후원한 우물들과 레이첼이 남긴 유산을 직접 보여드리고 싶습니다.'

그런데 사만다를 보자마자 나는 그녀에게로 다가가 불쑥 이렇게 말했다.

"안녕하세요, 사만다. 저는 스캇입니다. 만나서 반갑습니다. 당신은 저와 함께 에티오피아에 가야 해요!"

마이크를 차고 세트장으로 함께 걸어가는 사만다의 모습은 부드러우면서도 강인해 보였다. 아이를 묻은 지 일주일이 지난 때였다. 그녀가 잠옷 바람으로 생활하면서 엉엉 울며 세상을 원망한다 해도 누구도 그녀를 나무라지 않았을 것이다. 그러나 그녀는 참기 힘든 고통 속에서도 내색하지 않고 내 맞은편에 우아하게 앉아 있었다.

"저는 그동안 레이첼이 했던 말과 모든 선택이 믿기지 않을 만큼 대견했습니다. 이제 다른 분들도 레이첼의 경험을 공유할 수 있게 되어서 무척 기쁩니다."

사만다의 말은 스튜디오를 뜨겁게 달구었다.

시애틀의 소녀 레이첼 백워드는 채리티워터의 역사상 가장 많은 사랑을 받은 후원자 중 한 명이 되었다. 레이첼의 모금활동은 2011년 9월 30일, 총 기부자 31,997명의 참여로 마감되었다. 기부자는 대부분 모르는 사람들이었고 총 1,265,823달러를 기부했다. 이제 우리가 나설 차례였다.

# 06

# 채리티워터,
# 고소당하다

레이첼의 모금활동이 종료된 지 한 달 뒤, 난 관이 많았던 케냐 우물사업 후원기업으로부터 이메일이 왔다. 이메일 은 4년 전 한 컨퍼런스에서 우리가 처음 만났던 이야기로 시작되었다. 그때 나는 더러운 물에 빨아 흙물이 든 모고티오 마을 병원의 침대 시트 사진을 보여주었다.

그 기부자는 2008년에 자신의 고객과 직원 및 지인들로부터 74만 달러가 넘는 금액을 모금해 주었고, 우리는 여기에 기금 50만 달러를 합쳐 120만 달러가 넘는 금액을 케냐 전역의 병원 및 진료소의 깨끗한 물 프로젝트를 위해 지원했다.

채리티워터는 당시 생긴 지 2년밖에 안 된 단체였고 배워야 할 것 이 많았다. 일례로 우리는 2008년 케냐 사태 - 부족 간 분쟁으로 인해 1천여 명이 사망하고 약 50만 명이 난민이 되었다 - 가 승인절차를 얼마나 더디게 만들지 예상하지 못했다.

2009년 1월에는 제휴단체의 시추장비 사고로 인부들이 다치는 바람에 작업이 지연되었다. 2009년 가을에 공사가 재개되자 우리는 기부자들을 케냐로 불러 프로젝트 진행 현장을 보여주었다. 그러나 불행히도 그들이 본 것은 완공되었다고 표시되었으나 실제로는 미완공된 우물들과 완료되긴 했으나 다른 사람의 이름이 떡하니 적혀 있는 우물이었다. 기부자를 불러 놓고 나쁜 인상만 심어준 것이다.

그 뒤 우리는 현장방문과 회계감사를 벌이며 앞선 실책을 만회하려 애썼다. 다행히도 2011년 7월에는 기부자들이 모아준 성금 전액을 소진하여 케냐의 진료소와 학교에 23개의 우물을 완공했다는 보고를 할 수 있었다. 남은 모금액 419,000달러는 새 파트너에게 보낼 생각이었다.

그러나 기부자가 보내온 이메일을 끝까지 다 읽기도 전에 나는 우리가 기울인 모든 노력이 다 허사가 되었음을 깨달았다.

그는 월요일 아침에 계약위반, 사기, 직무 태만을 이유로 채리티워터에 민사소송이 제기될 것이라고 경고했다.

일이 이렇게 되어 안타깝네요. 이 소송 내용이 세상에 알려지면 당신이 내게 보여준 흙물 든 시트를 온 세상 사람들이 다 보게 되겠네요.

상황이 이렇게 악화될 줄은 예상하지 못했다. 마지막으로 연락을 했을 때만 해도 나는 그에게 다시 아프리카로 가서 새로 완공된 우물을 보자고 제안했다. 그러나 이미 기부자의 마음은 떠난 뒤였다. 현장

방문은 그들의 관심사가 아니었다. 그들은 병원과 진료소에 우물을 짓기 원했는데, 학교에 여러 개가 지어졌다는 사실에 실망했다. 우리의 새 파트너 선정에도 동의하지 않았고, 향후 프로젝트 시행 시에는 우물 시공 장소를 자신들에게 승인받기 원했다.

그러는 동안 케냐는 극심한 기근에 시달리고 있었다. 물을 마시지 못해 사람들이 죽어갔다. 우리 이사회는 남은 자금을 가지고 가만히 앉아서 보고만 있을 수 없었다. 수차례의 시도에도 기부자의 허락을 얻지 못하자 우리는 계획대로 일을 진행할 것이며 남은 자금은 케냐의 새 파트너에게 전달할 것이라고 통보했다. 그 결정이 최후의 결정타가 되었다.

9쪽짜리 고소장을 살펴보니 그들은 채리티워터가 자기들 돈을 부적절하게 사용했고, 12~18개월로 약정된 기한 내에 우물을 완공하지 못했으며, 케냐의 협력단체를 제대로 감독하지 못했다고 주장했다. 또 내가 지식과 경험을 부풀렸으며, 적당한 시기에 약속한 기금을 보낼 의도가 없었고, 진실된 태도를 보이지 않았다고 했다.

나는 이미 우리 관계가 틀어졌다는 경고의 신호를 알아챘어야 했다. 모금액의 100%가 다 우물 공사에 들어간다고 해놓고 왜 현지 파트너들의 관리비까지 대주느냐고 물었을 때 좀 더 자세한 설명을 했어야 했다. 우물 공사비에 현지 근로자들의 급여도 포함된다는 사실을 나는 설명하지 않았다. 현지 시추 작업자들과 운전사, 경리들은 자원봉사자가 아니며, 그들에겐 부양해야 할 가족이 있다. 현지에서 쓰는 차량의 기름값과 우물 완공 후의 유지보수 비용도 부담해야 한다. 내 생각에는 그것이 너무 당연해 기부자에게 말하지 않았던 것이다.

관계가 악화되었을 때 내가 직접 문제의 해결에 나서지도 않았다.

이렇게 민감한 문제를 다뤄본 적도 없는 직원들에게 위임했다.

솔직히 나도 그들만큼이나 그런 결과가 빚어진 것이 실망스러웠다. 집을 지어달라고 일을 맡겼는데 완공이 늦어진 데다 예산도 초과되고 모든 것이 엉망인 꼴이었다. 나는 도저히 이 상황이 이해가 되지 않았다.

'어쩌다가 이 지경까지 온 걸까?'


다행히 2006년에 채리티워터를 설립하면서 나는 임원배상책임보험에 가입해 두었다. 그런데 실제로 그걸 사용하게 될 줄은 몰랐다. 보험사에 연락하니 비용은 전혀 없이 소송을 처리해 줄 법무팀을 배정해 주었다.

보험사 변호인들은 당연히 보험사 편이다. 이제는 우리도 시간제 법무 자문위원 정도는 둘 필요가 있었다. 외부 변호사들과 의견을 조율하고 우리에게 발생할 수 있는 여러 법률적 문제들에 선제적으로 대응할 수 있는 쿼터백 말이다. 나는 주변을 수소문하여 크리스 바튼이라는 사람을 찾았다.

크리스는 상업협약, 전략적 사업계획, 인사 및 고용법, 비영리법인, 예술법 등 10여 가지 분야의 전문가였고 미술관과 미 중앙정보부에 이르기까지 다양한 기관들에 자문을 해온 개인 변호사였다.

큰 키에 언제나 검정테 안경을 쓰고 다니는 크리스는 우리 사무실에서는 푸근한 아버지 같은 모습으로 바뀌었다. 그는 박학다식하면서도 꾸밈없이 이야기하는 스타일이었다. 무엇보다 그는 채리티워터가 어떤 곳인지 잘 이해하고 있었다. 진심으로 사람들에게 깨끗한 물을 공급하겠다는 일념으로 살아가고 있음을 알고 우리를 지지했다.

아무튼 우리의 계약방식이나 업무진행 절차에는 개선이 필요했다. 몇 주 동안 고소장을 읽고 판례를 꼼꼼히 살핀 뒤 그는 전문가적인 소견을 밝혔다.

"이 고소장은 사업상의 쟁의처럼 읽히네요. 당신이 채리티워터를 스타트업처럼 생각한다는 건 알지만 사실 이곳은 비영리법인이에요. 그리고 비영리법인은 각 주마다 서로 다른 보호와 서로 다른 법의 규제를 받지요. 기부금을 필요한 곳에 썼는데도 불구하고 비영리법인이 기부자에게 고소를 당하는 경우는 극히 드물어요."

나는 우리 단체를 혁신적인 스타트업처럼 생각해 왔고, 지난 몇 년간 기부자를 만족시켜야 할 고객으로 대우하고 있었다.

"자선단체들도 큰 잘못이나 불법적인 일을 저지르면 고소당할 수 있어요. 고용차별이나 통상적인 상업계약의 위반 같은 걸로요. 하지만 당신들은 사기를 치지는 않았잖아요. 이를테면 기부자의 돈으로 CEO의 비행기를 산다든가 하는 진짜 사기 말이에요. 당신들은 비즈니스 클래스도 안 타잖아요. 우물 준공기한이 초과됐다고 해서 고소를 당한다는 건 말이 안 돼요. 모든 우물이 완벽할 수는 없어요. 할 수 있는 한 최선을 다하면 되는 거죠."

그의 말을 들으면서 속으로 나는 생각했다.

'하지만 나는 정말로 모든 우물이 다 완벽하기를 바라는데!'

완벽하게 일을 못했다고 해서 법적인 책임을 져야 하는 건 아니라는 그의 말에 조금은 안심이 되었다.

"알겠습니다. 그럼 우리는 앞으로 어떻게 될까요?"

"글쎄요. 이 사건이 재판에까지 회부될 것 같지는 않아요. 하지만 당신과 단체에 엄청난 부담은 되겠죠. 보험사측 변호사들이 화해를 종용할 거예요. 기부자와 합의를 시도해 봅시다."

하지만 실제로 이 사건은 아주 오랜 시일을 끌었다. 소송에 휘말렸다는 소문이 퍼질 경우 채리티워터의 평판이 나빠지고 피해가 따를 것이라는 생각에 나는 매일 밤 악몽에 시달렸다.

'절대적 투명성을 내세웠던 자선단체, 사기죄로 피소!'

이런 헤드라인의 기사가 신문과 방송마다 내걸리는 상상을 했다.


채리티워터의 제작책임자 로런 밀러와 관리자 마이클 레타는 수백 시간을 들여 이메일과 금융 관련 서류를 수집했다. 또 케냐 우물과 관련된 지난 3년간의 서신들과 문서들을 모아 바인더로 만들었다.

마이클과 나는 8시간 동안 창문도 없는 작은 방에서 진술했다. 나는 채리티워터의 이야기가 상대방에 의해 단편적인 반쪽 진실로 이야기되는 것을 듣고 앉아 있기가 너무 힘들었다.

기부자와 얼굴을 맞대고 앉아 자초지종을 설명하면 합의점을 찾을 수 있지 않을까 했지만 로런은 그건 별로 좋은 생각이 아니라고 했다.

'나에게 무슨 문제가 있는 걸까? 아직도 나는 누구에게나 다 사랑받고 싶은 아이처럼 굴고 있는 걸까?'

그동안 나는 내 가치를 입증해 보이고자 열심히 노력해 왔다. 사람들을 행복하게 해주고 싶어 애써 왔지만 인정받고 싶다는 욕망을 쉽사리 떨쳐버릴 수 없었다. 지속가능성을 달성하겠다던 비전은 보류되었고, 내 창의력은 빛을 잃고 있었다. 열정은커녕 모든 게 버겁게 느껴졌다.

그래서 예전보다 밖으로 더 많이 나돌았다. 그리하여 2011년에는 비행기를 54번, 2012년에는 무려 88번이나 탔다.

돌아다니면서는 강연했고, 채리티워터의 이야기를 하고 또 하면서 청중들의 생동하는 에너지를 산소처럼 들이마셨다. 기부자들을 더 자주 현장에 데리고 갔고, 외딴 소수민족 거주지까지 시추장비를 들였다. 나는 예전에 느꼈던 순수한 기쁨에 다시금 불을 붙이고 싶었다. 기부자가 자신이 후원해 준 우물에서 아이들이 물을 마시는 모습을 처음 보는 순간 그의 눈에 어리는 광채를 확인하고 싶었다. 내가 하는 일이 의미 있는 일이라고, 열심히 싸울 가치가 있다고 누군가 내게 말해주기를 바랐다.

그러던 어느 날 나는 충격적인 이야기를 듣게 되었다.

2012년 2월, 빅과 나는 에티오피아 아두아에서 하룻밤에 8달러인 호텔에 투숙했다. 4~5명의 더웰 멤버들과 채리티워터의 친구들로 이루어진 우리 일행으로 그 작은 호텔 객실의 절반이 찼다. 주인은 땅딸막한 에티오피아 남자로 프런트도 보고, 짐도 날라주고, 주방에서 당근도 써는 전천후 호텔리어였다.

지난 며칠간 우리는 땡볕 속에서 무거운 물통을 나르느라 척추가 휜 여자들을 만났고, 물을 길으러 다니는 길에 야생짐승의 공격을 받았던 사람들의 이야기도 들었다. 긴 여정에 너무 피곤했던 우리는 조용히 식사하며 대화를 나눌 저녁 시간을 기다렸다.

오후 6시경 나는 먼저 식당에 가 맥주를 마시면서 빅과 다른 사람들이 내려오기를 기다렸다. 식당은 깔끔하고 조명이 환하게 켜져 있었다. 창문엔 금빛 커튼이 쳐져 있고, 거울이 붙은 캐비닛엔 주류가 진열되어 있었다. 숙박비에 비해 참으로 근사한 곳이었다.

30대 중반쯤 되어 보이는 주인이 나에게 다가왔다.

"물 사업 하시는 분이시죠?" 그는 영어로 내게 말을 걸었다.

"채리티워터라고 들어보셨나요?"

그렇다고 대답하며 그가 자리에 앉았다.

"제가 이야기 하나 해드리려고요. 여기서 아주 멀리 떨어진, 제가 살았던 곳 이야기를요."

그는 나에게 꼭 하고 싶은 말이 있는 듯했다.

"12년 전 우리 마을에 한 여인이 살았어요. 그녀는 매일 등에 물항아리를 지고 몇 시간씩 걸어 물을 길으러 다녔어요. 그러던 어느 날 미끄러져 넘어졌는데, 항아리가 깨지면서 물이 쏟아졌죠. 그녀는 새 항아리를 가지러 집으로 가지 않았어요. 다시 물을 길으러 가지도 않았죠."

그는 고개를 떨구었다.

"그녀는 가지고 다니던 줄을 꺼내어 마을 밖 나무에 목을 맸어요."

너무 충격적인 이야기에 전율이 일었다. 그가 벌떡 일어나더니 내 어깨에 손을 얹었다.

"당신은 아주 중요한 일을 하고 있어요. 명심하세요!"

그는 이 말을 남기고 내 앞에서 사라졌다.

며칠 동안 나는 그 여인의 이야기를 곰곰이 생각해 보았다.

'그녀는 몇 살이었을까? 그곳은 어떤 마을이었을까? 그녀는 어떤 삶을 살았을까?'

어쩌면 그녀는 에티오피아의 힘겨운 시골 생활을 전하기 위해 사람들이 지어낸 전설 속 인물인지도 모른다고 생각했다.

뉴욕으로 돌아온 뒤 나는 에티오피아 현지 파트너들에게 이메일을

보냈다. 호텔 주인이 살았던 마을의 그 여인 이야기가 사실인지 확인
하고 싶었다. 여태껏 나는 오염된 물이 사람들의 삶에 어떤 영향을 미
치는지에 대해 이야기해 왔다. 그러나 물 때문에 목숨을 버린 사람의
이야기는 처음이었다.

그 여인의 사연이 머릿속을 떠나지 않았다.

# 07

# 우리의 원칙은
# 실수도 공개하는 것이다

지난 6년간 채리티워터의 물사업 팀은 나와 몇 명의 직원이 이끌어 왔다. 다들 열심히 일했다. 한 해 3,300만 달러를 모금할 정도로 궤도에 올랐으니 프로젝트를 감독하고, 자금을 배분하고, 조직을 최고 수준으로 끌어올릴 전문가나 인재를 고용해야 하지 않을까 하는 생각이 들었다.

2012년 4월 27일은 채리티워터의 변호인들이 상대측과 사적조정을 하기로 한 날이었다. 합의점을 찾을 수 있는 마지막 기회로, 여기서 조정이 잘 이루어지지 않으면 재판으로 가는 것이다.

사적조정은 오랜 시간 동안 숱한 공방이 오고가는 자유롭고도 유연한 과정의 절차다. 우리 변호인들은 내가 그 자리에 나가는 게 도움이 되지 않는다고 했다. 나는 그 시간을 경건하게 보내야 할 것 같고 머리도 비울 겸 해서 프랑스로 날아갔다. 내가 피레네 산맥 숲속의 텍스의 집에서 지내는 동안, 지구 반 바퀴 떨어진 곳에서 우리 변호인들은 채리티워터의 운명을 논의하고 있었다.

텍스의 집은 빅과 2009년 가을, 신혼여행으로 간 게 마지막이었다. 그때는 눈이 오고 추웠다. 나는 렌트한 차를 풀숲에 세우고 헛간의 나뭇잎에 덮인 녹슨 냄비 속에서 열쇠를 찾았다.

도착한 첫날 밤에는 직접 요리한 채소와 닭고기로 저녁식사를 했다. 비가 보슬보슬 내리기 시작하더니 거센 폭우로 바뀌며 천장에서 빗방울이 떨어졌다. 급기야는 바닥에 커다란 웅덩이까지 생겨났다. 나는 큰 냄비를 거기 받쳐 놓고 이 사실을 텍스에게 이메일로 알렸다.

다음 날 나는 일찍 잠에서 깨어 간단한 요기를 하고, 등산길에 나섰다. 정오쯤 나는 정상 부근에서 발길을 멈추었다. 사흘 뒤가 조정일, 나는 눈을 감고 조용히 기도를 올렸다.

'하나님, 부디 이 일이 잘 풀리게 해주소서. 우리 변호사들을 도와주소서. 소송 때문에 정말 미칠 지경입니다.'

그러고는 숨을 깊이 들이마신 뒤 눈을 떴다.

'이런, 죄송합니다. 다시 할게요.'

"하나님," 이번에는 소리 내어 기도했다.

"이 일에서 제가 교훈을 얻을 수 있도록 해주십시오. 제가 뭘 잘못하고 있는 걸까요? 제가 뭘 놓치고 있는 걸까요? 제가 배워야 할 게 무엇인지 가르쳐 주십시오."

나는 절벽의 바위에 걸터앉아 성경책을 꺼냈다. 저 아래 이끼로 뒤덮인 바위들과 짙은 초록색 숲이 지평선까지 길게 펼쳐진 카펫처럼 보였다. 나는 사진을 한 장 찍어 빅에게 보냈다.

'마음 편히 떠날 수 있도록 해줘서 고마워요!' 하는 문자와 함께. 빅과 우리 부모님, 텍스, 게리 박사, 그리고 채리티워터의 성공을 응원해 준 모든 사람들을 생각하니 그들을 실망시키고 싶지 않았다.

'이번 소송 건만 끝나면 나는 더 강해지고 정말 열심히 일할 거야.'

4월 28일 아침, 고대하던 전화가 왔다. 마이클 레타였다.

"스캇, 미안해요. 잘 안 됐어요."

이번에도 우리 변호인들은 평화로운 해결책을 찾지 못했다. 마이클 말로는, 대화다운 대화도 제대로 못 나눴다고 했다.

"모두 고생했다고 전해 주세요. 내일 돌아갈게요."

패배감이 몰려들었다. 산 정상에서 그렇게 기도를 올렸건만….

짐을 싸서 집으로 돌아가는 긴 여정의 첫 발걸음을 떼고 나니 새로운 결의가 스멀스멀 피어올랐다. 더 이상 회피할 수 없었다. 사과를 해도 이 싸움에서 벗어날 수 없다면 정면대응을 해야 한다.

지난 1년 동안 나는 늘 두려움에 짓눌려 있었다.

'이 소송이 우리 평판에 어떤 영향을 끼칠까?'

우리는 엄청난 신뢰 속에 수많은 후원자들의 기대와 사랑을 받아왔다. 하지만 이제 모두를 다 만족시킬 수 없음은 인정해야 했다.


사무실로 돌아가서 빅과 임원진과 함께 진지한 대화를 나누었다. 나는 그 혼란스러운 와중에도 모알레에서 빅과 함께 설전을 벌였던 어느 날의 일이 떠올랐다. 우물 공사 실패를 후원자들에게 알리느냐 마느냐 망설이던 그때를!

"실수는 기회입니다. 중요한 건 거기에 어떻게 대처하느냐죠."

이 말은 〈기념일에 물을 찾지 못하다〉 영상을 올린 뒤 이스트레이크 교회의 라이언 목사가 해주었던 말이다. 그의 말이 맞았다. 지금은 우리가 신뢰를 더욱 구축하고, 절대적 투명성을 견지하고 있음을 사람들에게 보여줄 절호의 기회였다. 실패와 고난에 처하더라도 포기하지 않으며, 올바른 가치관에 따라 살고 있음을 보여줄 기회였다.

채리티워터의 다섯 번째 '준칙'에는 '누구도 감시하지 않을 때 하는 행동이 그 사람의 품성을 말해 준다'는 멋진 문구가 있었다.

이런 준칙들이 모여 16페이지짜리 선언문을 만들었고, 여기에는 채리티워터의 11가지 핵심가치가 천명되어 있다.

'우리는 가난한 사람을 존중한다 … 우리는 피드백을 환영한다. 설사 그것이 상처가 될지라도 … 우리는 진실을 말한다. 하얀 거짓말도 금물이다 …'

신입 직원들은 모두 이 선언문을 읽고 서명을 해야 한다.

"소송에 앞서 우리는 진실을 말해야 합니다."

팀원들 앞에서 나는 말을 이었다.

"세상에 공개합시다. 우리가 어떤 실수를 저질렀고, 그에 어떻게 대처했는지 보여줍시다."

모두 동의했다. 우리는 이사회와 그 사안을 논의한 뒤 소송에 대해 공개서한을 쓰기로 결정했다. 먼저 더웰 멤버들에게 소식을 공유하고 피드백을 받은 다음 홈페이지에 게시하기로 했다.

5월 초, 이사회의 축복과 변호인들의 승인 하에 초안을 써서 이메일로 89명의 더웰 멤버와 채리티워터의 오랜 친구들에게 보냈다.

'우리는 최근 1년간 힘든 상황에 처해 있었습니다. 무엇 때문에 힘들었는지 지금부터 여러분께 말씀드리겠습니다. …'

실패담을 털어놓는 건 끔찍한 일이었다. 나는 후원자는 물론이고 친구들까지 잃을 각오를 했다. 하지만 감사하게도 중아공의 심장부에서 영상을 보냈을 때와 마찬가지로 그런 일은 일어나지 않았다.

'자선단체는 보장이 필요한 곳이 아니에요.'

초창기 후원자 중 한 명이 답장을 보내 왔다.

'내가 기부를 한 건 당신을 믿었기 때문이에요. 결과가 어떻게 될지는 모르지만 최선의 방식으로 그 돈을 사용하리라 믿은 거지요.'

스포티파이의 CEO 다니엘 에크는 더 직설적이었다.

'한 달에 한 번씩 고소를 당하는 사람으로서 제가 당신에게 드릴 수 있는 조언은, 법적 투명성을 최대한 높이라는 것입니다. 그런데 당신은 이미 그렇게 하고 있네요. 절대 의기소침하지 마세요.'

나는 그 메일들을 읽고 또 읽었다. 큰 힘이 되었다. 채리티워터는 세상의 자선단체들 중 가장 너그러운 벗들을 많이 가지고 있었다.

2012년 5월 말, 온라인상에 내 서한이 공개되었다. 우리는 비난이 쏟아지기를 기다렸다. 그런데, 사실상 아무 일도 일어나지 않았다. 기부자들이 빠져나가지도 않았고, 기자들의 전화도 없었다. 아예 단 한 통도! 아무도 신경을 쓰지 않는 것 같았다. 어떻게 된 걸까? 이 사건이 재판으로 가게 된다면 할 말을 하고 최상의 결과가 나오기를 바라는 수밖에 없었다.

이제 다시 일터로 돌아가 진짜 중요한 일과 사람들에 집중할 때였다. 그 사람들 중에는 딸을 잃은 시애틀의 한 엄마도 포함되어 있었다.

2012년 7월 22일, 사만다와 그녀의 부모님, 라이언, 채리티워터의 직원과 친구들 몇 명이 에티오피아의 게랄타 로지에 모였다. 그곳은 넓은 석조빌라 단지로, 그림엽서에 담길 법한 게랄타 산맥의 절경을 품은 곳이었다. 앞으로 5일간 우리는 이곳에 묵을 예정이었다.

레이첼의 모금은 에티오피아 티그레이주 북부에 143개 우물을 만들어 총 37,770명의 사람들에게 물을 공급할 만큼 충분한 금액이 확보되었다. 케냐에서 어려움을 겪었던 것과 달리 티그레이구호협회(Relief Society of Tigray: REST)의 파트너들은 전적으로 신뢰할 수 있었다. 우리는 그곳의 총괄책임자 테클레워이니 아세파와 함께 완공된 레이첼의 우물들을 돌아봤다.

"스캇, 미리 얘기해둬야 할 것 같은데 제 마음이 지금 제 마음이 아니에요." 에티오피아에서의 첫날 밤, 사만다가 말했다. "제가 무뚝뚝해 보이더라도 신경쓰지 마세요. 그냥 좀 힘들어서 그런 거예요."

"충분히 이해해요. 억지로 밝은 모습 보이려고 애쓰지 말아요."

그때는 눈치를 채지 못했지만 사실 사만다는 그 여행 중에 자신이 정신줄을 아예 놓아버리지 않을까 겁내고 있었다. 몇 년 뒤에야 그녀는 나와 빅에게 레이첼의 모금활동이 선물과도 같았다고 이야기했다.

레이첼이 사망한 지 정확히 1년 뒤인 7월 23일, 우리 일행은 동이 트기 전에 일어나 랜드로버에 올랐다. 차는 2시간 동안 돌투성이 산과 가시덤불을 헤치고 달려갔다. 2개월간 이어지는 에티오피아의 우기로 양파, 토마토, 테프를 기르기에 충분한 비가 내렸다(테프는 에티오피아인들이 매일 구워 먹는 빵 인제라를 만드는 곡물이다).

"에티오피아가 가장 아름다울 때 오셨네요."

텍이 사만다를 반겼다. 에티오피아는 1년 중 10개월은 사막인데, 이때가 제일 푸르고 좋았다.

오전 8시 30분, 우리는 칼 하벨 마을의 작은 공터에 도착했다. 100

여 명의 주민이 '환영합니다. 우리에게 깨끗한 물을 준 레이첼 가족, 고마워요. 물은 생명입니다!'라고 영어로 쓴 포스터를 들고 있었다.

우리는 그들을 따라 흙길을 올라갔다. 어른과 아이 할 것 없이 모두 박수를 치고 구호를 외치며 우리와 동행했다. 사만다는 미소를 잃지 않았다. 언덕 꼭대기에서 흰색 사제복의 사제가 허리를 굽혀 인사하더니 조그만 석조교회로 우리를 안내했다.

실내는 어두웠고 20명도 수용하기 힘든 비좁은 공간이었다. 7명의 사제가 낮은 소리로 암송하며 철제 향로를 흔들었다. 사만다와 그녀의 부모님은 앞쪽 신도석으로 안내되었다. 그들 앞에는 높은 제단이 있고, 거기엔 레이첼의 사진이 놓여 있었다. 사진 속 레이첼은 양손 엄지손가락을 치켜들고 천진하게 웃고 있었다.

사만다가 기도할 때 사제들은 고대 에티오피아 찬송가를 불렀다. 통역사가 내 귀에 속삭였다. 레이첼의 영혼을 위해 그들이 밤새워 기도했다고…. 예배가 끝난 뒤 조용히 밖으로 나오는데 사만다가 속삭였다.

"레이첼이 저기에 있는 것 같아요. 아이의 영혼이 느껴졌어요."

이후 며칠간 마을을 다닐 때마다 어린아이들이 나와 웃고 박수치며 우리를 맞이했고 레이첼의 이름을 연호했다. 한 공동체에서는 땅 한 뙈기에 '레이첼 공원'이라는 이름을 붙이고 놀이공간을 만들었다. 어떤 마을에서는 열한 살 소년이 사만다 곁을 계속 따라다녔다. 레이첼과 결혼하고 싶다는 소년의 말을 사만다는 웃으며 우리에게 전했다.

티그레이에서의 마지막 날, 우리는 폭우로 방문하지 못했던 마을에 다시 갔다. 예고 없이 찾아갔더니 여인과 아이들이 새 우물에서 물을 긷고는 단단하게 엮은 빗자루로 오두막 주위를 쓸고 있었다. 그들은

우리를 보더니 화들짝 놀랐다. 몇몇 여인이 달려와 사만다를 끌어안
았다. 통역사가 전했다.

"방문해줘서 기쁘답니다. 당신과 이야기를 나누고 싶대요."

서른 살쯤 된 한 여인은 이야기를 쏟아냈다.

"우리도 애들을 잃었어요. 레이첼의 죽음은 우리 아이들에게 생명
을 주었어요."

에티오피아에서 태어난 사람은 다섯 번째 생일을 맞기도 전에 사망
할 확률이 9%에 이른다고 한다. 그러나 이런 사실도 뉴스나 먼 나라
의 일로 접하다 보면 익숙해진다. 세상의 고통에 무감각해지는 것이
다. 사만다는 울먹이는 여인을 끌어안았다.

나는 옆에 서서 그 모습을 가만히 지켜보았다. 아이들을 잃은 한 에
티오피아 엄마가 어린 딸을 잃은 미국의 엄마와 이야기를 나누고 있
었다. 통역이 없이도 그들은 서로를 완벽히 이해했다.

# 08

## 기나긴 소송에
## 합의하다

레이첼의 우물 탐방 여행에서 나는 커다란 희망을 안고 돌아왔다. 그런데 놀랍게도 채리티워터에 일대 변혁을 몰고 올 일이 생겼다. 구글 임팩트 어워드에서 상금 500만 달러를 받게 된 것이다. 전 지구적 차원의 중대한 문제를 해결하고자 하는 자선단체에 일회성으로 수여되는 상금이었다.

'500만 달러라니!'

트위터에서 일했던 신임 간부 유카리 마츠자와라가 상금 신청을 제안했고 그 말을 따르기 얼마나 잘했는지….

전 세계 급수시설 확충을 위해 수억 달러가 투입되고 있는데, 그런 시설 중 40%가 상시 고장 상태라고 우리는 신청서에 밝혔다. 그런 게 '전 지구적 차원의 중대한 문제'가 아니라면 무엇이 문제겠는가?

우리는 그 해결책으로 우물과 여타 급수시설에서 물의 유속을 감시

하는 데 쓸 센서 같은 장치가 필요하지 않을까 생각했다. 그런데 구글이 우리 계좌에 500만 달러를 입금한 것이다. '어서 방법을 찾아보라!'는 제안 같았다.

우리는 즉시 로버트 리라는 사람에게 그 프로젝트를 맡기고 센서를 찾아보게 했다. 지속가능성의 실현을 전반적으로 감독하고 우리의 물 프로그램을 업그레이드할 인재의 영입이 필요한 시점이었다.

채리티워터의 물 프로그램은 20대 청년 여덟 명이 꾸려 가고 있었는데, 기금 전체를 관리하고 파트너들을 감독하고 회계감사를 실시하고 있었다. 하지만 그중 누구도 자신들이 관리하는 나라에서 살아본 적은 없었다. 수혜국들의 언어도 잘 몰라서, 아프리카에서 널리 쓰이는 프랑스어나 에티오피아에서 쓰는 암하라어로 청구서가 날아오면 어려움을 겪었다.

레이첼의 우물을 둘러보고 돌아오기 전 나는 헤드헌팅 회사에 의뢰하여 물 프로그램을 지휘할 사람을 찾아달라고 요청했다. 국제적 NGO에서 일해 본 경험이 풍부한 전문가가 필요했다. 그동안 내가 만나본 대형 자선단체 사람 중에는 자기 일에 냉소적인 이들이 많았다. 그들은 누구에게, 언제, 어떻게 돈을 쓸지 지시하고 간섭하는 이런저런 시스템에 대해 불평만 늘어놓았지 열정이 보이지는 않았다.

과거에 나도 이런 사람들에게 중요한 직책을 맡겼던 적이 있다. 그들은 최고의 글로벌 NGO에서 일했던 경력자였지만 매일 오후 5시 퇴근시간만 기다렸다. 반대로 미국 최고의 영리법인에서 일했던 사람을 기용한 적도 있었다. 그들은 연봉 하락도 감수하고 기쁘게 일하는 듯하더니 이코노미석을 타고 가는 출장 자체를 꺼렸다. 채리티워터에서는 있을 수 없는 일이었다. 우리는 다르게 일할 각오가 되어 있는 사람을 원했다. 지금은 임원이 된 로런 밀러처럼 '겸손한 자신감'을 가진 사람이 필요했다.

마이클 검블리 같은 사람도 더 많이 필요했다. 그는 2012년 9월에 채리티워터에 들어와 마이클 레타 휘하의 재무부서를 맡았다. 그는 호주에서 자랐고, 미국 조지타운대학에서 금융학을 전공했으며, 5개 국어를 할 줄 알았다. 우리의 콩고 파트너인 '액션 어게인스트 헝거 (Action Against Hunger: ACF)'에서 일했던 친구였는데, 합류하기 5~6개월 전 우리 사무실로 찾아와 재무팀 담당자와 면담을 요청했다. 그러고는 우리가 ACF에 준 보조금 108만 달러에 대해 따지고 들었다.

"보세요, 이 돈을 우리에게 주려거든 1센트까지 구체적인 한도를 정해 주세요. 안 그러면 받을 수 없어요."

검블리의 지적에 따르면 우리 계약은 많은 부분이 주먹구구식이며, 일정표와 예산이 너무 단순하다고 했다. 그는 좀 더 명확한 것을 원했다. 신규 물 프로그램 팀을 이끌 적임자만 찾는다면 검블리가 그의 든든한 재무 파트너가 되어 활약을 펼칠 텐데 아무리 찾아봐도 사람이 없었다.

그러던 중 크리스토프 고더를 찾아냈다. 정장에 넥타이 차림을 하고 와서인지 처음엔 좀 낯설게 느껴졌지만 이야기를 나눠 보니 다정하고 똑똑한 사람이었다. 크리스토프는 중아공에서 자랐으며 루터교 선교사의 아들로 큰 키에 금발머리, 파란 눈을 가지고 있었다. 눈에 띄는 외모와 달리 차분하고 편안한 스타일로 어디를 가든 주변과 잘 어울렸다. 알고 보니 그와 나는 뉴욕대학교 동문이었고 둘 다 프랑스어를 할 줄 알았는데 그의 프랑스어가 나보다 100배는 더 나았다.

대학 졸업 후 크리스토프는 재난지역에 응급진료 서비스 및 구호물자를 제공하는 단체 아메리케어스(Americares)에서 일했다. 14년간 일하며 2010년 아이티 대지진, 동남아시아 쓰나미, 허리케인 카트리나 같은 10여 개국의 큰 프로젝트를 진행했다. 여기서 그는 125명의 직원 관리, 의료지원금 수십억 달러를 전 세계에 교부하는 일을 책임졌다.

물과 관련된 프로젝트는 처음이었지만 팀을 이끌고 사람을 다루는 요령을 알았다. 풍부한 경험과 성실성, 낙관적인 태도와 함께 무엇보다 좋은 점은 나와 케미가 잘 통했다는 것이다. 로런은 내가 케미에 지나치게 의존하는 것 같다고 걱정했지만 비좁은 랜드로버 안이나 비행기 좌석에서 나란히 앉아 여러 시간을 보내려면 마음이 맞는 사람이 좋지 않겠는가!

2012년 10월, 크리스토프는 채리티워터의 임원진에 합류하여 물 프로그램, 지속가능성 계획 및 여러 프로젝트를 지휘하며 글로벌 물 사업의 최고책임자로서 중요한 역할을 담당하게 되었다.

크리스토프와 마이클 검블리는 서로 협력하여 파트너 협약의 형식과 계약 내용을 꼼꼼하게 다듬었으며, 정책을 수정하고, 무엇보다 물 프로그램과 재무팀을 확대했다. 그리하여 얼마 지나지 않아 15명의 전문가가 클립보드를 들고 전 세계를 누비며 우리 프로젝트의 진행 과정을 검사하고, 돈이 제대로 쓰이고 있는지 확인하러 다녔다. 우리는 파트너들에 대한 심사를 강화하고, 그들을 위한 웹사이트(partner.charitywater.org)까지 만들었다. 여기에는 중요한 자료 수집부터 예산안 준비 등에 대한 명확한 지침이 실려 있다.

또한 우리는 대중을 위한 사이트(support.charitywater.org)도 구축하여 프로젝트 비용이나 현지 파트너 선정 등의 중요한 질문에 대답해주었다. 일이 잘못될 수 있는 가능성에 대해서도 설명했다.

그리고 드디어 지속가능성 실현계획에도 손을 댔다. 로버트 리가 전 세계 하드웨어 및 소프트웨어 연구소들을 찾아다니며 센서에 대한 조사를 벌이는 동안, 크리스토프의 팀은 인도에서 여성 수리공들을 고용했던 것처럼 새로운 유지보수 프로그램 개발에 매진했다. 에티오피아에서는 수리공 17명에 대한 교육 지원을 했는데, 이들이 오토바이를 타고 다니면서 우물 3,500개 이상이 포함된 서비스 구역을 관리하여 100만 명 넘는 사람들이 불편 없이 물을 쓸 수 있도록 해주었다. 우간다의 마을에는 모바일 뱅킹을 도입하여 보다 투명하게 온라인으로 수리비를 지급하도록 했다.

하지만 우리 우물들에 필요한 센서가 사실상 존재하지 않으며 세상 누구도 관심이 없다는 사실을 알게 된 로버트는 우리 스스로 센서를 제작할 수밖에 없다는 사실을 깨닫고 크리스토프와 함께 엔지니어를 고용해 직접 센서 제작에 나섰다.

한편 단체의 운영방식이 점점 정교해지고 효율적이 되자, 모금활동도 활발해져 수천만 달러를 현장에 투입할 수 있게 되었다.

"대단한 성장세죠!"

크리스토프가 일을 시작한 첫 달, 나는 사무실 화이트보드에 연도별 모금액 현황을 기록했다.

2012년 예상 모금액 : 3,300만 달러
2011년 : 2,710만 달러
2010년 : 1,580만 달러
2009년 : 860만 달러
2008년 : 630만 달러

2007년 : 180만 달러

여기에 여러 연도에 걸쳐 상승하는 화살표를 그려 넣고 "이런 추세라면 2016년에는 1억 달러도 거뜬하겠어요." 하고 농담을 던졌다.

"우물을 무진장 많이 팔 수 있겠는데요."

크리스토프도 웃으며 화답했다.

그리고 그것은 우물에만 한정된 이야기가 아니었다. 사실상 우리는 전 세계 특정 지역별로 가장 적합한 물 공급수단이 무엇인지 판단하여 선정한 서로 다른 11가지 솔루션에 자금을 지원하고 있었다. 예컨대 지표수는 풍부하지만 오염이 심한 캄보디아에는 바이오샌드 필터를 가구마다 제공하는 것이 보다 효과적이었다. 바이오샌드 필터는 모래와 자갈, 해로운 박테리아를 먹어치우는 생물막으로 이루어진 정수 필터다. 탄자니아에는 빗물 취수시설을 지원해 우기 동안 음용 가능한 빗물을 위생적인 물탱크에 모아 두었다가 건기에 사용할 수 있도록 했다. 또 우리는 에티오피아의 REST에 100만 달러짜리 새 시추장비를 지원 중이었고, 다른 단체들이 공사한 우물을 포함해 전 세계 수백여 개 우물의 유지와 보수를 책임지고 있었다.

2012년 11월 초, 변호사 크리스 바튼이 이메일로 소송 진행상황을 알려주었다. 상대측 변호사들과 전화 회담을 가졌고, 연방법원 판사가 우리 사건을 배정했다는 소식이었다.

"판사가 합의에 도달하지 못한 양측 모두에 화가 났어요. 고소장을 읽더니 어째서 이 사건이 법정에 회부되어야 하는지 이해하지 못하더라고요." 크리스의 설명이었다.

판사는 일이 빨리 진행되기를 원했다. 그는 양측에 화해 시도를 명령했고, 법원에서 지정해 준 조정판사가 우리 사건을 맡게 되었다.

새 조정일이 2013년 1월로 잡혔다. 원고측 관할인 LA법원으로 가야 했다. 크리스와 내가 보험회사 변호인들과 함께 출석할 예정이었다. 항공편 예약 전 우리는 법원으로부터 "당일에 LA에 묵을 계획을 세우라!"는 말을 전해 들었다. 합의가 이루어지지도 않았는데 비행기 시간을 이유로 내뺄 생각은 꿈도 꾸지 말라는 뜻이었다.

조정일 전날 밤 LA 시내 호텔 방에서 나는 사건의 종결을 염원하는 기도를 올렸다. 고통 속에서 지낸 15개월 동안 나는 그 기부자가 우리 단체의 진면목을 보고 소송을 취하해 주기를 바랐다. 채리티워터가 괄목할 만한 성과를 달성한 시점이었음에도 그런 소송이 진행되고 있다는 사실이 못내 가슴 아팠다. 우리가 신뢰받지 못한다는 사실도….

그 옛날 독성의 가스 유출로 엄마를 오래도록 괴롭혔던 가스회사를 아버지가 용서했던 일이 생각났다. 아버지의 그런 힘과 용기가 나에게도 필요한 시점이었다.

나는 노트북을 열어 기부자의 회사 홈페이지로 들어가 가죽지갑 하나를 구매했다. 55달러의 심플한 검정 지갑이었다. '지갑을 볼 때마다 이 소송이 나에게 준 교훈이 떠오를 거야!' 하는 심정이었다. 채리티워터를 보다 책임감 있게 운영할 수 있도록 해준, 우리를 더 강하고 훌륭한 곳으로 만들어 준 그들에게 감사하고 싶었다.

다음 날 아침, 크리스와 나는 LA 시내의 연방법원 건물로 걸어갔다. 튼튼한 흰색 기둥 4개가 입구 양쪽을 받치고 있는 웅장한 건축물이었다. 실내는 1930년대에 세워진 이후 그대로인 것 같았다.

"오늘밤 당신과 같이 가려고 LA 필하모닉 오케스트라 티켓을 샀어요."

월트디즈니 콘서트홀이 법원에서 몇 블록밖에 떨어지지 않은 곳에 있었다. 내 기운을 북돋워 주려는 크리스의 따뜻한 배려였다.

크리스와 나는 조정 담당판사 제이 간디의 방을 찾아갔다. 그는 40 대로 보이는 키 크고 활기찬 사람이었다. '간디'라는 그의 성이 좋은 징조로 여겨졌다. 그는 우리를 어둠침침한 한 회의실로 안내했다. 상 대측은 복도 끝에 있는 다른 방으로 보내졌다.

간디 판사는 먼저 양측의 이야기를 청취했다. 그는 우리가 하는 일 과 케냐에서 무슨 일이 있었으며 문제를 해결하기 위해 우리가 어떤 제안을 하려는지 물었다. 나는 판사의 정확한 의중을 짐작할 수 없 었다. 그는 지극히 판사다웠고 중립적으로 말했다. 거의 매 시간마다 "좋습니다, 다녀오죠."라는 말을 남기고 상대측을 만나러 갔다.

예전에 한 가지에 대해서는 합의를 보았다. 기부자의 이름으로 새 우물을 파려는 목적이라면 채리티워터에서 다른 자선단체에 기꺼이 돈을 내주겠다는 것이었다. 말하자면 재기부 같은 형식이었다.

오후 5시면 법원 문이 닫히기에 4시 45분이 되자 나는 우리가 합의 에 도달할 수 있을지 초조한 마음이 들었다. 바로 그때 조정판사가 들 어와 자리에 앉더니 말했다.

"이 사건을 종결하죠."

그는 내 앞 테이블에 종이 한 장을 내려놓았다. 그의 사무원이 타이 핑한 합의서였다. 마지막 한 시간 동안 우리가 이모저모로 협상을 벌 였던 내용이 그대로 담겨 있었다.

"이게 상대방이 제시한 조건입니다." 그가 말했다.

채리티워터가 신탁계정에 돈을 맡기고, 그 돈이 곧장 국제의료봉사

단(International Medical Corps)으로 전달되도록 한다는 데까지는 합의
된 상태였다. 이곳에서 깨끗한 물을 필요로 하는 사람들에게 자금을
사용할 예정이었다. 또 우리 홈페이지에서 그 기부자의 이름이 언급
된 모든 내용을 삭제하기로 합의했다.

마지막 결정사항은 채리티워터가 지불할 액수였다. 간디 판사는 과
장된 몸짓으로 펜을 꺼내더니 빈칸에 숫자를 채워 넣었다.

"이 액수에 동의하시면 서명하세요. 그러면 상대방이 소송을 취하
할 겁니다."

나는 떨리는 마음으로 액수를 보았다. 100만 달러였다.

'100만 달러. 꽤 높은 금액이군!'

이사회로부터 협상에 관한 사전승인은 받아 놓은 터였다. 하지만
'100만 달러'에 대해 뭐라고 생각할까?

마이클과 소치 부부가 어느 날 그 돈을 기부해 채리티워터를 회생
시키고, 수많은 사람들에게 깨끗한 물을 제공할 수 있었던 기억이 스
쳐지나갔다. 중요한 건 그게 아니었던가?

나는 서명을 하고 '100만 달러'라는 약정금액 옆에다 합의일자와 내
이름의 이니셜을 기입했다. 10년 묵은 체증이 내려가는 것 같았다.

우리가 방에서 나온 시각은 오후 4시 55분이었다. 나는 판사와 악수
를 나누었다.

"당신들이 하는 좋은 일을 잘 알고 있습니다. 계속 잘해 주세요."

"감사합니다." 인사를 하는데 목이 메었다.

해가 수평선 너머로 넘어가면서 LA 하늘을 붉은빛과 황금빛으로 물
들이고 있었다. 나는 차가운 공기를 한껏 들이마셨다.

# 09
## 깨진 물항아리 때문에
## 목을 맨 소녀

○ 2014년 2월, 에티오피아 메다

그 이야기는 사실이었고, 그녀의 이름은 레티키로스 하일루였다. 물항아리가 깨졌다는 이유로 나무에 목을 맨 사람이 정말 있었던 것이다. REST의 직원이 이야기의 출처를 따라가 레티키로스가 에티오피아 티그레이와 암하라의 북쪽 접경지대에 위치한 외딴 마을, 메다 출신이라는 사실을 알아냈다.

1년 반 동안 나는 강연을 다니며 레티키로스의 이야기를 했지만, 호텔 주인이 말해준 그 이상은 알지 못했다. 나는 그녀가 죽을 날이 가까운 할머니였을 거라고, 그래서 어느 날 '더 이상은 못해 먹겠다'는 생각에 그런 일을 저질렀을 거라고 추측했다.

사람들은 내게서 그녀의 이야기를 들으면 충격과 슬픔을 주체하지 못했다. 그러나 같은 이야기를 무대 위에서 반복하다 보면 내 말의 진실성이 의심될 때도 있는 법이다. 그래서 나는 더 이상은 그녀의 이야기를 하고 다니지 말자는 생각이 들었다. 마을을 찾아 그녀의 발자취를 더듬어 보고, 사람들이 그녀를 발견했다는 나무를 내 눈으로 직접 보기 전까지는 말이다.

2013년 11월의 어느 날, 나는 REST에 이메일을 보내 메다로 갈 방법을 좀 알아봐 달라고 했다. 메다는 인적이 매우 드문 곳이라 차로는 갈 수 없었다. REST의 관계자는 도로가 날 때까지 여행을 미루라고 권했다.

'걸어서 간다고 해도 얼마나 걸릴지 몰라요. 몇 시간이 될지 며칠이 될지.' REST 사람이 답장을 보내왔다.

'좋아, 그렇다면 제대로 된 여행이 되겠네. 텐트를 가져가야겠어. 음식이랑 물, 나침반, 그리고 필요한 건 뭐든.' 나는 속으로 생각했다.

'그 사연의 진상을 파악하는 건 무척 중요한 일이에요. 어떤 고생길이 되더라도 상관없어요.' 나는 이렇게 답장을 썼다.

그때 빅이 손에 뭔가를 들고 욕실에서 나왔다.

"이거 아무래도 망가진 것 같아요."

그녀가 내미는 분홍색 임신진단기는 '임신'을 표시하고 있었다.

우리는 두어 달 전부터 피임을 하지 않고 있었다. 특별한 계획이 있었던 건 아니다. 빅은 서른 살이고 나는 서른여덟이어서 아이를 갖기에 적당한 시기인 것 같았다.

임신은 사실이었다. 나는 당장 아마존 서점에서 육아서부터 구입했다. 빅은 임산부가 해야 할 일과 하지 말아야 할 일들을 인터넷으로 검색해 보았다. 하지 말아야 할 일들이 더 많았다. 그렇게 우리는 진정한 부모가 될 준비를 시작했다.

그리고 나는 빅에게 다가오는 출장 문제를 진지하게 의논했다.

"레티키로스의 마을을 찾아가 보려고 해. 메다에서 무슨 일이 있었는지, 왜 그녀가 스스로 목숨을 끊었는지 궁금해서….."

"REST 측에선 뭐라고 해요?"

"길이 너무 멀고 험하다고, 내가 그 여정을 버텨내지 못할 거라고 탐탁지 않아 하는 것 같아."

나는 이 여행이 내 인생에 꼭 필요한 일이라는 걸 확신한다고 했다.

빅은 잠시 아무 말도 하지 않았다. 빅도 그 이야기의 진상을 알아보는 일이 우리에게 얼마나 중요한지 잘 알고 있었다.

"당신이 가지 말라면 나중으로 미룰게."

"아녜요, 그냥 질투가 나서 그래요. 나도 에티오피아에 가고 싶어서….. 당신은 다녀와야죠."


38도의 열기 속에서 몇 시간을 걸었더니 다리가 유독 가느다란 당나귀가 휘청거렸다. 당나귀는 몇 걸음 더 떼더니 거친 숨을 몰아쉬고는 내 장비를 짊어진 채로 바닥에 쓰러져버렸다.

가련한 당나귀는 지친 나머지 목숨만 겨우 부지하고 있었다. 안내인이 당나귀에게 물을 마시게 했다. 우리도 좀 쉴 필요가 있었다. 나는 흙먼지를 뒤집어쓴 채 피곤한 몸으로 커다란 바위가 드리운 그늘 밑에 앉았다. 주위를 아무리 둘러보아도 저 먼 지평선까지 문명의 흔적이라곤 보이지 않았다. 도로, 오두막, 짐승, 사람, 우물 그 어느 것도.

'제대로 가고 있기는 한 걸까? 길을 잃은 건 아닐까? 그런 마을이 정말 있기는 한 걸까?' 하는 의문이 들었다.

그날 새벽 5시에 나는 에티오피아의 하우젠시에서 REST의 물 기술자 게브레마리암과 만나 인사를 나누었다. 그는 내 통역사이자 안내인이요, 전체 여정을 함께 할 동반자였다. REST의 총괄책임자 테클레워이니 아세파가 운전사가 딸린 차를 보내 우리를 하우젠에서 테케제 댐까지 4시간 가량 태워 주었다.

오전 9시가 조금 넘은 시각에 댐 내부로 들어간 우리는 10분 뒤 눈부신 햇살이 쏟아지는 댐 반대편으로 나왔다. 그런 뒤에는 차에서 짐을 내리고 운전사를 시내로 돌려보냈다. REST에서 약속한 대로 낙타와 당나귀를 데리고 있는 행상인이 우리를 기다리고 있었다. 낙타도 당나귀도 아주 약해 보였는데 녀석들이 9시간 동안 우리 짐을 날라 줄 예정이었다. 가격 협상을 한 뒤 우리는 그와 함께 길을 나섰다.

일주일의 여정에 대비해 나는 태양전지 패널 배낭(노트북, 카메라, GPS기기, 위성전화기를 충전하기 위해)과 텐트, 침낭, 자외선 차단제, 몇 벌의 옷을 가져갔다. 또 메다에 도착해 어떤 일이 생길지 몰라 5일치의 비상식량과 작은 정수필터를 챙겨 갔다.

내 평생 가장 힘든 행군이었다. 단단하면서도 걸음을 내딛을 때마다 부서지는 땅은 작열하는 태양에 허옇게 빛이 바래었다.

해가 질 무렵에야 우리는 메다에 도착했다. 전기도 수도도 없는 곳이었다. 인터넷 설비와 우체국, 콜라나 AA 건전지를 살 수 있는 잡화점도 물론 없었다. 먼지투성이 고원에는 아무런 기반시설도 없이 살고 있는 2,800명의 사람들뿐이었다. 마을로 터덜터덜 걸어가니 노인들이 우리를 맞아 구운 염소와 인제라를 대접하고는 다음 날 마을 이곳저곳을 소개해 주겠다고 약속했다. 오후 8시 30분에 나는 촌장의 집 바깥에 텐트를 치고 침낭에 들어가 시체처럼 잠을 잤다.

다음 날 새벽 4시 45분, 텐트 바깥에서 들려오는 바스락 소리에 화들짝 잠을 깼다. 메다는 이 시간이 사람들이 활동을 시작하는 때였다.

밖을 내다보니 여남은 명의 사람들이 웃고 떠들며 염소와 닭을 돌보고 있었다. 여자들은 노란 물통을 등에 지고 물 긷기에 나서는 참이었다. 보름달 달빛 속에서 펼쳐지는 그런 광경이 내겐 생경했다.

해가 뜨자 게브레마리암이 나를 체콜렉이라는 여인에게 데려갔다. 그녀는 레티키로스의 어머니였다. 체콜렉이 자기 나이를 쉰셋이라고 밝혔을 때 나는 깜짝 놀랐다. 검은 머리에도 불구하고 예순다섯은 되어 보였기 때문이다. 게브레마리암은 우리의 인사를 돕고 나서 통역에 나섰다.

"그 아이는 이 집에서 태어났어요. 여기서 저랑 개 여동생, 개 남편이랑 2000년 5월 19일에 죽기 전까지 살았지요."

"그 당시 나이가 몇 살이었어요?"

"열세 살이요."

나는 깜짝 놀랐다. 상상할 수도 없는 일이었다. 어떻게 열세 살밖에 안 된 소녀가 물항아리를 엎질렀다고 목숨을 끊을 수 있을까!

"저, 따님에 대해 좀 더 자세히 말씀해 주시겠어요?"

체콜렉은 중매결혼을 했는데 남편을 잘못 만나 학대를 당하다가 이혼했다. 그래서 딸을 결혼시킬 때 체콜렉은 신랑감을 아주 신중하게 골랐다.

신랑 아베베는 레티키로스보다 나이가 그리 많지 않았고, 마찬가지로 가난했다. 그래도 다정하고 자상한 성격이라 레티키로스는 그와 금세 사랑에 빠졌다. 둘은 사이가 괜찮았다.

물을 길으러 다니기 시작한 건 여덟 살 때부터! 대부분의 소녀들은 결혼을 하면 학교를 그만두었지만, 레티키로스는 공부를 계속하고 싶었다. 일주일에 사흘은 학교에 가서 수업을 들었고, 나머지 나흘은

4.5kg의 무거운 물항아리를 밧줄로 등에 묶고 물을 긷기 위해 알리유 샘으로 향했다. 레티키로스가 학교에 가는 날은 돈을 주고 당나귀를 빌려 물을 길어 날랐다. 그마저 가난해서 자주 빌릴 수도 없었다.

도보로 왕복 6시간 거리에 학교가 있었다. 레티키로스는 열세 살이었지만 수업을 따라가지 못해 3학년 과정밖에 마치지 못한 상태였다. 학교도 물을 긷는 샘도 너무 멀었다.

다음 날 아침, 나는 수첩과 카메라를 챙겨 들고 마을 여인들이 알리유 샘에 물을 길으러 가는 길에 동행했다. 200m 아래의 낭떠러지 길은 미끄러지기 쉬웠고 보기만 해도 위험했다.

개코원숭이 똥으로 뒤덮인 커다란 바위 틈에서 나오는 물을 받기 위해 줄을 서서 기다렸을 소녀의 모습이 그려졌다. 샘물은 한 시간에 겨우 세 항아리를 채울 정도밖에 나오지 않았다. 딸이 20리터도 채 안 되는 물을 받아 집으로 돌아오는 시간은 해가 질 즈음이었다.

나흘 동안 그곳에서 지내며 나는 일찍 자고 일찍 일어나는 그 마을의 생활주기에 익숙해졌다. 정오쯤 해가 따갑게 내리쬐면 나는 촌장의 작은 돌집 안으로 들어가 염소가죽 침대에서 낮잠을 잤다.

체콜렉은 딸이 스스로 목숨을 끊은 날 친한 친구 예샤레그와 함께 샘으로 갔다고 했다. 예샤레그는 아직 그 마을에 살고 있었다.

여정의 막바지에 나는 그녀를 만나러 갔다. 세 자녀를 두고 행복한 결혼생활을 하고 있는 그녀의 나이는 스물일곱이었다. 레티키로스도 같은 나이라고 했다.

"레티키로스는 보통 아이들과 달랐어요."

예샤레그는 그리운 듯 친구에 대한 기억을 떠올렸다.

"그 친구는 보다 나은 삶을 꿈꿨어요. 언젠가는 메다를 떠났다가 다

시 돌아와 의료, 식수, 교육 문제 해결을 위해 일하고 싶다고 했죠."

예샤레그는 그녀의 마지막 날 아침 알리유 샘으로 가는 길에서 친구를 만났던 일을 떠올렸다. 일찍 도착하려고 둘 다 아침도 못 먹고 나왔다고 했다.

그녀는 자기 집에 있는 물항아리를 보여 주었다. 크고 너무 낡은 항아리였다. 친구의 항아리와 비슷한 것이라 했다.

예샤레그는 그날 정오쯤 샘물에서 항아리를 채워 친구와 함께 집으로 향했다. 오후 3시경에 갈림길에 다다랐고 거기서 헤어져 각자의 집으로 갔는데 그것이 마지막으로 본 레티키로스의 모습이었다.

그녀는 혼자 집으로 가다가 넘어지면서 물항아리를 깨트렸다. 물을 엎지르면서 항아리는 산산조각이 났다.

마을의 한 노인이 길을 지나다 나무에 축 늘어진 소녀의 몸을 발견했다. 그가 울부짖자 사람들이 달려왔다. 사람들은 판자 위에 레티키로스의 시신을 얹고 그녀의 집으로 향했다.

체콜렉은 딸의 시신을 보고 울부짖다 벽에 심하게 몸을 부딪치는 바람에 척추까지 다쳤다. 신랑은 집에 없었다. 식량을 구하러 시장에 갔는데 며칠씩 걸리는 여정이었다. 누군가 사람을 보내 소식을 전했고, 그는 서둘러 돌아왔지만 장례식은 끝난 뒤였다.

메다에서 보낸 마지막 날 나는 레티키로스의 추도식을 집행한 일흔 살의 성직자를 만났다. 그는 하얀 옷을 입은 그녀의 모습이 너무 아름다웠다고 회상했다.

"사람들이 1,000명이나 왔죠. 어른 아이 할 것 없이⋯."

그는 교회 뒤편의 묘지로 나를 안내했다. 꽃도 십자가도 마른 땅 위엔 아무런 표식이 없었지만 그는 누가 어디에 묻혔는지 다 기억하고 있었다. 스무 개 정도 되어 보이는 돌이 쌓인 소박한 돌더미가 레티키로스의 무덤이었다. 물항아리의 깨진 조각들은 흔적도 없었다.

마지막으로 내가 간 곳은 레티키로스가 목숨을 버린 잿빛 나무였다. 나무는 사람 한 명의 무게를 지탱할 만큼 튼튼해 보이지도 않았다.

그러나 잘 먹지 못하고 자란 열세 살 소녀이니 몸무게가 얼마나 나갔 겠는가!

친구 예샤레그를 만났을 때 나는 물었다.

"그녀는 왜 그랬을까요? 왜 그런 선택을 했을까요?"

"자신의 부주의함이 원망스러웠던 것 아닐까요? 아니면 너무 지쳤 거나…."

결혼까지 했지만 그녀는 어린 십대 소녀였다. 레티키로스에게는 그 물 한 항아리가 전 재산으로 여겨졌을 것이다.

메다를 떠나기 전 나는 우리가 묵었던 집에 염소 한 마리를 사주고 가지고 있던 손전등을 선물했다.

동이 트기 전 나는 게브레마리암과 함께 길을 나서 저녁에 게랄타 로지에 도착했다. 샤워를 마치자마자 노트북을 켰다.

레티키로스의 사연을 조금도 막히지 않고 단숨에 써내려갔다. 그런 다음 REST의 직원들에게 글의 내용에 대한 사실 확인을 받은 뒤 채리 티워터에 보냈다.

"글을 아주 잘 썼네요."

게랄타에서 전화 통화를 하는데 빅이 말했다. 진심인 것 같았다.

"빅, 내가 그동안 너무 채리티워터 사업에만 몰두했던 것 같아. 우 리가 왜 이 일을 하는지는 잊고 있었던 것 같아."

"무슨 뜻인지 알겠어요."

메다에 다녀오고 나서 많은 것을 깨달았다. 그 나무를 보면서 가슴 이 터지는 것 같았다. 나는 화가 치밀었다. 레티키로스의 죽음은 물의 중요성을 다시 한번 깨닫게 했다. '물 위기'가 '실제적 위기'라는 사실을 상기시켜 주었다. 아주 긴급한 위기!

살다 보면 누구나 무감각해지는 죄를 범한다. 끔찍한 사건도 풍문으로 들으면 나와 상관없는 일로 여겨진다. 그런데 레티키로스의 그 이야기는 모두 사실이었다. 그 끔찍한 이야기가 실화라니…. 더 무서운 건 지금도 그런 일들이 일어나고 있다는 것이다.

세상에는 레티키로스처럼 삶에 지쳐 더는 버텨내지 못하는 열세 살 소녀들이 있다. 자식을 잃은 아픔과 가난과 병고 속에 살아가는 체콜렉 같은 어머니들이 있다. 먹고사느라 바빠서 자녀들이 성장해 가는 모습을 제대로 보지 못하는 아버지들이 있다. 나도 곧 부모가 된다는 생각에 그들의 고통이 더 절절하게 다가왔다.


그로부터 6개월 뒤인 2014년 8월 18일, 잭슨 스캇 해리슨이 세상에 태어났다. 빅이 8시간의 산고를 겪는 동안 나는 분만실에서 내가 태어날 때 아버지가 그랬던 것처럼 빅의 손을 잡고 어쩔 줄 몰랐다.

잭슨은 크고 튼튼한 폐와 손가락 10개, 발가락 10개에 완벽한 아프가 척도(신생아의 심장 박동수, 호흡 속도 등 신체 상태를 나타낸 수치 – 옮긴이)로 우렁찬 울음과 함께 세상에 나왔다. 아기는 작고, 끈적끈적하고, 머리 위쪽이 불쑥 튀어나온 외계인처럼 보였다.

아이의 탄생을 축하하는 선물 대신 우리는 아이의 탄생을 모금활동으로 기념했다. 그보다 더 좋은 방법이 생각나지 않았다. 빅과 내가 제일 먼저 1만 달러를 기부했고, 231명의 마음씨 좋은 기부자들이 참여하여 총 256,000달러가 모였다. 서아프리카 니제르 사람들 8,000명에게 깨끗한 물을 공급하기에 충분한 액수였다(왜 메다가 아니냐고 묻는 사람이 있을지도 모르겠다. 확보가능한 지하수가 없다는 조사결과가 나왔다. 유일한 해결책은 50만 달러가 넘는 비용으로 거대한 배관시설을 하는 것인데 불가능했고 지속가능한 해결책으로 보이지 않았다. 메다로 이어지는 도로는 아주 느리게 놓여지고 있으며, 우리는 그 길을 통해 언젠가 메다에 다른 해결책을 강구해 줄 수 있기를 희망하고 있다).

아이가 태어나고 몇 개월, 아버지의 역할에 익숙해지면서 나는 게리 박사가 했던 말을 자주 떠올렸다. "엄마들이 가슴속에 품는 꿈과 희망은 세상 어디나 똑같다"고 했던 그 말을….

처음 만났을 때부터 빅과 나의 꿈은 채리티워터를 키우는 데 집중되어 있었다. 이제 아이가 생기고 나니 내 두뇌의 화학 반응이 좀 달라졌다. 아들 잭슨이 우리의 새로운 전부가 되었다.

가족과 함께 시간을 보내면서 나는 지난 3년간 이런저런 보고서와 스프레드시트, 법률서류에 너무 깊이 빠져 있었다는 사실을 깨달았다. 더 이상은 내 시간과 에너지를 그렇게 쓰고 싶지 않았다. 레티키로스의 발자취를 좇아 그녀의 사연을 세상과 공유하며 큰 기쁨을 느꼈다. 스토리텔링과 나눔이야말로 내가 가장 좋아하고 하고 싶은 일이라는 사실도 깨달았다.

그리고 부모로서의 무거운 책임감도 절감했다.

# 10

# CEO의 연임과 빅토리아의 퇴장

채리티워터는 성장 일로에 있었다. 나날이 후원금이 늘고 신뢰지수는 상승했다. 매일 성장하고 발전하고 있다고 생각하면 흐뭇했다. 우리가 성장하면 도움이 필요한 사람들을 더 많이 도울 수 있기 때문이다.

2014년은 대단히 성공적인 한 해였다. 트위터가 전년도 11월에 기업공개를 하면서 그곳 직원 두 명과 투자자들이 우리에게 통 큰 기부를 했다. 버지니아주의 오랜 후원자는 270만 달러를 냈고, 한 후원기업도 우리 곳간에 500만 달러를 채워 주었다. 그해에 우리는 4,340만 달러의 모금액으로 100만 명의 사람들에게 깨끗한 물을 공급했다. 이는 곧 우리가 30초마다 한 명씩을 도왔다는 얘기가 된다.

그런데 이듬해인 2015년에는 모든 게 다 잘 안 풀렸다. 주식시장이 주춤거리더니 급기야는 폭삭 내려앉았다.

전에는 시장 상황이 우리의 성장세에 악영향을 미친 적은 없었다. 심지어 2008년 세계적인 금융위기 때도! 그러나 2015년은 달랐다. 우리가 아무리 노력해도, 아무리 많은 전화를 돌리고 발품을 팔아도 성과는 지지부진했다. 채리티워터가 성장하지 못한 최초의 해였다. 아니, 성장을 떠나 퇴보한 해였다.

2015년, 모금팀의 수장으로 사브리나 포어먼드라는 능력 있는 여성이 들어왔다. 그녀는 월드비전에서의 경력을 인정받아 우리에게 왔고 곧장 싸움에 뛰어들었다. 사브리나는 기부자 내역서를 살펴보더니 이렇게 말했다.

"잠깐만요. 작년에 4,340만 달러가 들어왔는데 거의 절반인 1,700만 달러가 달랑 다섯 명에게서 받은 거네요?"

그것은 인상적인 성과였지만 해마다 반복되기를 기대할 수는 없었다. 더 큰 문제는 기부금 흐름(우리가 돈을 모금하는 여러 방식)을 분석하니, 우리가 일하는 50%의 시간을 '마이채리티워터'의 플랫폼에 쓰고 있다는 것이었다. 마이채리티워터는 우리의 주 수입원이자, 우리가 자선단체로 존재하게 해주는 핵심 플랫폼이었다.

생일 캠페인에서는 '반복적인 수입흐름'이 발생하지 않는다는 점이 눈에 띄었다. 사람들은 대부분 특정 연도에 1회성으로 우리에게 기부했다. 색다른 경험을 하고 난 뒤엔 다른 주제로 관심이 옮겨가게 마련이다. 플랫폼을 계속 돌리려면 모금활동을 벌일 사람들을 계속 모집해야 했다. 뉴욕 사람 100명에게 1년 동안 매달 1,000달러씩 후원하게 만들겠다는 내 아이디어만큼이나 문제가 컸다.

매년 1월 1일이면 우리는 전년도 모금액을 무시하고 기부금 표시기를 다시 0점으로 조정했다. 매년 처음부터 다시 시작한 것이다.

2015년 여름이 되자 목표액을 달성하지 못하리라는 전망이 굳어져 갔다. 기적이 일어나지 않는 한 작년보다 대폭 하락된 금액으로 2015년을 마감할 게 뻔했다.

나는 우리 미래를 자신하며 짐과 같은 현지 파트너들에게 말했다.

"단단히 준비하고 계세요. 중아공에서 170만 달러의 우물은 시작일 뿐이니까요. 내년에는 300만, 내후년엔 500만 달러가 될 거예요!"

그래서 워터포굿 측은 이 시나리오에 맞춰 새 인력을 충원하고 장비를 확충했다. 그런데 하필이면 그때 중아공에서 전쟁이 일어났다. 더 큰 문제는 내가 약속받았던 신규 후원금이 들어오지 않는다는 것이었다. 2014년과 같은 규모로는 사업을 진행할 수 없었다.

나는 설립 10주년쯤에는 모금액 1억 달러를 손쉽게 돌파하리라 생각했다. 하지만 10주년이 눈앞으로 다가오자 불안해지기 시작했다. 로스와 린다의 멘토링에도 불구하고 나는 채리티워터에 적합한 CEO가 아니었다. 생각해 보니 나는 경영과 계획과 관리 등 CEO로서의 역할은 한 번도 제대로 해본 적이 없었다.

"내 생각엔 우리에게 전문 CEO가 필요할 것 같아요."

여름에 나는 로런에게 처음으로 내 의중을 밝혔다.

"계속 남아 일을 하긴 할 거예요. 직함을 '상주 스토리텔러'나 '수석 워터보이' 같은 걸로 바꾸고요. 저는 기부자들과 더웰 멤버들의 협력을 이끌어 내고 강연하고 새로운 아이디어를 내는 데는 소질이 있지만, 조직을 발전시키는 데는 재주가 없는 것 같아요."

"당신에겐 좀 쉴 시간이 필요한 것 같네요."

"쉰다고 해서 해결될 문제가 아닌 것 같아요."

나보고 휴식을 취하라고 제안한 사람이 로런이 처음은 아니었다. 그렇게 모든 걸 다 쏟아 부어선 곧 탈진할지 모른다고 주의를 준 사람들이 많았다. 하지만 나는 그들의 말을 듣지 않았다.

"1년에 98회 비행을 했다고요? 그것도 이코노미석으로? 돌았군요."라고 말하는 사람도 있었다.

매년 나는 그들의 말이 틀리다는 것을 입증해 보였고, 그 사실을 의기양양하게 떠들어댔다. "작년엔 제가 강연을 100번이나 했다고요!"라고 자랑하면서 말이다.

이 일은 내 평생의 소명이었다. 속도를 늦추기엔 내 일을 너무 사랑했다. 사람의 생명을 구할 수 있는데 누구든 죽도록 일하지 않겠는가!

로런의 충고에도 불구하고 나는 그의 말을 인정할 준비가 되어 있지 않았다. 거기다 갓난아기가 생기니 예전에는 잘해 왔던 일과 인생의 통합이 점점 더 힘겨워져 갔다.

2014년 8월에 잭슨을 낳고 빅은 2015년 1월에 다시 일터로 복귀했다. 일주일에 세 번 사무실에 출근할 땐 할머니에게 잭슨을 맡길 계획이었다. 그러나 곧 빅은 사흘만 일해서는 팀을 제대로 이끌 수 없다는 현실을 깨달았다. 새로 채용한 디자이너가 까다로운 사람이어서 문제는 더 복잡해졌다.

"스캇, 어떻게 하지요?" 어느 날 밤 빅이 속마음을 털어놓았다.

"신입직원을 다른 직원들과 어울리게 하는 게 힘들어요. 우리 팀이 나를 존경하는 것 같지도 않고요. 아기 때문에 매일 나가서 일하고 싶지는 않은데… 정말 요즘은 일이 많이 힘드네요."

하지만 아무리 힘든 일이 많아도 집에 돌아와 아기와 놀 때는 온갖 시름이 다 날아갔다.

채리티워터를 빅과 둘이서 24시간 꾸려 가는 시스템에서 벗어나면 어떨까? 우리 역할을 재조정할 수 있다면? 어쩌면 조직의 혁신가나 큰 그림을 그리는 사상가로 거듭날 수 있을지도 몰랐다. 아니면 채리티워터가 우리의 방해 없이 성장할 수 있도록 내버려둘 때가 되었는지도 몰랐다.

9월 말에 로런과 나는 신임 CEO를 물색하기 위한 방법을 찾아보기로 했다. 린다 포드까지 불러서 변화를 헤쳐 나갈 방법을 모색해 보기로 했지만 그녀가 던지는 몇 가지 질문에도 대답하지 못했다.

그녀는 내가 마음만 내려놓았을 뿐 깊이 있는 사안에 몰두할 준비가 안 되어 있음을 직감했다. 나는 하루라도 빨리 나보다 더 잘 돌볼 수 있는 사람에게 채리티워터를 넘겨주고 싶었다. 9월 말에는 이사회 멤버들에게 전화를 걸어 내 결심을 밝힐 계획이었다.

"실력자 CEO를 모실 필요가 있어요." 오랜 이사회 멤버였던 지안-칼로 오초아에게 말했다. "리스크가 커져서 말예요."

"스캇, 정말 끝난 것처럼 말하네요. 누가 당신 자리를 채울 수 있을까요? 어디서 어떤 사람을 찾을 건가요?"

"모르겠어요. 하지만 지금이 적기인 것만은 분명해요."

다음 차례는 지도부였다. 최근 간부급 직원 두 명이 새로 들어왔고, 팀 구축작업이 한창이었다.

로런은 내 재촉에 9월 말로 임원진의 미팅을 잡았고, 나와 함께 그 소식을 어떻게 전할지 상의했다.

"임원들에게는 팀을 더 단단히 결속시키기 위해 그러는 거라고 말씀하세요." 로런이 제안했다.

"당신이나 당신의 상황 때문이 아니라 팀을 위한 결정이라고요."

솔직히 나는 너무 지친 나머지 그런 대화는 얼른 끝내 버리고 내 인생의 다음 장으로 넘어가고 싶은 생각뿐이었다.

9월 30일 아침, 임원진 전원이 공유오피스 위워크의 조그만 회의실에 모였다. 검블리, 로런, 사브리나, 크리스토프, 신입직원 맷과 에이미, 그리고 나까지 일곱 명이 네모난 테이블에 다닥다닥 붙어 앉았다. 우리는 각 부서의 4분기 목표 달성을 위한 계획에 들어갔다. 나는 아직 내 결심에 대해 입도 떼지 못했다.

점심식사 후 다시 모였을 때 마침내 입을 열었다.

"여러분, 제가 한 가지 결심을 했습니다." 내가 들어도 침울한 말투였다. "이사회에 새 CEO를 선임해 달라고 부탁했습니다."

방안에는 정적이 흘렀다. 로런이 다른 사람들의 반응을 살폈다. 모금에 극심한 어려움을 겪고 있던 사브리나만이 충격을 받지 않은 듯했다. 누구도 말이 없었다. 나는 다시 입을 열었다.

"저는 채리티워터의 미래를 믿습니다. 제가 10년간 채리티워터를 이끌어 왔는데, 더 이상은 경영을 하고 싶지 않습니다. 경영은 제가 잘하는 일이 아니에요. 전문 CEO가 필요합니다."

사람들은 농담이라도 들은 것처럼 고개를 절레절레 저었다.

"진지하게 말씀드리는 겁니다. 저는 그만두는 게 아니고 상근직으로 일하면서 계속 채리티워터를 도울 거예요. 제가 가장 잘하는 일을 하면서요. 우리에겐 새로운 지도자가 필요합니다. 더 이상 성장을 못하고 있는 게 현실이니까요."

내심 격려의 박수가 터지지 않을까 기대했다.

"축하해요, 스캇. 지금까지 잘해 왔어요. 하지만 맞아요, 요즘은 당신이랑 일하기가 힘들긴 했어요. 당신이 다음 주자에게 바통을 넘길 수 있도록 우리가 기꺼이 도울게요!"

내심 이런 말을 기대했건만 침묵만 흘렀다.

"죄송합니다." 나는 고개를 떨구었다. "하지만 전 이미 결심을 굳혔고, 그래서 이렇게 말씀드리는 거예요."

에이미가 드디어 입을 열었다.

"전 신임 CEO를 위해 여기 일하러 온 게 아니에요. 당신을 위해서 온 거죠."

그러자 맷도 비슷한 말로 거들었다.

"여러분, 스캇이 혼자 고전 중이네요."

사브리나가 중재에 나섰다.

"무엇보다 지금은 4분기예요."

크리스토프가 말했다.

"한 해를 마무리하는 4분기에 신임 CEO를 영입할 수는 없잖아요. 우선 올해는 제대로 된 마무리에 집중합시다. 스캇은 1월 한 달 동안 좀 쉬는 게 어때요? 가족과 함께 시간을 보내면서 좀 더 생각해 보세요."

나는 더 이상 할 말이 없어 그 제안을 수락했다.

"좋아요, 당분간 결정을 보류하죠."

그리고 한마디 덧붙였다.

"전 지금 아주 진지합니다. 농담이 아니에요."


그해는 예상대로 암울하게 끝났다. 2015년은 겨우 3,500만 달러를 모금하는 것으로 마무리되었다. 2014년에는 100만 명에게 혜택을 주었지만 그해에는 80만 명밖에 돕지 못했다. 나는 그 결과를 내 개인적인 과오로 받아들였다. 내 생각에 이런 결과는 곧, 깨끗한 물을 마실 수 있었던 20만 명이 계속해서 더러운 물을 마시며 죽어갈 것이라는 사실을 뜻했다. 내가 일을 잘못해서 말이다!

빅도 크리에이티브 디렉터 자리에서 물러나기로 결심했다. 별다른 계획은 없있다. 컨설턴트로 일주일에 며칠씩 일하거나 특별 프로젝트를 돕는 것도 한 방법이었다. 그러나 당장 어떤 업무이든 뛰어들 마음은 없었다. 우리 부부에게는 고통스러운 한 해였다.

12월 말에 한 지인이 기쁜 소식을 전했다. 우리 둘이 캘리포니아 레딩에 있는 자신의 별장에서 한 달 쉬었다 오라는 것이다.

그곳은 아름다운 산지의 휴식처였다. 셀 수 없이 많은 침실, 네 개의 벽난로, 수영장, 1.5km 아래로 샤스타 호수가 내려다보이는 정경…. 빅과 나는 한 달을 온전히 쉬어본 적이 한 번도 없었기에 빅의 조부모님들께 같이 가서 잭슨을 좀 돌봐달라고 부탁했다. 그렇게 우리는 둘이 삼나무 숲길을 걷고, 책을 읽고, 기도를 하고, 요리를 해먹고, 와인을 마시면서 우리의 미래에 대한 이야기를 나눌 꿈에 부풀었다.

호숫가에서 보낼 한 달은 빅에게 머리를 비우고 재충전을 할 수 있는 좋은 기회였다. 나도 마찬가지였다. 어쨌거나 푹 쉬고 나면 새로운 생각과 함께 새사람이 되어 돌아올 수 있으리라는 기대가 생겼다. 빅과 함께 그곳으로 떠나고 싶었다.

그러나 막상 그곳으로 가자 모든 것이 기대와는 달랐다. 크리스마스 이틀 뒤에 도착했는데, 맑은 하늘과 햇볕 대신 차디찬 비와 안개뿐이었다. 그곳에 머무는 내내 비와 우박, 눈이 번갈아가며 내렸다. 북캘리포니아에서 기록적인 강수량이 기록된 한 달이었다. 지붕에선 물이 새고, 안개가 짙게 깔려서 창문으로 호수도 보이지 않았다. 테라스는 물에 흠뻑 젖었고, 파라솔은 돌풍에 쓰러졌다. 그곳을 떠나고 싶어 견딜 수 없을 지경이었다.

이제 막 걸음을 걷기 시작한 잭슨은 지루함에 짜증을 부렸다. 우리는 말썽 부리는 아이 뒤꽁무니를 쫓아다니며 하루를 보냈다. 결국 가족 모두 컨디션이 엉망이었다. 30초마다 재채기를 하거나 코를 풀었고, 분위기는 무겁게 가라앉았다.

채리티워터에서 저질렀던 실수들이 떠오르기 시작했다. 당장 바로잡고 싶은 일들이 머릿속에 가득 찼다.

'내가 지금 여기 산골짝에 틀어박혀서 4주 동안 뭐하고 있는 거야?'

어느 날 밤 빅이 2층 발코니에서 나에게 소리쳤다. 나는 거실 소파에 누워 독서에 집중하려 애쓰던 참이었다.

"있잖아요, 나 또 임신했어요!"

"뭐라고? 그게 정말이야?"

나는 위층으로 달려가 빅을 껴안았다. 둘째를 가질까 의논 중이긴 했지만 이렇게나 빨리 생길 줄은 몰랐다. 신기하게도 아이들은 정확히 2년 터울이었다. 하지만 빅은 낯빛이 어두웠다.

"일 문제를 어떻게 해야 할지 모르겠어요. 이번 여행에서 에너지를 좀 충전하고 싶었는데 그러지도 못하고!"

"여보, 당신은 아주 유능한 사람이야. 임신했다고 해서 당신의 능력이 사라지지는 않아. 지금 별로 편안한 상황은 아니지? 그래도 우리에게 아기가 생겨서 너무 기뻐."

빅은 미소를 지으며 나를 안았다. 우리 부부는 인생에서 가장 어려운 결정에 직면해 있었다. 채리티워터에서 영원히 발을 뺄 것이냐 말 것이냐 하는….

우리는 함께 잘 헤쳐 나가 보기로 마음을 다잡았다.

다음 날 나는 부모님께 전화를 걸어 새로 생긴 아기 소식을 전했다. 어머니는 딸이었으면 좋겠다고 했고, 아버지는 내가 정말 CEO 자리에서 물러날 생각이냐고 물었다.

"아버지, 작년 상황이 무척 안 좋았어요. 더 이상은 제가 채리티워터를 이끌 적임자가 아닌 것 같아요."

"스캇, 나도 30년간 사업을 해온 사람이다. 한 가지만 말해두마. 어떤 사업체도 30년 연속 성장만 하는 곳은 없단다. 좋을 때가 있으면 안 좋을 때도 있는 법이지."

"알아요, 아버지. 하지만 제가 잘해내지 못하면 사람들이 깨끗한 물을 얻지 못해요."

"궁금해서 그러는데 이것 하나만 물어보자. 너는 지난 한 해 네 가치관과 타협한 적이 있니?"

"당연히 없죠."

"원칙을 무시했니?"

"절대 아니죠."

"떳떳하지 못한 일을 저질렀니?"

"아뇨."

아버지가 대체 무슨 말을 하시려는 건지 몰라 슬슬 부아가 치밀었다.

"아버지, 모금액이 줄어든 것 말고는 우리 역사상 최고의 해였어요. 프로그램은 더 효율적으로 개선되었고, 직원들은 최선을 다했고, 이직률도 역대 최저였다고요. 올해는 잘된 일이 많아요. 딱 하나, 기부금이 적게 들어온 것뿐이에요."

"그럼 네가 엉뚱한 데 마음을 쓰고 있는 거 아니니?"

아버지의 말씀이 전적으로 옳았다. 나는 숫자에 매몰되어 있었다. 수백만 달러의 하락분에 정신을 쏟고 기부금의 흐름과 성장에 지나치게 몰두하여 큰 그림을 보지 못했다. 2015년에도 분명히 큰 성과가 있었음에도 기뻐하지 못했다. 그래도 80만 명에게 깨끗한 물을 선사하지 않았던가! 내 낙관적인 태도는 도대체 어디로 가버린 걸까?

나는 2주간 레딩에 있는 교회에 다니며 오랜 시간 동안 내 인생과 채리티워터에 대해 숙고했다. 내가 놓친 것들이 아주 많았다.


이를테면 4월에 셀람이라는 열세 살 소녀가 사는 공동체에 깨끗한 식수원이 생기면서 소녀의 일상이 크게 달라진 것처럼 말이다. 우리는 소녀의 사연을 8분짜리 가상현실 영화로 제작했고, 그것을 수십만 명이 시청했다. 덕분에 우리의 인지도와 모금액이 동반 상승했다.

또 9월에는 내가 마흔 살 생일을 맞은 기념으로 벌인 모금활동에서 40만 달러가 모였다. 에티오피아 40개 마을에 우물을 건설하기에 충분한 액수였다.

그 밖에도 2015년에 우리가 이룬 중요한 성과 중 내가 망각했던 것이 또 있었다. 지속가능성 계획에 진전이 있었던 것이다. 11월에 우리는 에티오피아 전역의 우물들에 3,000개의 센서를 설치했다. 우리가 센서를 자체 제작했다는 점을 고려할 때 그건 결코 작은 성과가 아니었다.

지난 3년간 우리는 무수한 시제품을 제작했고 숱한 실패를 맛보았다. 만만치 않은 도전이었다. 우리에게 필요한 센서는 작열하는 태양빛에 정통으로 노출되어도 견딜 만큼 자외선에 강하며 사람이나 동물에 의해 파손되지 않는 뛰어난 내구성에, 음식물에 무해한 플라스틱으로 만들어진 것이어야 했다. 또 무질서한 물의 흐름을 측정할 수 있어야 했다. 물이 꼭 균질하게만 배관을 통과하는 것이 아니라 위쪽이나 주변으로 튀기 때문이었다. 그리고 배터리도 10년은 교체하지 않아도 될 만큼 수명이 길어야 했다.

무엇보다 중요한 건 수집된 데이터를 확실히 전달하는 것이었다. 그래서 우리는 전 세계 모든 통신회사와 로밍 협약을 맺고 있는 홍콩의 한 스타트업으로부터 특별히 유심(USIM)카드를 공급받았다. 그렇게 하면 어디에 설치하든 유심카드를 작동시킬 수 있었다.

에티오피아에서 첫 시제품을 시험하는데 센서가 지역 서버들과 연결이 되지 않았다. 아무 데이터도 추출할 수 없었다. 에티오피아에서 모바일 로밍이 제대로 되지 않았던 것이다. 우리 팀은 포기하지 않고 원인을 규명해냈다. 원인은 버그였다!

에티오피아 전국의 통신망이 연결되어 있는 로밍코드가 수정되니 갑자기 휴대전화들이 한꺼번에 울려대고 우리 센서도 정보를 전달하기 시작했다. 우리 덕분에 인구 1억 명이 넘는 에티오피아 전역의 모바일 로밍 문제가 해결된 것이다.

나는 우리 팀이 자랑스러웠다. 이제 우리는 센서를 새로 부착한 우물들에 대해 실시간 정보를 받아볼 수 있었다. 7년 전 자신의 생일 기념으로 모금을 해주었던 기부자에게 전화를 걸어 이렇게 말할 수 있었다.

"안녕하세요, 게일라. 당신이 만들어 준 우물들이 어떻게 작동하고 있는지 알고 싶지 않나요?"

그리고 그녀의 우물을 클로즈업한 사진과 GPS 정보, 그 우물에서 깨끗한 물이 하루에 3,800리터 이상 나왔다는 사실을 확인시켜 줄 수 있게 된 것이다.

에티오피아 우물의 90%가 정상적으로 사용되고 있다. 과거 상시가 동률이 60%였던 데 비하면 대폭 개선된 수치다. 그래도 그 10%를 처리하기 위해 현지 기술자들이 GPS가 장착된 오토바이로 돌아다니면서 문제가 발생할 때마다 수리를 하고 있다. 요즘의 애플이나 삼성의 서비스 기사가 당신의 전화나 노트북에 문제가 생길 때마다 직접 찾아가 고쳐준다면 어떨까? 우리 기술자들은 센서로부터 정보를 얻어 누가 부르지 않아도 알아서 찾아간다. 그들은 현지의 물 영웅들이다.

캘리포니아 산지에서 한 달을 보내면서 나는 2015년이 어쩌면 괜찮은 해였는지도 모르겠다는 생각을 했다. 우리 직원, 인턴, 자원봉사자들 모두 혼신의 노력을 다했다. 누구도 페달에서 발을 떼지 않았다. 문제는 내 관점이었다. 나는 왜 그렇게 쉽게 포기할 생각부터 했을까?

게다가 2016년은 채리티워터가 10주년을 맞는 해였다. 9년 만에 포기하기에는 너무 아까웠다. 적어도 10년은 해야 하지 않을까?

게리 박사처럼 나도 혼신의 힘을 다해 노력해 보고, 그런 다음 때가 되면 어떻게 할 것인지 결정을 내리리라.

빅은 산지에서 한 달을 보내며 다른 선택을 했다.

"스캇, 난 채리티워터로 돌아가고 싶은 마음이 별로 없어요. 처음 열정을 느꼈던 그 마음 상태로 돌아가 보려고 애를 써도 잘 안 돼요. 그곳을 떠나는 게 위험할 수도 있지만 완전히 새 출발을 해서 좋아하는 다른 일을 찾아볼 필요도 있을 것 같아요. 나중에 프리랜서로 일하거나, 책을 쓰거나, 브랜딩 대행사를 차려보는 건 어떨까요?"

서로를 알게 된 이후 지난 몇 년간 우리의 정체성은 일에 완전히 매

채리티: 워터 |

몰되어 있었다. 항상 '나와 빅과 채리티워터' 대 '세상'의 대결구도였다. 그녀가 내 곁에 없다는 걸 상상조차 할 수 없었다.

그러나 나보다 휴식이 더 필요한 사람은 빅이었다. 그녀는 먼저 엄마 역할에 집중한 후 다음 일은 나중에 생각해 볼 계획이었다.

2월에 사무실로 돌아온 나는 우리 팀에게 10주년까지는 계속 일하겠다고 발표했다. 그리고 넘치는 아이디어로 채리티워터의 성장과 발전을 위해 노력하겠다고 말했다.

"스캇, 아무도 당신이 떠날 거라고는 생각하지 않았어요." 사브리나가 웃으며 반겼다. "몇 주 쉬고 돌아오면 괜찮아질 줄 알았죠."

당장에 나는 로런을 최고운영책임자로 승진시켰다. 그녀에게 일과 책임을 더 부담시키기로 했다. 그래야 내가 내부 미팅에 시간을 덜 소비하고, 더 많은 시간 동안 우리 이야기를 전하고, 기부금을 모금하고, 채리티워터를 위한 아이디어를 구상하는 데 쓸 수 있을 것이었다. 로런은 채리티워터에서 나와 빅 다음으로 최고참 직원이었고, 나는 늘 그녀에게 의존해 왔다.

빅의 마지막 근무일은 2016년 2월 26일이었다. 한 시대가 마감되는 느낌이었다. 오후 5시경 우리는 사무실에서 파티를 열었다. 빅이 좋아하는 스타일의 바비큐 파티 같은 것이었다. 모두들 소파와 콩자루 의자, 커다란 TV가 마련된 널찍하고 편안한 다목적실에 모였다. 빅의 팀이 한 명씩 마이크 앞으로 나가 그녀와 관련된 일화를 소개했다. 직원들은 그녀를 위해 멋진 책을 한 권 만들었는데 그동안 빅이 썼던 인상적인 이메일들, 사무실이나 현장에서 찍은 그녀의 사진들로 가득했다. 송별회의 대미는 마이클과 소치, 로스 같은 오랜 친구들과 기부자들이 보낸 감사의 영상들로 장식되었다.

마지막으로 내가 한마디하려고 자리에서 일어섰다. 우리에게 최초이자 유일한 크리에이티브 디렉터였던 빅은 채리티워터의 브랜드를 설계한 장본인이었다. 그녀의 스타일과 취향이 채리티워터 구석구석에 배어 있었다. 연례보고서의 서체에서부터 사무실 의자 색깔, 노란 물통 로고에 이르기까지.

채리티워터가 어려움에 처한 사람들을 도우려는 나의 바람에서 탄생했다면, 빅은 그 단체를 성숙하면서도 생기 넘치는 브랜드로 재창조한 사람이었다.

"당신에게 특별한 작별선물을 드리려 합니다. 빅, 앞으로 나와 주시겠습니까?"

그녀가 앞으로 걸어나왔고, 나는 조그만 상자를 건넸다. 빅이 열어본 상자 안에는 100장의 명함이 들어있었다.

'공동창립자 빅토리아 해리슨'이라고 쓰인 명함이….

"어머나 세상에, 스캇."

"전부터 생각했고 진작 줬어야 했던 거예요. 당신은 9년에 걸쳐 우리 브랜드를 구축했고 매번 뛰어난 창의성을 보여주었어요. 마이클 버치는 말하길, 오래 전 내 이메일에 답장한 유일한 이유가 당신이 구축한 멋진 브랜드에 있다고 하더군요."

내가 말로써 빅을 울린 건 그때가 처음이었다. 나는 빅에게 단지 '전 크리에이티브 디렉터'나 'CEO의 아내'로서가 아니라 진정한 대표성을 띠고 채리티워터를 대변해 발언할 수 있는 자격을 주고 싶었다. 그녀가 한 번도 '전 아무개'였던 적이 없다는 사실을 알아주기 바랐다. 빅은 언제나 나와 함께 채리티워터의 공동창립자였다.

# 11

# 정기후원 프로그램,
# The Spring을 만들다

창립 10주년을 맞아 나는 우리 단체가 실질적으로 연 4,340만 달러의 기부금 규모에 도달한 것이 아니라는 사실을 받아들여야 했다. 채리티워터가 2014년에 이만한 실적을 올렸던 건 몇몇 큰손 기부자들이 엄청난 수익을 올린 덕에 그만큼 우리에게 줄 수 있는 여유가 있었기 때문이다. 우리는 기본적으로 3,000만 달러 정도 규모의 자선단체인데, 어쩌다가 약 1,300만 달러의 깜짝선물을 덤으로 받았던 셈이다.

더웰 멤버들 덕분에 운영비 계좌를 채울 방안은 마련되었다. 또 크리스토프의 팀과 구글 어워드, 여러 파트너들의 협조 덕분에 현장에서도 지속가능성 문제에 대한 중대한 돌파구가 생겼다. 그러나 채리티워터가 장기간 존속하려면 기부금의 지속가능성 문제 역시 더 많이 고민해 볼 필요가 있었다. 우리에겐 매월 정기후원 프로그램이 필요했다. 더웰과 비슷한 것으로, 물 프로젝트를 위한 후원 프로그램이….

채리티워터에는 사실 그런 정기후원 프로그램이 있었다. 우리 홈페이지에 들어오면 조그만 상자에 체크하여 매달 후원금을 낼 수 있다. 한 해에 정기후원을 하는 사람이 150명쯤 있었지만 숫자가 크게 늘지 않았고, 우리는 이를 위해 어떤 홍보나 다른 계획도 세운 바가 없었다. 정기후원자에게 돌아가는 혜택도 전무했다. 후원한 우물에 대한 보고나 감사인사도, 개인적으로 감동을 느낄 만한 어떤 기회도 제공되지 않았다.

후원자들에게 적절한 감사와 보상을 해줄 필요가 있었다. 어떤 게 좋을지 바로 떠오르진 않았지만, 다른 자선단체의 정기후원 프로그램을 들여다 보니 적어도 우리가 닮지 말아야 할 모습이 무엇인지는 확실하게 알게 되었다.

어느 날 나는 인터넷 서핑 중에 개발도상국 아동들을 후원하는 한 자선단체를 발견했다. 온라인상으로 몇 가지 대답을 하고 후원할 아이를 선택하니 '장바구니에 상품이 추가되었습니다'라는 문구가 쓰인 금액표시 창이 떴다.

"뭐라고?" 나도 모르게 크게 소리를 질렀다. "아이를 보고 상품이라니!"

외견상 엄청난 재원을 보유한 듯 보이는 큰 자선단체였다. 내가 알기로 그곳의 멤버십 프로그램은 활발히 운영되고 있었다. 하지만 후원금을 무슨 '쇼핑'하듯 내도록 함으로써 그들은 중요한 걸 놓치고 있다는 생각이 들었다. 후원자들에게 "장바구니에 아이가 하나 더 담겼습니다"라는 식으로 말해서는 절대 안 된다.

후원자들은 가끔 이런 의구심을 품는다.

'정말로 그 아이를 내가 돕고 있을까? 매달 38달러로 아이의 필요를 충족시킬 수 있을까?'

그나마 아동후원 프로그램들은 새로운 소식을 자주 업데이트해 주는 편이지만, 대부분의 정기후원 프로그램은 그런 데 서툴다. 후원 신청 후 자동이체가 개시되고 나면 후원자의 존재는 잊혀지기 쉽다. 너무 많은 자선단체들이 후원 신청만 받고 나면 모르쇠로 일관하면서, 후원자들이 자신의 후원금을 망각하기 바란다.

우리는 그와 정반대로 하고 싶었다. 후원자들에게 감사인사를 전하며, 일이 진행되는 상황을 알려주는 것이다.

나는 우리 후원자들에게 티셔츠나 머그컵 같은 것을 보내고 싶지 않았다. 내겐 더 좋은 아이디어가 있었다! 2016년 5월에 나는 그 아이디어를 직원들과 공유했다.

"사람들은 정기후원 신청에는 익숙합니다. 하지만 우린 전혀 다른 신청 프로그램을 만들 거예요. 저는 100만 명에게 매달 평균 30달러의 후원금을 내도록 만들고 싶어요. 하지만 그 30달러에 대해 이런저런 굿즈로 보상하지는 않을 생각이에요." 나는 말을 이었다.

"우리 프로그램에서는 후원금이 전액 100% 도움이 필요한 사람들에게 전달됩니다. 그에 대한 보상으로 우리는 기부자들에게 감동을 선사할 겁니다! 그들만의 콘텐츠를 제공하는 거예요. 세계 곳곳에서 우물 공사가 이루어지고, 바이오샌드 필터가 설치되고, 헬렌 같은 여인이 난생처음 깨끗한 물을 얻고 자주 씻으며, 난생처음 스스로 아름답다고 느끼게 되었다는 그런 이야기 말입니다. 후원자들에게 그들이 세상에 어떤 영향을 미치고 있는지 보여주는 거예요."

직원들이 술렁거렸다.

"노스다코타의 후원자 일곱 명과 일리노이의 열일곱 명에 집중해 보면 어떨까요?" 누군가가 제안했다. "언젠가는 그들을 서로 소개해 줄 수도 있고요."

"그들을 전부 뉴욕 회담에 초청합시다! 워런 버핏이 버크셔 해서웨이 주주들에게 했던 것처럼!"

의견이 쏟아졌다.

"우리가 도울 새로운 나라와 현지 파트너를 소개하는 그들만을 위한 영상을 제작하는 거예요. 후원 중인 사람들과 한층 더 가까워질 수 있도록."

"너무 좋은 아이디어네요!" 나는 무릎을 쳤다. "우리 함께 마음 따뜻한 사람들로 이루어진 멋진 공동체를 만들어 봅시다!"

몇 주에 걸쳐 우리는 공동체의 이름을 무엇으로 정할지를 두고 갑론을박을 벌였다. '저수지', '마을', '항구', '닻' 등이 물망에 올랐다. 나는 수로, 정보의 유통경로, 후원자들이 청취할 수 있는 채널이라는 삼중의 의미를 지닌 '더채널(The Channel)'로 하고 싶었다. 그러나 결국에는 '더스프링(The Spring)'으로 정해졌다. 단순하고 희망찬 느낌에, 스프링이라는 단어에는 부활의 시간, 용솟음칠 가능성이란 의미가 함축되어 있기 때문이다.

우리는 채리티워터 10주년에 더스프링을 공개하기로 결정했다. 지난 10년 동안의 성과를 축하하고 사람들을 끌기 위한 짧은 영화도 만들 예정이었다. 나는 10년 전 우간다의 보비 난민수용소를 처음 찾아갔을 때 만났던 친구 제이슨 러셀을 고용했다. 제이슨은 뛰어난 스토리텔러로, 아내 다니카와 함께 얼마 전 미디어 회사를 설립해 활발히 운영 중이었다. 2004년에 그와 그의 친구들은 '인비저블 칠드런

(Invisible Children)'이라는 자선단체를 설립, 비디오카메라를 들고 우간다를 돌아다니며 멋진 영상을 찍어 미국 내에서 활발한 사회운동을 이끌어 낸 바 있었다. 그들의 활동은 반군 사령관 조지프 코니에 대항해 싸우는 우간다 사람들을 지원하는 법률 제정으로도 이어졌다.

6월 몇 주 동안 나는 제이슨 부부와 함께 머리를 맞대고 대본을 썼다. 그리고 우리 브랜드 및 콘텐츠 주임 타일러 리워와 비디오 예술가 제이미 펜트와 함께 채리티워터의 '씽크탱크(Think Tank)' 회의실에 틀어박혀 영화 〈뷰티풀 마인드〉의 한 장면처럼 화이트보드 가득 아이디어를 해부하면서 보냈다.

우리는 이를 정리한 개요를 제이슨 부부와 공유했다. 그 뒤에도 또 토의하고, 세부사항을 정하고, 우리 비전을 통합하여 '더스프링' 공개를 위한 청사진을 만들었다. 극적인 서술로 채리티워터의 이야기를 전하는 20분짜리 영상이 그것이다. 제작비는 5만 달러 정도 예상했다.

그런데 임원진과 직원들에게 이러한 구상을 전하자 반발이 일었다. 우리 비전이 너무 길고, 제작비가 너무 많이 들고, 전혀 색다르지 않으며, 너무나 비현실적이라는 것이다.

지난 10년간의 경험을 바탕으로 나는 사람들이 진솔한 인간의 이야기에 깊이 공감하는 것을 굳게 믿었다.

예전에 마이애미의 한 교회에서 예배 때 네 차례 강연을 한 적이 있었는데, 당시 청중은 거의 아무런 반응도 보이지 않았다. 나는 완전 헛걸음을 한 것 같았다. 그런데 4년 뒤, 한 번도 만난 적 없는 남자의 유산에서 채리티워터 앞으로 10만 달러짜리 수표가 도착했다. 그 교회에서 내 강연을 들었던 남성이 고난에 처한 사람들의 이야기에 마음이 움직여 집으로 돌아가 유언장을 고친 것이다.

나는 사람들이 한 시간 동안의 강연이나 몇 장의 사진들에 눈물을 흘리며 가진 돈 전부를, 심지어는 100만 달러를 기부하는 경우도 여러 번 보았다. 그러니만큼 5만 달러를 들여 영상을 제작할 가치는 충분히 있다고 확신했다.

마감일이 다가오자 마음이 급해졌다. 제이슨이 보여주는 영상이 마음에 들지 않았다.

"아직 완성도가 떨어져요. 사실을 말하자면 아주 엉망이에요!"

더스프링 멤버십과 영화는 완벽해야만 했다. 채리티워터의 10주년이고, 많은 사람들이 지켜보고 있었다.

우리는 밤을 새며 재촬영을 했고, 새벽까지 음성 입히기 작업을 했다. 그렇게 몇 주간 정신없이 일한 뒤 마침내 우리는 마음에 흡족한 영상을 완성시키는 데 성공했다.

완성된 더스프링 영상을 먼저 가족과 지인들에게 보냈다.

'이 영상을 온가족이 함께 보면 좋겠습니다. 보고 나서 감상을 전해주세요.'

나는 게리 박사 내외에게 이메일을 썼다. 아들 웰슬리는 열아홉, 딸 카리스는 스물두 살이었다. 젊은 청년들이 20분짜리 자선단체 동영상을 끝까지 앉아서 봐줄지 궁금했다.

다음 날 게리 박사의 아내 수잔이 답장을 보내왔다. 가족과 함께 영상을 봤는데 아이들이 너무 감동한 나머지 벌떡 일어나 이렇게 말했다는 것이다.

"우리도 더스프링에 가입할래요! 지금 당장이요."

게리 박사가 우리의 첫 멤버로 들어온다는 건 너무 기쁜 소식이었다. 더구나 아이들까지! 두 남매는 부모님과는 별개로 각자 멤버십에 가입했다. 아프리카 병원선에서 자란 남매는 뭔가 달라도 달랐다. 그들은 영상을 몇 번이나 되풀이해 보았다고 한다.

10주년 기념일 일주일 전인 8월 29일, 우리는 영상과 더스프링의 정기후원 프로그램을 공개했다. 그 소식을 채리티워터 홈페이지에 대문짝만하게 싣고, SNS에 홍보하고, 우리가 아는 모든 사람에게 이메일을 보냈다. 목표는 '한 달 만에 신규 멤버 1,000명'이었다.

이후 며칠 동안 나는 수시로 디지털 현황판을 확인했다. 신규 가입이 실시간으로 이루어지는 걸 보고 있자니 너무 짜릿했다. 보다 못한 직원들이 현황판을 내 방문 가까이로 옮겨주었다.

9월 1일에는 더 축하할 이유가 생겼다. 더스프링 신규 등록자가 1,099명을 넘어선 것이다. 아무도 거들떠보지 않을 거라던 우리의 20분짜리 영상은 어떻게 되었을까? 페이스북에서 989,000뷰, 유튜브에서 21,402뷰를 기록했다(지금도 토털 250만 뷰에서 계속 증가 중이다).

더스프링 멤버십도 성장하여 94개국에서 2만 명이 넘는 사람이 가입했다. 그들은 매월 평균 30달러씩을 내고 있으며 공동체는 나날이 성장 중이다. 더스프링 덕분에 우리는 전 세계 물 프로그램을 더 멋지게 잘 기획할 수 있게 되었고, 해마다 0에서부터 다시 시작할 필요가 없어졌고, 우리가 지키지 못한 약속 때문에 현장 파트너들과 곤란한 대화를 나눌 필요도 없어졌다.

2016년 9월 7일, 채리티워터 10주년과 더스프링의 성공적인 출범을 축하하기 위해 사무실에서 조촐한 파티를 열었다. 그러나 나는 파티에 참석하지 못했다. 병원에서 엠마 빅토리아 해리슨의 탄생을 지켜보고 있었기 때문이다. 엠마는 내 생애 최고의 생일선물이었다.

빅과 나에게 아이가 없었을 때 친구가 이런 말을 한 적이 있다.

"네가 사방이 물로 둘러싸인 어느 섬에 있다고 상상해 봐. 너는 그 작은 땅뙈기가 전부라고 생각할 거야. 그건 네 사랑의 용적을 상징해. 그런데 첫아이가 생기면 멀리서 부글부글 거품이 일면서 커다란 섬이 하나 새로 생겨나지. 너는 그 새로운 섬이 물속에 잠겨 있던 네 심장의 일부라는 걸 깨닫게 돼. 그 후 다시는 그 어떤 아이도 첫째처럼 사랑할 수는 없을 거라는 생각이 들 거야. 하지만 왼쪽으로 눈을 돌리니 또 다른 섬이 솟아오르고 있어. 바로 둘째야. 네 심장은 더더욱 커져. 더 많이 사랑하기 위해서 다른 부위를 빌려오거나 차단할 필요는 없어. 사랑이란 바다를 메워 생기는 땅처럼 자꾸만 늘어나니까."

엠마가 태어난 뒤 내가 느낀 감정이 바로 그랬다. 줄 것이 더 늘어나고, 사랑하는 능력이 더 생기고, 감정의 용량이 더 커진 것 같았다. 그리고 오염된 물 때문에 아이들이 죽어간다는 사실에 더 많이 아파하게 되었다. 그동안 만났던 많은 아이들과 너무 어린 나이에 세상을 떠난 레티키로스는 나에게 그러한 현실을 절감하게 했다. 잭슨과 엠마가 생기고 나니 세상 그 어떤 아이도 오염된 물을 마시지 않게 하겠다는 결의가 더 단단해졌다.

<더스프링> 홍보 영상

# 12

# 우물 시추 장면을
# 라이브로 방송하다

　　　　　　　　　내 지인 중에는 과거 암 자선단체를 운영했던
사람이 있다. 그와 나는 가끔 컨퍼런스 장소에서 마주치곤 하는데, 한
번은 내가 그의 다음 순서로 강연 무대에 올랐던 적이 있다.

　그가 1천여 명의 청중 앞으로 나아가더니 이렇게 말했다.

　"혹시 암에 걸린 분이 계시면 손을 들어 주시겠습니까? 손을 계속
들고 있어 주세요. 이번에는 가족이 암에 걸린 분? 좋습니다, 그럼 지
인 중에는요?"

　'지인'에 이르자 청중의 손이 모두 올라갔다.

　그렇게 멋지게 청중의 호응을 이끌어 내는 그에게 질투가 났다. 내
가 그의 다음 차례로 연단에 나가서 "혹시 오염된 물을 마시고 죽을
만큼 아파본 경험이 있는 분 계십니까? 좋습니다. 그럼 수인성 질병으
로 사망한 사람을 알고 계시는 분은 얼마나 되시나요?"라거나 "물을

길으러 8시간 걸어본 사람은 얼마나 되십니까?"라고 물었다면 어땠을까? 아마도 침묵만 흘렀을 것이다.

실제로 그렇게 물어본 적도 있는데 미국 이민자들의 손이 한둘 올라간 게 고작이었다.

대부분의 미국인은 주혈흡충증이나 설사병에 걸려서 사망하거나 트라코마로 실명한 사람을 알지 못한다. 그들은 흙탕물을 마신 아이가 자기 옷 위에 토하는 모습을 한 번도 본 적이 없다. 물을 쏟았다는 이유로 목을 맨 사람 이야기도 들어본 적이 없었다.

10년을 마무리하는 기념으로 우리는 후원자와 수혜자들 사이에 더욱 단단한 유대관계를 맺어주고 싶었다. 2016년 '채리티 볼' 행사를 기회로 뉴욕시와 아프리카 사이의 거리감을 없애고 그 간격을 메워보고 싶었다.

우리가 더스프링 영상의 마무리 작업에 한창이던 8월, 지인들과 더웰 멤버 한 무리가 행사 아이디어를 짜려고 사무실에 모였다. 해마다 우리는 전년도보다 더 멋진 행사를 기획하려고 용을 쓰는데, 2016년에는 뛰어넘을 막대가 너무 높이 걸려 있었다.

2015년에는 400명의 내빈이 메트로폴리탄 미술관의 덴두르 신전에서 열리는 만찬에 초대되었다. 식사 후 우리는 가상현실(VR) 헤드셋을 모두에게 착용시키고 그들을 한꺼번에 에티오피아의 열세 살 소녀의 삶 속으로 데려갔다. 8분 동안의 체험이 끝난 뒤 턱시도와 이브닝드레스를 입은 사람들이 헤드셋을 벗으며 눈물을 흘렸고, 하룻밤에 240만 달러가 모금되었다. 그런 만큼 10주년 행사 때는 더욱더 창의적이고 매력적인 아이디어가 필요했다.

"이번에도 장소는 메트로폴리탄 미술관으로 합시다." 내가 직원들에게 제안했다. "그리고 내빈들에게 각자 한 명 한 명씩 인생을 바꿔볼 기회를 주고 싶은데 좋은 방법이 없을까요?"

뮤지션이자 가까운 교회 목사인 데이비드 건고어가 아이디어를 냈다.

"지난 10년간의 여러분의 삶을 한 번 돌아보세요. 가장 큰 문제가 무엇이었나요? 무엇 때문에 잠 못 이루며 고민했나요? 자, 이번에는 여러분이 채리티 볼 테이블에 앉아서 우간다에 사는 여러분과 비슷한 누군가에게서 영상 메시지를 받는다고 상상해 보세요. 그 사람에게는 지난 10년간의 가장 큰 문제가 오염된 물을 마시는 것이었다고 한다면 어떤 느낌이 들까요?"

그의 아이디어는 찬탄을 불러일으켰다.

'있잖아요, 여기 당신과 비슷한 사람이 있어요.'

'당신과 비슷한 사람'이라는 자체가 기가 막힌 콘셉트 아닌가! 모든 그림이 그려졌다. 그러나 행사장에 온 내빈들 각자에게 이를 적용하려면 상수원이 없는 단일한 공동체 주민 400명을 찍은 400장의 사진과 그들의 사연이 담긴 400컷의 영상이 필요했다. 그런 다음에는 400명의 주민 한 사람 한 사람을 우리 내빈 400명 한 사람 한 사람과 유의미한 방식으로 짝을 지워야만 했다. 더 버거운 현실은 그 콘셉트를 실현할 시간이 고작 3개월밖에 남지 않았다는 점이었다. 정신 나간 계획이었다! 하지만 물러설 우리가 아니었다.

대상 국가는 에티오피아로 빠르게 압축되었다. 크리스토프의 팀이 몇몇 마을을 후보지로 올리자, REST의 파트너들이 그중에서 에티오피아 북서부의 외딴 마을 아디 에톳을 추천했다. 1년 중 우기인 두 달은 아디 에톳에 물이 풍부하다. 테프밭이 바람에 일렁이고, 황금빛 옥

수수밭이 지평선까지 펼쳐지며, 천연 샘물이 마을 중앙 골짜기에서 콸콸 쏟아져나온다. 그러나 건기가 다가오면 아디 에톳의 아녀자들은 물을 뜨는 데 하루 2~6시간을 소비해야 한다. 그곳에는 두 곳의 수원지가 있는데, 한 곳은 멀리 떨어진 샘물이고 한 곳은 가깝지만 오염된 강바닥이다.

2016년 10월 상반기 보름 동안 채리티워터의 소규모 창작자 그룹이 아디 에톳에 둥지를 틀었다. 첫 주에 그들은 마을에서 야영을 하고, 커피를 마시고, 주민들과 식사하며 그들의 사연을 알아갔다. 크리스토프와 나도 둘째 주에는 그들과 합류해 제작 지원에 나섰다.

타일러 리워가 젊은 싱글맘, 자녀를 둔 부부, 학생과 교사, 농부, 창업희망자들에 대한 인터뷰를 진행했다. 로런과 우리 프로듀서 알리 트라우트는 테이블에 각자의 노트북과 질문지, 동의서 양식을 올려놓고 앉아 있었다. REST 측 통역자들도 동석했다. 4~90세에 이르는 마을 주민들이 길게 줄을 서서 인터뷰를 한 다음 폴과 제이미에게 건너가 동영상을 촬영하고, 마지막으로 우리 프리랜서 사진작가인 제레미 스넬에게 가서 한 사람 한 사람 멋진 인물사진을 찍었다. 그러는 동안 발전기는 쉼없이 윙윙대며 돌아갔다. 매일 새벽 5시 30분부터 해가 넘어갈 때까지 같은 과정이 되풀이됐다.

작업 현장을 돌아다니다 보니, 훗날 아디 에톳 사람들이 이 시간을 수세대에 걸쳐 추억하고 회자하겠구나 하는 생각이 들었다.

"정신 나간 미국인들 한 무리가 종이와 카메라를 들고 왔다가더니 얼마 지나지 않아 우리에게 깨끗한 물이 생겼더랬지!" 하고….

다음 단계는 마을 주민들과 채리티 볼 내빈들 사이의 접점을 찾는 일이었다. 사브리나의 팀은 내빈들과 아디 에톳 주민들을 일대일로 대응시키는 스프레드시트를 작성했다. 어떨 때는 구체적인 공통점이 발견되기도 했다. 임산부인 후원자는 아디 에톳에 사는 비슷한 연령대의 임산부 여성과, 40년간 결혼생활을 한 부부 후원자는 비슷한 기간 동안 결혼생활을 한 마을의 부부와 연결되었다. '교사는 교사끼리', '오래 걷기를 좋아하는 사람은 그런 사람끼리' 연결되기도 했다.

우리 팀은 동영상 작업 마무리를 위해 미친 듯이 일했다. 다들 너무 많은 영상과 씨름하다 보니 진이 다 빠지고 신경이 곤두섰다.

가뜩이나 힘든 상황에, 내가 하나를 더 보탰다. 아디 에톳의 라이브 시추 장면으로 행사의 대미를 장식하고 싶어진 것이다.

이런 장면이 내 머릿속에 그려졌다.

내빈들이 만찬장에 앉아 각자 자신과 짝이 될 사람을 알게 되면 내가 무대 위에서 내빈들에게 그 사람의 인생을 당장 바꿔 주도록 유도한다. 사람들이 동참하면 바로 그 순간 400명의 마을 주민들이 난생처음으로 깨끗한 물을 얻게 되는 모습을 보게 되는 것이다.

시추 장면의 라이브 방영은 한 번도 시도한 적이 없었다. 우리는 항상 시추 장면을 촬영한 다음 곧바로 영상을 뉴욕으로 위성 전송하는 방식을 취해 왔다.

내가 라이브 시추 아이디어를 마이클 버치를 비롯한 몇몇에게 전하자, 그들은 눈을 반짝였다. 대히트가 틀림없었다! 나는 그 아이디어를 머릿속에서 지울 수가 없었다.

라이브 시추 방송은 이번 행사의 하이라이트로 사람들이 두고두고 기억하고, 마음에 담아두고, 주변 사람들과 공유할 강렬한 순간이 될 것이었다. 기술적으로는 무척 까다로운 일이 되겠지만…

12월 5일 채리티 볼 당일 아침, 150명의 자원봉사자가 우리 사무실 곳곳에서 기술팀의 도움을 받아 400대의 아이패드를 행사 목적에 맞도록 설정했다. 덴두르 신전 안에서는 우리 프로듀서들이 무전기를 들고 뛰어다니며 조명과 시청각 시스템을 설정하고 위성 수신 상태를 시험했다.

여기서 6,400km나 떨어진 곳에서는 알리와 제이미, 타일러가 아디 에톳의 REST 시추팀과 함께 광대역 지구 네트워크(BGAN) 위성장치를 하늘로 향하고 있었다. 하지만 우리 쪽에서는 아무것도 잡히지 않았다. 앞서 채리티워터 사무실에서 연결 테스트를 했을 때는 일곱 번 중 네 번은 화면과 동시에 소리가 들어왔다. 그런데 메트로폴리탄의 신전에서는 결정적 순간을 몇 시간 안 남겨둔 시점에 여덟 번째와 아홉 번째 테스트가 완전한 실패로 끝났다. 에티오피아 하늘에 구름이 너무 짙게 끼어 전송이 원활하지 않았다. 화면은 들어와도 소리가 안 나거나, 잠깐 연결됐다가도 금세 신호가 끊어지곤 했다.

아디 에톳에서 라이브 방송을 진행할 타일러도 엄청 긴장했다.

오후 6시가 되자 우리는 행운을 빌며 최상의 결과를 기대하기로 했다. 에티오피아 시간으로는 새벽 2시, 현지에 나가 있는 우리 팀은 시추 장소 옆에 세워둔 랜드로버 지붕에 올라 담요를 덮고 잠을 청했다.

내빈들이 속속 도착하기 시작하자 나는 혼자 조용히 기도할 장소를 찾았다. 몇 분이라도 잠시 시간을 내어 하나님께 감사드리고 싶었다. 10년씩이나 내게 기회를 주신 데 대해 마음속 깊이 감사했다. 1년 전만 하더라도 너무 지쳐서 다 때려치우려고 하지 않았던가.

조용히 기도를 올리며 지난 10년간 나의 변화를 돌아보았다. 어머니의 병이 너무 부담스럽게 느껴졌던 때가 있었다. 이제는 오히려 그

것이 은총이었던 것 같다. 덕분에 나는 아버지처럼 고통을 감내하고, 더 열심히 노력하고, 해결책을 스스로 찾을 수 있게 되었다. 클럽 생활을 했던 10년은 부끄럽고 괴로운 심정으로 회상했다. 그러나 그때의 경험으로 나의 특별한 능력과 기술(사람들에게 소속감을 주고, 스스로 특별한 존재라는 느낌이 들게 하며, 즐거운 경험을 함께하도록 만드는 재주)을 연마하게 된 건 부인할 수 없는 사실이다.

밤이 되면 덴두르 신전은 더더욱 신성한 느낌이 든다. 이곳은 4층 높이의 웅장한 룸으로, 경사진 유리창을 통해 센트럴파크가 내다보인다. 우리는 그 공간 전체에 촛불로 불을 밝혔다.

빅과 내가 앉은 자리에서 홀을 둘러보니 채리티워터의 오랜 친구들과 후원자들이 보였다. 마이클과 소치, 색, 네일, 맷, 마리사 등등. 그리고 리언과 몰리, 줄리와 브라이언 같은 새로운 친구들도 있었다. 그들 대부분은 우리가 그날 밤 어떤 계획을 세우고 있는지 알지 못했다.

밤 9시 30분이 지나 만찬 테이블이 정리되자 나는 긴장을 떨치려 애쓰며 자리에서 일어섰다.

"지금 이 방에서 약 6,400km 떨어진 에티오피아 시레의 높은 고원에는 아디 에톳이라는 마을이 있습니다. 그곳 사람들은 이제 막 잠에서 깨고 있겠네요. 몇 주 전 저는 아디 에톳에 나가 있는 우리 팀과 합류하여 한 명 한 명 주민들의 사연을 들었습니다. 그들의 꿈과 희망에 대해서도요."

그때 내 뒤에 있는 2층 높이의 스크린에 우리가 만났던 사람들의 사진이 투사되었다.

"이분은 마을에서 가장 연장자인 아세파 게브레메디나라는 사제입

니다. 91세 아니면 98세라고 하는데 연세에 대해 다들 의견이 분분하더군요. 이분은 평생 한 번도 깨끗한 물을 마셔본 적이 없다고 하십니다. 죽기 전에 맛볼 수 있으면 원이 없겠다고 하더군요."

나는 다음 슬라이드를 클릭했다.

"이 아기는 마을에서 가장 연소자입니다. 아직 이름도 없는데 제 딸과 비슷한 것 같습니다. 아기의 엄마는 아이를 2주에 한 번 씻긴다고 하는데, 깨끗한 물이 생기면 매일 씻길 수 있겠지요."

스크린 화면이 바위 골짜기의 모습으로 전환되었다. 그곳에선 아디 에톳의 아녀자들이 당나귀에 물통을 싣고 더러운 물을 받으려고 기다리고 있었다. 이어서 우물을 파야 할 장소가 나타났다.

"여러분이 자선단체에 기부를 할 때, 내가 정확히 누구를 돕고 있는 건지 잘 가늠이 안 될 때가 있을 겁니다. 하지만 오늘 밤은 다를 겁니다. 아디 에톳 주민 모두에게는 저마다의 사연이 있습니다. 여러분은 한 사람 한 사람 자기만의 사람을 만나게 되실 겁니다."

내빈들 앞의 테이블에는 각자의 아이패드가 놓여 있었고, 그들의 이름이 홈 화면에 떠 있었다. 나는 모두에게 자신의 아이패드 화면을 터치한 뒤 'together(함께)'라는 암호를 입력하여 자신의 짝을 만나볼 것을 독려했다. 내빈들은 각자의 태블릿을 들여다 보면서 자신이 에티오피아의 특별한 한 사람과 짝 지워져 있다는 사실을 발견하고는 놀라워했다. 보석 디자이너인 모니크는 자기 짝꿍의 영상을 보고는 오래 전 우리와 함께 현장에 갔던 때를 떠올리며 울음을 터뜨렸다.

나는 오늘 밤 우리가 아디 에톳에 우물을 파기 위한 돈을 모금할 것이라고 발표했다.

"비용은 12,000달러가 소요될 예정이며, 1인당 계산하면 30달러씩입니다. 후원할 수 없는 분이 계시면 빅과 제가 차액을 메울 겁니다. 하지만 오늘 밤은 모두 다 참여해 주시면 정말 고맙겠습니다."

사람들이 '고작 30달러? 너무 적잖아. 내 밥값도 충당이 안 될 텐데!' 하는 표정으로 두리번거리는 모습을 보고 있자니 웃음이 나왔다. 하지만 나를 잘 아는 사람들은 껄껄 웃으며 이렇게 말했다.

"기다려 보세요. 아직 끝난 게 아닐 테니!"

"준비되셨나요? 자, 시작합시다!"

대형 스크린 화면이 마을 주민 400명의 얼굴로 가득 들어찬 격자판 모양으로 바뀌었다. 후원금이 쏟아져 들어오면서 한 사람 한 사람의 얼굴이 흑백에서 컬러로 바뀌었다. 약 3분 만에 12,000달러가 모였다. 나는 흥분을 감추지 못했다.

"여러분이 이렇게 해주실 줄 알았습니다. 그래서 채리티워터의 장비를 미리 아디 에톳에 보내놓고, 방금 여러분이 후원해 주신 우물의 시추작업을 어제부터 시작했습니다."

박수와 환호가 터져 나왔다.

"에티오피아 현지의 우리 파트너들이 밤새 시추작업을 벌였습니다. 그리고 몇 시간 전 드디어 60m 땅속에서 깨끗한 물이 발견되었다고 합니다. 여러분, 이 마을 주민들은 평생토록 이 순간을 기다려 왔습니다."

손바닥에서 땀이 배어나고 심장박동수가 두 배로 빨라졌다. 영상이 제대로 전송될지 어떨지 알 수 없었다. 뉴욕 시간으로는 오후 10시 12분, 에티오피아 시간으로는 오전 6시 12분, 지금이 유일한 기회였다.

"여러분, 에티오피아로 위성 연결을 해주시겠습니까?"

큰소리로 외친 뒤 나는 타일러와 아디 에톳의 주민들이 대형 스크린에 모습을 나타내기를 기다렸다. 바로 그때, 그들의 모습이 나타났다!

아침햇살을 받으며 높은 고원에 서 있는 타일러와 그 옆의 우물과 시추장비, 그리고 추워 보이는데 활기찬 모습으로 하얀 담요를 몸에 두르고 있는 사람들의 물결이 보였다. 신전에 있는 사람들 모두가 박수를 치며 환호했다. 그들이 바로 자신들의 짝꿍이었다!

"저는 지금 여러분께서 오늘밤 사진으로 만난 주민 400명과 함께 이곳 아디 에톳 한가운데에 서 있습니다."

타일러의 진행은 매끄럽고 훌륭했다! 영상도 선명했다.

"이곳에서 진행할 다음 단계는 우물에서 물을 뽑아내는 것입니다. 함께 지켜볼까요?"

카메라가 돌자 시추팀이 장비를 가동했다. 나는 속으로 간절히 기도했다. 그 당시 장비의 컴프레서에는 기름이 거의 남아 있지 않았다. 한 번 시도하면 끝이었다. 기회는 딱 한 번뿐이었던 것이다.

신전 안이 어찌나 조용했던지 유리잔 속 얼음이 쨍그랑거리는 소리가 들릴 정도였다. 바로 그 순간, 모두가 지켜보고 있는 가운데 화면에서 불쑥 물줄기 하나가 9m 높이로 솟구쳐 올랐다. 흡사 온천수가 뿜어져 나오는 것 같았다. 아디 에톳의 아이들이 폴짝폴짝 뛰면서 물로 달려들었다. 여자들은 노래를 부르며 춤을 추었다. 깨끗한 물을 한 번도 마셔본 적이 없다던 마을의 최고령자부터 아이들에 이르기까지 기쁨을 감추지 못했다.

나는 무대 위에서 손뼉을 치는 내빈들을 바라보았다. 우는 사람도 있었다. 어찌나 환호가 컸던지 신전이 떠나갈 듯했다. 옆의 사람과 얼싸안고 감격을 나누는 사람도 있었다.

"여러분 중 많은 분들이 단 한 사람이 아닌 더 많은 사람에게 깨끗한 물을 줄 준비를 하고 오셨을 줄 압니다. 전 세계의 30개 마을에 사는 10만 명의 주민들에게도 우리가 똑같이 해줄 수 있는지 알고 싶습니다. 그러려면 300만 달러가 필요합니다."

나는 사람들이 눈치 못 채게 눈물을 닦고, 18명의 후원자가 이미 100만 달러를 기부해 목표 달성이 한층 수월해졌음을 전했다.

"빅과 제가 먼저 1만 달러 기부를 약속합니다. 이건 경쟁이 아니며 우리가 그 대가로 무슨 보상을 하는 것도 아닙니다. 여러분께 최대한 많은 사람들을 순수하게 도울 수 있는 기회를 드릴 뿐입니다."

내 뒤 대형 스크린에 기부금 누적액을 표시하는 카운터가 떴다.

"300만 달러를 모금할 시간은 15분입니다. 자, 나눔을 시작해 주세요!"

10,000달러에서 20,000달러로, 150,000달러에서 1,000,000달러로 숫자가 올라갈수록 장내의 열기도 뜨거웠다. 사람들은 앞다투어 기부를 약속했다.

15분이 채 지나지 않아 총 310만 달러가 모였다. 우리는 결국 해낸 것이다. 한 순간에 10만 명의 인생이 달라졌다.

나는 주위를 둘러보면서 크게 숨을 들이마시고 그 순간을 영원히 마음에 담았다.

우리 팀이 너무나 자랑스러웠다. '바로 이게 채리티워터의 존재 이유야!' 하는 생각이 들었다. 이날 밤 우리는 단지 또 다른 310개 마을이 깨끗한 물을 얻을 수 있도록 도운 것만이 아니었다. 뉴욕에 모인 400명의 사람들에게도 커다란 기쁨을 선사했다. 그 자리를 통해 순수한 나눔 – 마음속 깊은 곳에서 우러나는, 반대급부로 그 무엇도 기대하지 않는 – 으로 인생을 바꾸는 강렬한 체험을 할 수 있음이 증명되었다.

내일은 또다시 일터로 돌아가 그 모든 역사를 다시 쓰고 이루리라!

# 당신을 초대합니다

최근에 나는 채리티워터가 최초로 진행했던 물 프로젝트 현장에 다시 가볼 기회가 있었다. 내 서른한 번째 생일에 후원했던 우물로, 우간다 보비의 난민수용소 내에 지어졌던 것이다.

전쟁은 오래 전에 끝났다. 31,000명이 생활했던 광대한 수용소는 정리되고 지금은 약 500명이 거주하는 작은 마을만 남았다. 우물은 10년을 쓰면서 낡고 헐었지만 여전히 물은 깨끗하게 잘 나왔다. 보고도 믿기지가 않았다. 크리스토프와 함께 계산해 보니, 우물 손잡이는 약 5,000만 번의 펌프질을 이겨낸 듯했다.

열 살 미만의 아이들을 보고 있노라니 '이 아이들이 평생 오염된 물을 마실 일은 없겠구나!' 하는 생각이 들었다. 우물이라는 단순한 기반시설로 그들은 질병과 절망을 대물림하지 않게 된 것이다.

출장길에 우리에게 도움을 받았던 사람들을 만나면, 그들은 자신의 삶이 '물이 생기기 이전'과 '물이 생긴 이후'로 극명하게 구분된다고 입을 모은다. 내 삶도 '물 사업을 하게 된 이후' 180도 달라졌다. 그리고 너무나 많은 교훈을 얻었다.

깨달음 중 하나는, '구제불능인 사람은 없다'는 것이다. 설사 지난날의 과오로 인해 더 나은 미래를 꿈꿀 자격이 스스로 없다는 생각이 들지라도, 장담컨대 변화하기에 너무 늦은 때란 없다. 언젠가 뒤를 돌아보며 지나온 발자취들을 더듬어 보면, 그 걸음걸음이 지금의 자리에 도달하는 데 꼭 필요한 부분이었음을 깨닫게 될 것이다.

또 다른 교훈은, '스스로를 제대로 파악하기가 그 무엇보다 힘들다'는 것이다. 나는 정말 수도 없이 채리티워터를 그만두고 싶었고 다른 사람에게 열쇠를 넘겨주고 싶었다. 그래도 결국엔 버텨냈다. 우리는 문제들과 씨름하면서 더욱 강해지고 있다. 내 마음을 아프게 했던 그 힘겨웠던 소송을 나는 언제까지나 감사하는 마음으로 돌아볼 것이다. 그렇게 된통 엉덩이를 차이지 않았다면, 어쩔 수 없이 체질 개선에 나서야 하지 않았다면 채리티워터는 지금까지 존속하지 못했을지도 모른다.

'지름길은 없다'는 것을 알게 된 것도 큰 깨달음이었다. 우리에겐 도달할 결승선이 있다는 생각을 나는 늘 가지고 있었다. 말하자면, 필요한 기금을 조성해 물 위기를 영원히 종식시키면 그걸로 끝이라고 생각했던 것이다. 그러나 아직 '채리티 에듀케이션', '채리티 헬스'를 비롯해 내가 해결하고 싶었던 다른 문제들은 아직 손도 못 댄 상태다. 오랫동안 나는 그 새로운 길들을 개척하려 분투했지만 늘 역부족이었다. 10년이 걸려서야 나는 우리 일에서는 결승선이 중요한 게 아니라는 사실을 깨달았다. 우리 일에서는 달리는 행위 그 자체와 꾸준하게 노력과 창의력을 투입하여 결과를 내는 것이 더 중요하다.

내가 좋아하는 랍비의 명언이 하나 있는데, 바로 '끝이 없는 일을 두려워 말라'는 것이다. 나는 우리의 이 여정을 그런 식으로 바라보게 되었다. 남에게 봉사하는 일이 직업이라면 – 타인에 대한 연민으로 자신보다 어려운 처지에 있는 사람들을 고통에서 구해주고자 한다면 – 그 일에는 결코 끝이 없다. 끝나지 않을 일이라는 생각이 과거에는 나를 두렵게 했다. 그러나 이제는 아니다. 지금은 그 생각 때문에 더 힘을 내게 된다.


이 책을 통해 여러분이 자기 안의 위대함을 불러일으켜 어떤 행동에 나설 수 있었으면 한다.

물이 필요한 공동체에 물을 공급하는 우리 채리티워터와 힘을 합쳐도 좋고, 관심이 가는 다른 대의를 추구하거나 아니면 직접 자선단체를 설립해도 좋다. 무엇을 하든 자신의 시간과 재능과 돈을 타인의 삶을 개선하는 데, 그들의 불필요한 고통을 종식시키는 데 써주기를 바란다. 그런 고통은 대부분 정말로 불필요한 것이므로!

마지막으로, 희망에 대해 한마디하고자 한다. 나는 실직률이 3.9%인 나라에 살고 있는데도, 나라 전체에 전반적으로 희망이 부족한 느낌이다. 씁쓸한 시대다. 너무나 많은 사람들이 분노에 차 있고, 패배감에 젖어 있고, 미래에 대한 두려움에 떨고 있다. 최근 테드(TED) 강연에서 프란치스코 교황은 잊을 수 없는 말씀을 남겼다.

"단 한 사람으로도 희망의 불씨를 지피기에 충분합니다. 그리고 그 단 한 사람이 당신이 될 수 있습니다. 그 불씨가 다른 사람에게 전해지고 또 다른 사람에게 전해지다 보면, 결국 모두가 다 희망의 불꽃으로 타오를 수 있습니다. 그렇게 사람들이 하나 되는 곳에서 혁명은 시작됩니다."

　최근에 계산한 바로, 지금껏 채리티워터는 44,000건이 넘는 물 프로젝트를 후원하여 28개국 1,000만 명에게 깨끗한 물을 보급했다. 적어도 이들은 '물이 생기기 이전'의 삶이 어땠는지 다시 경험할 필요는 없을 것이다.

　아직 우리에겐 할일이 많다. 매일 아침 나는 내 살아생전에 이 문제가 반드시 해결되리라는 희망으로 잠에서 깬다. 나는 믿는다. 우리가 힘을 합치면 삶의 가장 기본적인 필요도 아직 충족시키지 못하고 있는 지구상 6억 6,300만 명의 사람들에게 그 필요를 충족시켜 줄 수 있다고.

　나는 그저 한 사람에 불과하며, 자선단체 하나를 움직이고 있을 뿐이다. 그래도 그것이 지구상 물 위기에 조그마한 흔적이나마 남겼다. 내년에는 더 큰 흔적을 남길 것이다. (우리는 2016년 채리티 볼 행사에서 310만 달러를 모았고, 2018년에는 700만 달러, 2019년 행사에서는 753만 달러를 모았다. 앞으로도 이 숫자는 계속 늘어날 것이다.)

　세상의 문제들은 그런 식으로 해결되고 있다. 하나씩 하나씩, 나와 당신 그리고 우리에 의해….

## charity: water

매달 깨끗하고 안전한 식수를 전 세계 사람들에게 보급하는 데 힘을 보태고 싶다면 〈더스프링〉(charitywater.org/thespring)을 방문하세요.

생일 기부나 전체 물 프로젝트 후원에 관심이 있으시거나, 〈더웰 프로그램〉으로 직원들의 급여와 운영비를 후원하여 채리티워터의 '100% 모델'을 가능하게 해주는 멋진 가족이 되고 싶으시면 charitywater.org를 방문하시거나 thirst@charitywater.org로 이메일을 보내 주세요.

트위터(@scottharrison)와 인스타그램(@charitywater)으로도 저, 또 채리티워터와 소통하실 수 있습니다. 그리고 독자들의 이야기도 듣고 싶습니다. scott@thirstbook.com으로 언제든지 이메일을 보내 주세요.

〈더스프링〉 홈페이지

〈더웰 프로그램〉 홈페이지

| 감사의 말 |

최근에 에티오피아의 어느 마을에 들렀을 때, 마을의 한 어르신이 뭔가 말을 하려고 자리에서 일어났습니다. 그의 뒤로는 200여 명의 주민들이 다닥다닥 붙어 앉아 있었습니다. 그는 우리를 반기면서 손짓 발짓을 해가며 영어로 이렇게 말했습니다.

"뭐라 감사를 드릴지… 비행기 타고, 바다 건너 또 차까지 타고, 이 먼 길을 오시다니. 그렇게 예까지 와주셨어요. 우리를 보러."

그분처럼 저도 고마운 마음에, 저와 채리티워터와 이 여정을 함께 해 주신 분들께 감사 인사를 드리고 싶습니다.

가장 먼저, 빅토리아 해리슨에게 뭐라 감사를 드릴지요. 당신은 8개월에 걸친 저술기간 동안 인내하며 내가 외딴 오두막이나 주택 – 아름답고 조용한 곳들 – 에 틀어박혀 편히 작업할 수 있도록 해주었어요. 그동안 당신은 혼자서 기운 넘치는 두 아이를 돌보아야 했지요. 당신의 기탄없는 의견과 솔직한 피드백이 얼마나 큰 도움이 됐는지 몰라요. 당신은 이 책에 생기를 불어넣어 주었어요. 이 책이 탄생할 수 있도록 혼자 있는 시간을 허락해 준 당신께 깊은 감사를 드립니다.

뛰어난 공동저자 리자 스위팅엄에게는 뭐라 감사를 드릴지요. 당신은 내 생각의 동반자였고, 때로는 내가 원하는 것보다 더 깊은 곳까지 파고들기도 했습니다. 당신은 늘 나를 압박하고, 재촉하고, 내가 쉬운 길로 가지 않도록 격려해 주었지요. 또 수백 시간 분량의 내 서툰 팟캐스트 방송과 강연을 들어주고, 남편 브루스와 아이들과 보낼 소중한 주말 시간을 희생해 작업을 해주었습니다. 당신의 도움과 우리의 멋진 호흡 그리고 이 책을 최고로 만들려고 애썼던 당신의 일념에 감사드립니다. 빅은 당신을 만나자마자 팬이 되었죠(쉬운 일이 아니에요). 어서 다 같이 다시 아프리카로 건너가 전보다 더 오랜 시간을 함께했으면 좋겠습니다.

제 출판 대리인 캐시 로빈스에게는 뭐라 감사를 드릴지요. 처음 만났을 때부터 당신은 이 프로젝트에 확신을 가지고 책의 출간을 위해 애를 썼죠. 당신은 수없이 나를 설득하며 자신감을 심어주었습니다. 우리 부부가 당신을 알게 되어 얼마나 다행인지 모릅니다.

커런시출판사의 편집자 데릭 리드에게는 뭐라 감사를 드릴지요. 당신의 통찰력과 지도편달은 이 책을 누구나 자랑스러워할 만한 것으로 만드는 데 중요한 역할을 했습니다. 당신이 끊임없이 가지치기를 하지 않았다면 아마 이 책은 지금보다 두 배는 더 길어져서 문 앞의 발받침대로나 쓰이게 됐을지도 모릅니다. "글쓰기는 인간의 일이요, 편집은 신의 일이다"라고 했던 스티븐 킹의 말을 바로 당신이 입증해 보였습니다.

이 책의 발행인 티나 컨스터블에게는 뭐라 감사를 드릴지요. 첫 만남에서 당신이 더스프링 멤버라고 밝혔을 때 이미 저는 당신이 우리의 대의에, 그리고 이 책을 세상에 내놓는 데 지대한 관심이 있음을 직감했습니다. 저와 이 책에 대해 믿음을 가져주셔서 감사합니다. 또한 캠벨 워튼, 카리사 헤이즈, 에일렛 그루언스페트, 메건 슈먼, 로버트 시에크, 필립 렁, 김송희를 비롯해 이 책의 작업에 관여한 펭귄랜덤하우스의 모든 분들에게 감사드립니다.

그 밖에도 이 책이 세상의 빛을 보도록 도와주신 모든 분들께 뭐라 감사를 드릴지요. 그분들은 바스 크리에이티브, 맷 파머, 로런 레타, 크리스 바튼, 알리 트라우트, 브래드 로머닉, 마이클 맥키온, 조애나 로저스, 애나 스톡-매튜스, 테레사 오토, 제이슨 케러미다스, 앨리슨 나카무라, 커비 그레이럼, 그리고 힐싱어-멘델슨의 팀들입니다. 캐리 리브스, 제시카 재클리, 앤드류 드커티스, 브랜틀리 마틴, 알리샤 고더는 여러 초고들에 대해 귀중한 피드백을 주셨습니다.

마이클과 소치 버치 부부에게는 뭐라 감사를 드릴지요. 당신들의 공이야말로 더 말할 나위도 없습니다. 10년이 넘도록 당신들은 채리티워터의 수호천사가 되어 주었고, 자녀들까지 데리고 몸소 10여 개 나라를 다니며 우리 일을 살펴주셨습니다. 덜컹거리는 차를 타고 17시간 동안 밀림을 헤치고 가야 하는 험난한 길도, 수도도 전기 시설도 없는 하룻밤 5달러짜리 호텔 방도, 빗속에서의 오랜 연설도, 징그러운 거미도, 수시로 찾아왔던 배탈도 당신들은 전혀 불평하지 않았습니다. 그런 고생을 마다 않고 당신들은 늘 우리 곁을 지켰지요. 당신들의 인간됨과 그 넉넉한 마음씨는 다른 사람들에게 본받을 만한 귀감이 되고 있습니다.

우리 전현직 채리티워터 이사회 멤버들께는 뭐라 감사를 드릴지요. 마이크 월커슨, 당신이 10년도 더 전에 첫 만남을 허락했을 때 제가 얼마나 기뻤는지 모릅니다. 고든 페닝턴, 볼프스부르크에서 당신과 함께 보낸 시간을 결코 잊을 수 없을 겁니다. 밴스 톰슨, 당신의 유머와 위트, 지혜는 초창기 시절의 우리를 빛나게 했습니다. 브렌다 코이니스와 그라지아 오초아, 당신들은 아직 채리티워터라는 이름이 생기기도 전에 이 황당한 아이디어를 믿어 주셨습니다. 브루크 헤이즐턴과 브랜트 크라이더, 지안-칼로 오초아, 라이언 그레이브스, 섀넌 세지윅-데이비스, 체후아 치엔, 알 고든, 루크 보챔프, 이예 느워코리, 샘 로슨 존스턴, 밸러리 도너티에게는 우리가 앞으로도 계속 함께 봉사할 수 있도록 아낌없는 후원과 지지, 기대를 해주심에 감사드립니다.

채리티워터의 직원과 자원봉사자들에게는 뭐라 감사를 드릴지요. 여러분은 경제적 보상을 바라지 않고 자신의 시간과 재능을 할애해 주셨습니다. 자신의 재능을 스스로를 위해 쓰는 것보다 타인을 위해 쓰는 것이 더 중요하다고 믿기 때문에 채리티워터에 와서 일했던 것입니다. 여러분이야말로 우리 단체를 세운 장본인입니다. 그동안 여러분과 함께 걸어올 수 있어서, 그리고 앞으로도 함께 깨끗한 물을 위한 투쟁을 계속 해나갈 수 있어서 얼마나 다행인지 모릅니다.

세상을 바꾸기 위해 분투 중인 27개국의 현지 파트너분들께는 뭐라 감사를 드릴지요. 여러분이야말로 바로 이 순간 변화를 일구고 계신 주역입니다. 여러분은 현지의 마을과 국가들을 발전시키고, 깨끗한 물을 통해 모두에게 건강과 교육, 경제적 기회를 가져다주는 현장의 영웅들입니다. 여러분의 매일매일이 감동입니다. 여러분의 중대한 과업이 지속될 수 있도록 우리도 최선을 다하겠습니다.

채리티워터의 훌륭하신 후원자님들께는 뭐라 감사를 드릴지요. 여러분은 마라톤을 하고, 산을 오르고, 얼음처럼 차디찬 물에 뛰어들고, 자전거를 타고 전국을 일주하며 모금활동을 벌였고, 생일과 결혼식, 기념일, 성인식과 크리스마스 때 선물을 받는 대신 기부를 택하셨습니다. 이를 통해 여러분은 수백만 명에게 깨끗한 물을 선사했으며, 그 열정과 창의성으로 많은 사람들을 감동시켰습니다.

그간의 판도를 바꿀 만큼의 엄청난 재정적 기여로 단체가 더 큰 걸음으로 나아갈 수 있게 해주신 분들께는 뭐라 감사를 드릴지요. 닐 허친슨, 버지니아 클레이, 존과 마이아 베치 부부, 케니와 에스터 펑 부부, 조와 에이미 파타넬라 부부, 존과 앤 도어 부부, 마리사 새클러, 케이시 와서먼, 그레와 유카리 패스 부부, 네벤 서보틱 스티프텅, 필립과 제니퍼 카마이클 부부, 조와 새런 켐퍼 부부, 애틀라스 콥코, 캐터필러 재단의 마셀 설리번과 제니퍼 자무토, 미국 코믹 릴리프, 마틴 고어, 조녀선 케슬러, 디페쉬 모드, 휴블롯, 이스트레이크 커뮤니티 교회, 재클린 불러, 레이시와 구글 재단, 험블 번들, 모자이크 교회, 노티카 엔터프라이즈, 세인트 로런트, 이머전-C, 아마존 스마일, 스마일 재단과 파인애플 기금의 스티브와 팬, 카일, 맷이 바로 그런 분들입니다.

그리고 소중한 시간과 재능, 금전을 내어주신 다른 많은 분들께도 감사드립니다. 크레이그 헤이즐린, 당신은 저를 맨 처음으로 믿어주신 분들 중 한 분입니다. 밥 와트먼, 당신이 아마 최초로 운영비를 후원해 주신 분일 겁니다. 그 밖에 알렉스 허스트와 데이비드 터번, 제레미 스넬, 폴 프라이어, 에스터 헤이븐스, 셸리 태거, 앨런 보스, 댄 킨더, 프레드릭 와이스, 맷 올리버, 미셸 헬먼, 셴 버드, 로버트 밸런타인, 릭 스몰런, 필립과 도나 버버 부부, 베조스 패밀리 재단, 라이드 포워터, 엠마 스노던 존스, 팻과 데본 브리거 부부, B. 레이와 후안 톰슨 부부, 빌 시먼스, 리치 롤, 윌라드 브라운, 미겔 맥켈비, 브로크 해멀링, 샤킬 칸, 라엘 돈페스트, 그렉 펠런, 미셀 키드 리, 델 EMC, 포커싱 필란스로피, 로스와 로리 가버 부부, 게리와 모나 마식 부부, 크리스와 그레이스 프레토리우스 부부, 스티브 사도브, 삭스 5번가, 데이비드와 아비아 슈워츠 부부, 실렉트 이쿼티 재단, 맥켈란, 라이 샤하니, 크리스튼 벨, 네이선 필미런, 세스 고딘, 크리스 길보, 수전 파이어스 톰슨, 윌과 제이다 스미스 부부, 요크 공녀 베아트리스 전하, 요크 공녀 유지니 전하, 아밋과 존, 브라이언 케이브 팀, 그리고 마지막으로 우리의 인심 좋은 건물주 에릭 거럴과 뉴마크 나이트 프랭크의 팀에게도 감사드립니다.

마지막으로 우리 더웰 멤버님들께 뭐라고 감사를 드릴지요. 여러분은 우리의 든든한 뒷배이십니다. 여러분 덕분에 우리가 매일 일을 하면서 가족을 부양할 수 있습니다. 여러분은 사심 없이 채리티워터의 직원들을 지원해 주시고, 우리 사무실 임대료와 복사기 값, 전화요금을 내주고 계십니다. 여러분이 바로 100% 모델을 가능하게 하는 주역입니다. 여러분의 아량으로 100만 명 이상의 다른 기부자들이 채리티워터의 현지 물 프로젝트 후원에 선뜻 나설 수 있었으며, 지금까지 1,000만 명 이상의 삶의 질이 개선되었습니다. 여러분 한 분 한 분께 너무나도 깊이 감사드립니다.

스캇 해리슨 드림

우물 파는 CEO, 착한 비즈니스를 말하다

**채리티 워터**

초판 1쇄 발행 2020년 1월 20일
초판 2쇄 발행 2020년 2월 20일

지은이 **스캇 해리슨**
옮긴이 **최소영**
펴낸이 **우태영**
펴낸곳 **씨앤에이치북스**
등 록 2017년 12월 27일 제2017-000100호

주소 서울시 용산구 서빙고로 35
전화 0507-1418-0784   팩스 050-4022-0784

마케팅 백지수
유  통 천그루숲

ⓒ Scott Harrison, 2018
ISBN 979-11-88348-59-6 (13320) 종이책
ISBN 979-11-88348-60-2 (15320) 전자책